高等学校房地产开发与管理专业规划教材

全国房地产优秀案例

BEST PRACTICES FROM THE REAL ESTATE INDUSTRY OF CHINA

刘贵文 主　编
周国军　周　滔　张　舟 副主编
刘洪玉　张永岳 主　审

中国建筑工业出版社

图书在版编目（CIP）数据

全国房地产优秀案例/刘贵文主编．—北京：中国建筑工业出版社，2018.12
高等学校房地产开发与管理专业规划教材
ISBN 978-7-112-23028-0

Ⅰ.①全… Ⅱ.①刘… Ⅲ.①房地产开发－高等学校－教材 Ⅳ.①F293.34

中国版本图书馆CIP数据核字（2018）第266330号

《全国房地产优秀案例》是一本在经济转型与行业转型大背景下，对典型房地产企业的创新实践进行系统梳理、总结的，服务于房地产及其他相关专业教学参考的辅助用书。全书甄选了10个典型案例，涉及房地产的产品设计、开发理念创新、项目管理、新技术运用、相关产业嫁接以及"互联网＋"植入等诸多领域，全面系统地展示了一些典型房地产企业对于市场、产品、消费者的理解，以及企业自身的创新路径与模式。整书按照案例对象内涵的不同分为三个板块，即："善于技，精于艺"板块，侧重于展示企业对房地产产品本身的打磨与创新；"专于域，拓于野"板块，侧重于展示案例项目开发的全流程及关键节点；"创于新，领于行"板块，侧重于展示两个与房地产关联的创新型企业的商业模式。具体案例以项目背景为出发点，通过分析项目的形成逻辑与提炼核心亮点，展示企业对于项目的理解，最后对项目进行总结与升华。

本书可以作为房地产相关专业主干课程的教学参考书，也可以作为案例课程的教科书，同时可以作为房地产行业从业人员的专业培训辅助教材。

为更好地支持相应课程的教学，我们向采用本书作为教材的教师提供教学课件，有需要者可与出版社联系，邮箱：cabpkejian@126.com。

责任编辑：张　晶　牟琳琳
版式设计：锋尚设计
责任校对：李美娜

高等学校房地产开发与管理专业规划教材
全国房地产优秀案例
刘贵文　主编
周国军　周滔　张舟　副主编
刘洪玉　张永岳　主审

*

中国建筑工业出版社出版、发行（北京海淀三里河路9号）
各地新华书店、建筑书店经销
北京锋尚制版有限公司制版
北京圣夫亚美印刷有限公司印刷

*

开本：787×1092毫米　1/16　印张：18¼　字数：373千字
2018年12月第一版　2019年11月第二次印刷
定价：56.00元（赠课件）
ISBN 978-7-112-23028-0
　　　　（33113）

版权所有　翻印必究
如有印装质量问题，可寄本社退换
（邮政编码100037）

教材顾问及编审委员会名单

顾问委员会

刘志峰	中国房地产业协会		丁祖昱	易居企业集团
刘洪玉	清华大学		张永岳	华东师范大学
高延伟	中国建筑工业出版社		邓宏乾	华中师范大学
冯长春	北京大学		刘亚臣	沈阳建筑大学
武永祥	哈尔滨工业大学		王幼松	华南理工大学
兰　峰	西安建筑科技大学		李启明	东南大学
吕　萍	中国人民大学		虞晓芬	浙江工业大学
吴惠珍	星河湾集团		黄　花	品玥策略机构

主编

刘贵文　重庆大学

主审

刘洪玉　清华大学

张永岳　华东师范大学

副主编

周国军　房教中国

周　滔　重庆大学

张　舟　重庆大学

编委会

主任

　　刘贵文　重庆大学

副主任

谭伟江	星河湾集团	伍小峰	泰禾集团
陈志杰	红星地产	戴玲梅	远洋集团
涂国红	赛得健康集团	关　翀	中国金茂
胡永清	中铁文旅集团	朱旭东	易居中国
王战峰	万达集团	陈国胜	房教中国

委员

曾德珩	重庆大学	刘　勇	重庆大学
金海燕	重庆大学	何凤麟	重庆大学
刘宇钏	远洋集团	柳费国	宝库文化
孙胤恒	万达集团	陈　思	万达集团
余海燕	中国房地产业协会	胡　炜	若缺营销机构
孟　洁	房教中国	杨金枝	房教中国

前言

无论房地产市场如何风云变化，房地产项目开发与经营模式的创新与探索永远在路上。2017年我国大陆地区商品房销售面积达到创历史记录的16.9亿平方米，规模至上的洪流奔涌，泥沙俱下；各种关于房地产的论断层出不穷，纷繁复杂。如何以从树木见森林的方式，选择近期在全国具有代表性的优秀房地产开发与经营案例，从不同的视角见证当下、预见未来，从多个维度启发思考、引领发展，这正是编写这本案例集的出发点。

由房教中国发起并筹划的编写优秀案例的想法得到了众多企业的响应与配合，在重庆大学案例编写团队与房教中国的共同努力下，历时10个月时间，通过初步筛选、现场考察、交流论证、提炼萃取、复核校验的过程，坚持以促进人的发展为中心，从品质、健康、文旅、生态、复合、文化、智慧等不同维度选择了当下具有代表性的十个案例，深度挖掘，集结成书。每个案例的编写都从实际项目出发，解构蕴含其中的内在逻辑与关键要素，审视案例呈现的开发理念与时代价值，总结值得参考借鉴的经验。

案例编写的过程是一个不断遇见与发现的过程。我们看到了星河湾集团坚持"以品质创造价值"的信念，泰禾地产传承创新中国传统建筑的担当，远洋集团践行和推动建筑健康而取得的成就；我们也看到了万达集团整合文旅复合开发的力量，红星地产秉持质量优先的匠心，中铁文旅筑就超级生态城市的坚韧，金茂地产持续释放城市未来生命力的创举；我们也欣喜地发现宝库文化集团以文化升华建筑灵魂的践行、赛得集团依托小镇融合健康的谋略、千丁互联开启空间即服务的智慧。

这次案例的编写也是一次尝试之旅。我们虽然努力做到对现实材料的准确客观，提取可供参考的经验与亮点，但是作为切片式选取的样本，本身就带有各自的特殊现实局限性，再加上本次编写工作时间紧张，信息众多，难免错漏。书中的不当之处请读者批评指正。

特别要向我的同事周滔、张舟、曾德珩、何凤麟、金海燕、刘勇老师和参与此次案例编写的各位同学致以深深的谢意，你们以严谨的态度、高效的协作在很短的时间内完成了这次案例的编写工作。也要感谢房教中国周国军先生所带领的团队在企业联系、资料收集与案例编写过程中的辛苦付出。最后，我代表案例编写组对参与和配合案例编写的各家企业代表致以深深的谢意。

刘贵文
重庆大学建设管理与房地产学院
2018年11月

目录

上篇 善于技 精于艺

1 星河湾：打造顶尖品质住区的典范 …… 002
1.1 "美好生活"升级：房地产进入品质驱动新时代 …… 003
1.2 品质诚现未来：星河湾集团的追求与探索 …… 004
1.3 星河湾半岛：顶尖品质住区的标杆之作 …… 016
1.4 案例总结 …… 035
思考题 …… 036

2 泰禾院子：引领中式建筑文化的复兴 …… 037
2.1 文化自信新时代：现代住宅产品的变革 …… 038
2.2 文化筑居中国：泰禾的新中式院落探索 …… 039
2.3 泰禾院子：百年宅邸标准的细节解构 …… 044
2.4 泰禾品质：匠心基石和管理保障 …… 052
2.5 案例总结 …… 053
思考题 …… 055

3 红星·金义天铂项目："质量为先" …… 056
3.1 房地产项目质量的概念及内容 …… 057
3.2 红星天铂的源起与现状 …… 060
3.3 红星·金义天铂人居环境品质分析 …… 065
3.4 案例总结 …… 076
思考题 …… 077

4 广州远洋天骄：中国健康社区的创领者 …… 078
4.1 健康中国战略下住宅产品的变革需求 …… 079
4.2 远洋健康建筑的探索之路 …… 081

4.3 远洋健康住区的标杆作品：广州远洋天骄项目　　090
4.4 远洋打造健康社区的品质保障　　097
4.5 案例总结　　102
思考题　　103

中篇　专于域 拓于野

5 万达武汉中央文化区：文旅导向大型区域开发项目的创领者　　106
5.1 时代背景与行业转型孕育大型文化旅游项目　　107
5.2 万达武汉中央文化区的缘起、开发历程与功能体系　　111
5.3 万达武汉中央文化区的产品探索与运营特色　　116
5.4 万达武汉中央文化区的体系营销　　126
5.5 万达武汉中央文化区项目的开发运作与保障　　136
5.6 案例总结　　139
思考题　　142

6 中铁国际生态城：从荒野到综合性生态新城的蜕变　　143
6.1 美丽中国视角下城市发展的新路径　　144
6.2 央企中国中铁的转型升级之路　　148
6.3 超级大盘的精准定位和规划布局　　153
6.4 长生命周期下超级大盘的开发经营　　161
6.5 超级大盘＋产业新城模式发展的未来趋势　　166
6.6 案例总结　　167
思考题　　168

7 上海大宁金茂府：逆势而生，匠心而立　　169
7.1 中国金茂的进化与升级　　170
7.2 大宁地块的价值研判　　173
7.3 大宁金茂府：用匠心打造极致产品力　　176
7.4 大宁金茂府：用超级营销助力价值实现　　186
7.5 案例总结　　195
思考题　　195

8 赛得健康养生小镇：用特色小镇打通养老产业链　196
- 8.1 健康小镇的源起　197
- 8.2 赛得健康养生特色小镇的开发模式　201
- 8.3 赛得小镇的服务与经营理念　207
- 8.4 赛得小镇建设　212
- 8.5 案例总结　224
- 思考题　224

下篇　创于新 领于行

9 宝库文化上海中心项目：以文化升华地标　226
- 9.1 地标建筑　227
- 9.2 宝库文化上海中心项目　231
- 9.3 宝库文化以文化升华地标　240
- 9.4 案例总结　247
- 思考题　248

10 千丁互联："互联网+"引领智慧社区新生态　249
- 10.1 服务升级视角下社区物业管理的变革　250
- 10.2 千丁模式：业主＋物业＋品牌商＋公共服务（BPCG）共赢的社区管理新生态　254
- 10.3 千丁创领智慧社区新体验　258
- 10.4 重庆三星级智慧社区解读——以龙湖两江新宸（云顶）为例　272
- 10.5 未来智慧社区发展——路在何方　277
- 10.6 案例总结　279
- 思考题　279

参考文献　280

- 上篇 -
善于技，精于艺

星河湾
打造顶尖品质住区的典范

泰禾院子
引领中式建筑文化的复兴

红星·金义天铂项目
"质量为先"

广州远洋天骄
中国健康社区的创领者

1 星河湾：
打造顶尖品质住区的典范

真正希望过"很宽阔很美好的生活"，就创造它吧。

——高尔基

案例导读

过去30年，伴随着住房制度改革与城镇化及人口红利，房地产行业迅速崛起成为国民经济的支柱之一，各路资本借助整体行情的利好进入房地产开发领域并顺利分得一羹，其中不乏一些企业通过融资快速扩张自己的版图和市场占有量。当前，伴随着国家"房住不炒"宏观要求的明确和居民从量到质的住房需求转变，无门槛的进入和粗放式的扩张已成为过去式。新时代下，中国经济及产业发展进入提质增效的新阶段，企业发展模式更加细分，市场需求分级更加明显，战略竞争优势各有侧重。在中国房地产行业百强企业中，"星河湾模式"一直颇为典型且对中国人居的高质量发展影响深远、意义重大。星河湾集团恪守品质化发展道路，拥有雄厚的产业实力和良好的市场口碑，在房地产行业火热的浪潮中始终坚持稳扎稳打、低调前行，坚持"好产品自己会说话"、专注尖端产品力的打造和品质生活的营造，为产业、为城市、为业主，也为企业自身创造了不可估量的价值。星河湾坚持"以品质创造价值"，立足居住体验、人居品质及生活方式的发展，在当前复杂变化的市场环境中体现出更可持续的竞争力和生命力。那么星河湾是如何打造尖端的品质住区和营造领先的优质生活的呢？本案例将从企业理念、战略定位、系统运作、产业体系出发，并以广州星河湾半岛的具体做法为实例细细道来。

1.1 "美好生活"升级：房地产进入品质驱动新时代

1.1.1 把握"房住不炒"的宏观导向

自2016年年底中央经济工作会议首次提出"房子是用来住的、不是用来炒的"以来，从2017年党的十九大到2018年的全国两会，中央的重要会议多次强调"房住不炒"的宏观要求，充分体现了让住房回归居住属性的坚定决心，保持了调控政策的连续性和稳定性（图1-1）。

图1-1 "房住不炒"的宏观政策连续性

在"房住不炒"的宏观导向下，2017年热点城市首付比例和贷款利率不断提高，连同限购政策的出台，使得热点城市房价涨幅回落，三四线城市房价趋稳，市场回归理性趋势明显，同时去库存也取得显著成效，大多数城市的商品房去化周期已回到合理区间。可以说，中央以居住为主的住房政策得到了广泛的社会认可。随着宏观政策下的市场变化，房地产企业也开始面临融资成本上升、销售收益降低和资金压力增大等实际困难，此时企业更要根据自身发展情况制定合适的战略，苦练内功，稳扎稳打，向高质量发展要效益。

1.1.2 满足美好生活内在需求的升级

党的十九大做出了我国社会主要矛盾已经转化为人民日益增长的美好生活需要和不平衡不充分的发展之间的矛盾这一重大论断。解决不平衡不充分的矛盾，满足人民对美好生活的需要,是新时代国家对各行各业发展提出的总要求,房地产行业作为国家的支柱产业,其未来发展必须与之适应。自城镇住房制度改革以来,我国房地产业发展迅速,取得了巨大成就,住房短缺状况得到根本改变,我国城镇人均住房面积从1997年的8.8m^{2}上升至2017年的37m^2,实现了从"忧房阶段"到"有房阶段"的转变。

从美好生活升级需求的发展角度来看,房地产市场特别是住房市场还有非常大的发展空间,房地产行业发展不平衡不充分的矛盾依然很多,与人民对美好生活的需要还有较大的差距,人民对住房品质的改善和配套服务的升级提出了更高的要求。因此从"有房阶段"再到"优房阶段"的转变迫在眉睫,对满足美好居住生活的优质住房产品需求也在日益增长。

1.1.3　房地产市场进入品质驱动新时代

由于房地产宏观背景的变化,房地产调控和美好居住生活同步推进。在这样复杂的背景下,房地产行业的竞争格局和供求关系都发生了巨大的变化,品质成为房地产企业当前和未来的核心竞争力。围绕房屋的居住属性,如何为消费者提供更高品质的居住产品和服务是未来行业增长的价值,房地产业正在逐步进入品质驱动发展的新时代。

1.2　品质诚现未来:星河湾集团的追求与探索

1.2.1　星河湾品质之路的探索概况

在过去30多年里,依靠人口和城镇化红利,房地产行业虽粗放发展但却收益颇丰。在这个时期,真正把品牌落地到品质居住打造产品时代烙印的房地产企业并不多见。星河湾,是品质化发展的典型代表:市场高速扩张时,星河湾在追求人居品质;市场高喊"去地产化"时,星河湾在追求人居品质;市场回归理性时,星河湾仍在追求人居品质——这种坚持,用星河湾集团董事长黄文仔的话来概括,便是"坚守品质化发展的产业初心,坚守房地产'住'的本质"。星河湾的"住"指的不是单纯给业主提供的钢筋水泥建筑,而是有温度和美好的高品质居住空间、人文环境和生活方式。

星河湾集团成立20余年来,一直以"坚守品质,创造价值典范"作为企业使命,秉承"舍得、用心、创新"的核心价值观,立志实现黄文仔董事长提出的"打造钻石级企业"的星河湾发展愿景。作为集团核心业务的房地产开发，2000年在广州中央商住区番禺的江畔绿洲上诞生了第一个星河湾房地产项目，从此踏上了"品质地产"的极致探索之旅，从一块石头的颜色形状、到一棵树的栽种、到一条管线的排布，精益求精，不忘初心。20多年的发展中，星河湾专注精品、坚守品质，在中国地产界以品质闻名、享有美誉、屡获殊荣，成为全国致力追求和推动高品质人居发展的标杆企业。俯瞰星河湾的地产版图，星河湾自"北、上、广"三大中国城域一路而往，已在广州、北京、上海、太原、沈阳、西安、青岛、澳门等地筑基立鼎。星河湾所在之处，不仅成为一道独特的城市风景线，更以"一个心情盛开的地方"之名，在打动广大客户之心的同时，亦被公认为行业高品质人居的标准。

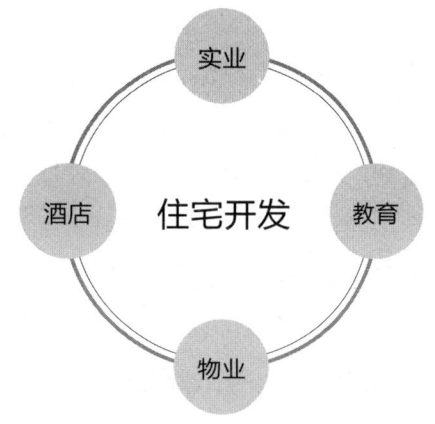

图1-2 星河湾品质社区的协同产业配套

星河湾不仅持续追求人居物理环境的品质提升，还一直致力为成就"优质生活方式创领者"这一梦想奋进，强调为星河湾业主提供贴心优质的服务并营造美好的生活方式。为此，星河湾集团以住宅开发为核心业务，围绕顶尖品质社区的发展目标，形成酒店、物业、教育、实业等业务板块的协同配套产业布局（图1-2）。

通过整合各类资源，星河湾集团在配套业务上同样秉承"舍得、用心、创新"的理念，重文化、重诚信、重教育、重服务、重品味，力求所有业务产品都能配得上"顶尖社区、品质生活"这样的定位，配合房地产开发业务，全方位服务业主，创领具有时代人文精神的优质生活方式。星河湾为业主提供的不仅仅是一套房子，更是有关品质生活的服务和氛围，业主基于同样的价值取向、品质要求和生活品位走到一起，谈论音乐、文学与艺术，体悟生活的每一个美好细节，这不仅是一个纯粹的"邻居、朋友、伙伴"的美好生活氛围，更是一个让"生活、事业、修为"融会贯通、互相成长的价值平台。

在星河湾创建和发展的历程中，黄文仔作为企业的灵魂和舵手一直发挥着举足轻重的作用。黄文仔坚守初心，不管虚拟经济如何火热，星河湾坚持作为非上市民营企业，以实业报国的拳拳之心创造真实存在的有形价值。他坚守品质一线，追求真正做出完美的产品，只要不出差，上班第一件事就是先去工地检查，只要在办公室，一定会抽出时间看各个项目各专业的图纸，他的车尾箱一直放着的大锤、手电筒、卷尺和望远镜，已被视为星河湾精益求精、追求品质的象征。20余年来，黄文仔董事长到工地现场检查超过3000次，亲手修改的图纸超过1万张，亲自指挥种植的树木超过10万棵，这些数据无不体现着他对顶尖品质的追求和坚守。黄文仔同样注重创新，在房地产市场如火如荼的时候，他敏锐提出探索产业融合发展之道，实施以提升生活品质为核心的产业融合，积极参与教育、医疗、环保、高科技、新消费等领域的投资建设，为企业未来发展创造广阔空间。

在房地产行业面临深刻变革的2017年，他又创新性地提出为企业注入"战略融合力、尖端产品力、实战创新力、刚性执行力、高效协同力、系统服务力和主流文化力"等七大新动能，要打造容不得瑕疵、经得起磨砺的"钻石级企业"。由此可见，黄文仔董事长既有坚守又具创新的企业家精神是星河湾不断引领和推动中国人居发展的动力与源泉。

1.2.2 "七星战略"：打造品质人居体验的顶层设计

"七星战略"是星河湾集团践行顶尖人居发展的顶层设计，既是对于星河湾服务体系的系统化描述，亦是星河湾品质化发展产业落地与项目实施的重要参考。"七星战略"所诠释的理论研究、产品研发、产品打造、高端服务、共享平台、产业发展、资源连接七个方面，形成了具有星河湾特色的服务体系价值闭环（图1-3）。

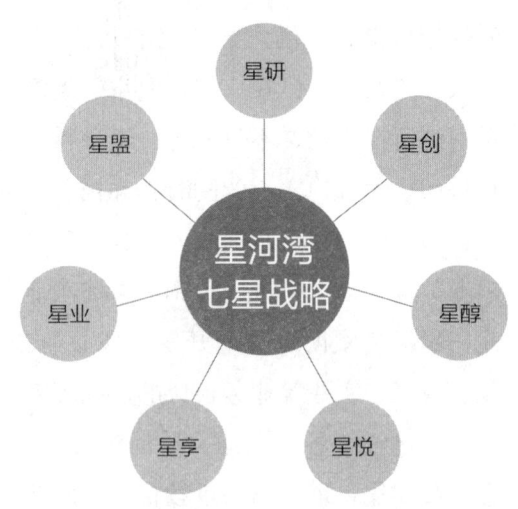

图1-3 星河湾"七星战略"的顶层设计

1."星研"

理论研究是星河湾集团一贯以来极为重视的顶层设计环节，是企业稳健发展、正确发展的先决条件。与哈尔滨工业大学联合成立的星河湾学院，与暨南大学共同开创的星河湾生活学院，为星河湾在理论研究方面搭建了良好的理论研究基地，为星河湾与社会各界沟通打下了良好的基础。这些研究成果与我国社会发展、经济发展、文化发展同步，不但为星河湾自身发展开拓了视野、建立了依据，同时也开放给社会，让更多企业借鉴与交流。

2."星创"

"舍得、用心、创新"是星河湾集团的"家训"，也是星河湾集团不断发展、锐意创新的源泉。承接星河湾理论研究成果，从品质地产旗帜，到自主品牌连锁酒店；从星河湾教育平台到星河湾公益慈善……无一不是星河湾坚持初心、坚持信念的成果。星河湾将研究成果转化成"产品"，不断提升服务客户、服务城市、服务社会的系统能力。

3."星醇"

星河湾在产品打造上，始终坚持硬软两手抓，做好产品、做好服务。多年来，在房地产、物业、实业、教育、酒店、公益、慈善等各个方面，不断向市场推出新产品和新服务，同时不断完善与优化产品内容，为社会创造更多正能量的价值。星河湾的任何一个产品，都是经过淬炼与打磨的作品，就像一樽醇香的美酒一般，需要细细品味，感受回甘。

4．"星悦"

做好高端产品的同时，高端服务体系的打造是星河湾多年来练就的一套"真功夫"。星河湾所服务的人群，能够感受到源自企业内心的真诚与实干。从打造"生活、事业、修为"平台，到开创"星河湾大会"，到成立"星河湾生活学院"、到推出"星悦"APP……星河湾不断运用新思维、新技术，让服务体系更加贴近中国财智精英的生活理想和品质需求。

5．"星享"

在全国率先引入五星级标准酒店会所、网球俱乐部、李云迪生活空间、社区宝库与艺术空间、私家酒窖、慈善、公益与扶贫事业……星河湾与业主、客户建立的共享平台，让客户与市场真切享受到星河湾的服务体系所带来的生活体验。作为"优质生活方式的创领者"，星河湾一直致力于汇聚各类优质资源，为市场、客户和业主提供极致生活体验。

6．"星业"

星河湾自房地产业开始，已经成为多产业、多元化的发展集团，每个产业都致力于以品质化发展为导向做深做透、做精做强。每个产业以顶尖品质生活为中心相互关联，交互进步。星河湾的多产业发展之路，为未来探索多维度的品质生活服务体系，打下了良好的基础，同时也为星河湾企业战略发展提供了更多的可能性。

7．"星盟"

中国房地产已经进入"互联网+房地产"的产业互联新时代，对于社会资源的有效链接与资源筛选，是高端服务体系不可或缺的一环。星河湾充分发挥星河湾的品牌号召力与凝聚力，在不断完善优质供应商体系的基础上，开发了星河湾优质商家联盟（简称"星盟"），持续导入、整合领先性的优质高端社会服务资源，为业主和客户提供优质的居住和生活体验。

星河湾"七星战略"的发布与实施，既是星河湾服务体系的演绎，亦是星河湾创领优质生活方式的兑现与升华。星河湾集团以企业态度、品牌核心价值构建、产业布局、产品及服务创新等作为入口，与优质生活方式刚性需求发展、客户高度体验感的高度连接，从而进一步拉大定位、价值及品牌竞争区隔。

1.2.3 "星标准"：尖端产品力和品质生活的系统保障

星河湾一直坚持全成品、全精装的开发理念。为了进一步夯实打造顶尖品质住区的企业战略，星河湾制定了《星河湾品质匠心手册》（简称"星标准"），从生活研究体系、规划设计体系、建筑设计体系、室内设计体系、园林设计体系、工程品质体系和社区服务体系等七个方面，对项目的市场调研、规划设计、开发建设和社区运营等具体工作进行了引导和规定，由此形成了保障产品尖端性、生活高品质、服务引领性的星标准。星河湾制定的"星标准"，被中国房地产业界奉为打造高品质社区的教科书。

1．生活研究先行

在星河湾的竞争要素中，为业主营造具有时代人文气质的精神生活被提上工作日程。星河湾认识到，这些优质生活的营造、实施，不仅要有理论基础，也需要专业的团队来研发、执行。为了传播、培养更健康优质的生活方式，为了给业主和客户创造、整合更多的产品和服务，星河湾集团与暨南大学生活方式研究院联合创建了中国首个社区生活学院——星河湾生活学院。星河湾成立生活学院，是中国企业界与学术界联合研究高端人群品质社区生活的首创之举。星河湾生活学院联合海内外高校，以中国高净值人群为样本对生活方式的品质化发展趋势进行研究、研判和引导。星河湾生活学院不断邀请各个领域的杰出人士成为星河湾生活学院课题特聘研究员，研究生活方式发展的动向，共同推动居住及生活品质的发展（图1-4）。

图1-4　星河湾生活学院之品质生活论坛

星河湾生活学院是星河湾社区生活方式研究与实践中心，是星河湾社区生活品质的体验与沟通平台，更是高端生活服务发展的研发基地。星河湾生活学院的创立，以星河湾"创领优质生活方式"的理念为前提，标志着星河湾在打造顶尖居住产品和居住环境的同时，更在表达、倡导着"生活创造文化，文化涵养生活"的人文主张。

2．规划设计大理念与一体化

星河湾规划设计体系从规划环节确保了星河湾产品的尖端品质，对每个房地产开发项目的规划理念、规划尺度和规划布局等均制定了严格而详细的标准。

在星河湾的大规划、大设计理念当中，首先体现的是对城市的尊重和贡献。因此星河湾项目的规划理念是为城市创造价值、提升城市魅力，星河湾带给城市的不只是单纯的房子，各项目在规划环节就要致力打造城市名片，为城市打造高端社会配套，并为城市带来优质的生活方式。

星河湾规划设计理念的独特性首先还体现在对于土地资源的珍惜，通过一体化规划为城市创造价值不辜负任何一寸土地。虽然房地产项目是分期开发，但在规划设计初期，星河湾规划设计部便会提出要求：将红线周边的景观资源纳入整体规划方案，并且在条件允许下，将项目的景观绿化延伸至周边的市政道路。此举目的有三：一为业主能够进一步提升居住环境的体验感；二来实现品质环境共享，社区周边的市民，也能享受到星河湾高品质的园林景观；三是同步建设城市绿化，改善和优化"城市生态"。

星河湾对于项目规划布局的独特要求是配套先行：酒店、会所、学校、商业街等配套设施的选址布局、规划建设，既要让业主能够体验高品质生活的成熟配套，还要为整个片区甚至城市贡献高端配套服务。

星河湾对于建筑楼栋位置的分布也做出了特定要求，以因地制宜为原则顺应不同地形的变化布局并呈现点状式分布；园林景观尺度、建筑与园林的关系在规划上要充分考虑，让每一个住户在园区、在家中、在不同角度、在不同楼层，都能观赏到别致的园林景观。

3. 建筑设计"七图会审"、建筑施工协同作业

星河湾建筑设计体系对每个房地产项目的建筑管理、建筑形态与立面、建筑结构和建筑部件等领域制定了详细的标准。

在建筑管理领域，星河湾要求项目整体运作、多部门协同作业，规划、建筑、结构、排水、机电、装修、园林必须"七图会审"；同时要求产品设计、环境设计、室内装修设计、物业管理服务设计等方面横向环环相扣，不能割裂，交叉施工，确保从规划设计到施工监理无缝对接，不能走样。

在建筑形态与立面上，星河湾要求打造生动的城市天际线。经过多年的优化和改良，起源于南欧地中海风格的钟楼、缓坡西瓦、圆塔或方塔或尖顶错落有致的屋顶、凹凸有致的八角房等，已经形成视觉辨识度非常高的"星河湾风格"，构建成生动靓丽的城市天际线。在建筑立面的打造上，星河湾在强化立面艺术感的同时，强调线条使用和管道隐蔽工程；星河湾对于立面用材的选用也花足心思，综合考虑视觉美观、楼层高度、景观融合、环保安全、隔热透气、耐污耐磨等多方面功能，形成了独特的"星河湾立面"。

在建筑结构领域，星河湾要求结构设计充分考虑高净值家庭对空间的需求，注重通风、采光以及内部气流循环，打造多维立体空间。星河湾对室内空间的打造，不是简单停留在平面，而是立体空间。

星河湾大部分平层住宅产品的层高在3.3~3.6m以上，比常规高端住宅高出10%~20%，加强了户内气流循环、拓宽了通风、采光面；在星河湾的经典户型设计中，三层台阶式阳台形成跃式设计，给住户带来了大气、宽阔的空间享受。

基于高品质的园林景观，星河湾特别强调室内取景、观景的视野最大化。比如，部分

户型八角窗的设计颇为独特，形成270°开阔的观景视野，室内取景角度更广阔，室外美景尽收眼底。八角窗的设计，既展现了业主主人身份的尊贵，同时又呼应了星河湾标志性的八角亭钟楼的建筑风格。在北方城市，根据日照时间和特点，还特意会把八角窗的高度开高一点，为的是让业主在冬季能够享受多一点入户阳光（图1-5）。

图1-5　星河湾独特的八角窗设计

星河湾一直坚持全精装交楼、配套先行的全成品开发策略，让业主可以同时享受到室外、室内优质的居住空间和环境。在建筑部件领域，星河湾对电梯、空调系统、入户门、门窗、铁栏杆等部件的细节提出了严格要求：充分考虑电梯轿厢空间尺度对人体舒适的影响，全部采用国际名牌电梯，在投入使用前必须经过多次测试，确保用户使用电梯时的平稳、舒适和安全；为确保业主在家能够呼吸到新鲜的"空气"，星河湾要求空调系统必须根据不同项目的需要设置新风系统和防尘装置；部分项目的入户门，使用珍罕木材进行打造，精雕细刻铜制雕花、底饰仿古金箔，在保证居室安全性的同时，显示了业主对于生活品质的卓越追求；所有门窗必须保温、隔热、隔声、节能、可靠、耐用；星河湾甚至对室内、园区每一根铁栏杆的上漆工艺、手工打磨和立体雕花制定了相应标准。

4．室内设计融汇中西

星河湾室内设计标准体系对室内设计的理念与风格、空间与布局、工艺与用材和人性化配件等做出了规定。

室内设计秉承融汇中西的设计理念和多样化的装修风格，将中国元素糅合在西方建筑中，并围绕高净值人群的生活方式，独特研发出如经典、古典、新古典、现代中式等多种丰富多样的装修风格，满足不同人群生活需求。

在空间与布局方面，星河湾特别注重室内空间给予业主的尊贵体验，因此在平面布局上，星河湾率先提出在现代建筑中运用几千年来古今中外最高等级和最昂贵建筑的"九宫格宫殿"平面布局，并且将古代礼制融入空间设计，形成"十字圆厅"，即以此为圆厅轴心，延伸出礼仪系统、社交系统、寝宫系统、餐厨系统、卫浴系统等五大专属空间领域。

星河湾特有的景观厨房缘于对品质生活的前瞻洞察。景观厨房完美组合中厨与西厨，既可以烹饪美味中餐，也能细品休闲的西餐。厨房外就是景观阳台，业主在烹饪时，可以一览满园的园林景观。星河湾大平层户型设置了双主卧，非常符合"家天下"这一中华千年文化的重要传承。

在材料选用方面，星河湾独具匠心：室内墙壁大理石及地砖的选用，充分考虑室外景观到室内装修的自然过渡，为业主创造室内室外和谐一体的景观体验；同时注重把主题元素不同程度地注入地面、墙面和天花的设计上，既保持室内装修格调一致，又使得平面立面风格过渡自然；居室门套全部采用石材，防腐、防潮、避免变形；卫生间门槛石用大理石包裹，不让木门碰到地面、避免水花溢出房间，防潮防霉，经久耐用。为给业主创造更为极致的品质体验，星河湾在全球优选名贵用材，光是石材的主材便达十多种，用材品类更是40~50种。

以艺术品思维打造室内环境是星河湾精修设计的一大特点。在部分装修风格中，会特别寻找以天然石材纹理构成的石墙壁画，让业主在家中也能无时无刻享受艺术的熏陶。星河湾对施工工艺的要求更是精益求精，光特殊工艺就有近十种，确保带给客户丰富立体的室内视觉体验（图1-6）。

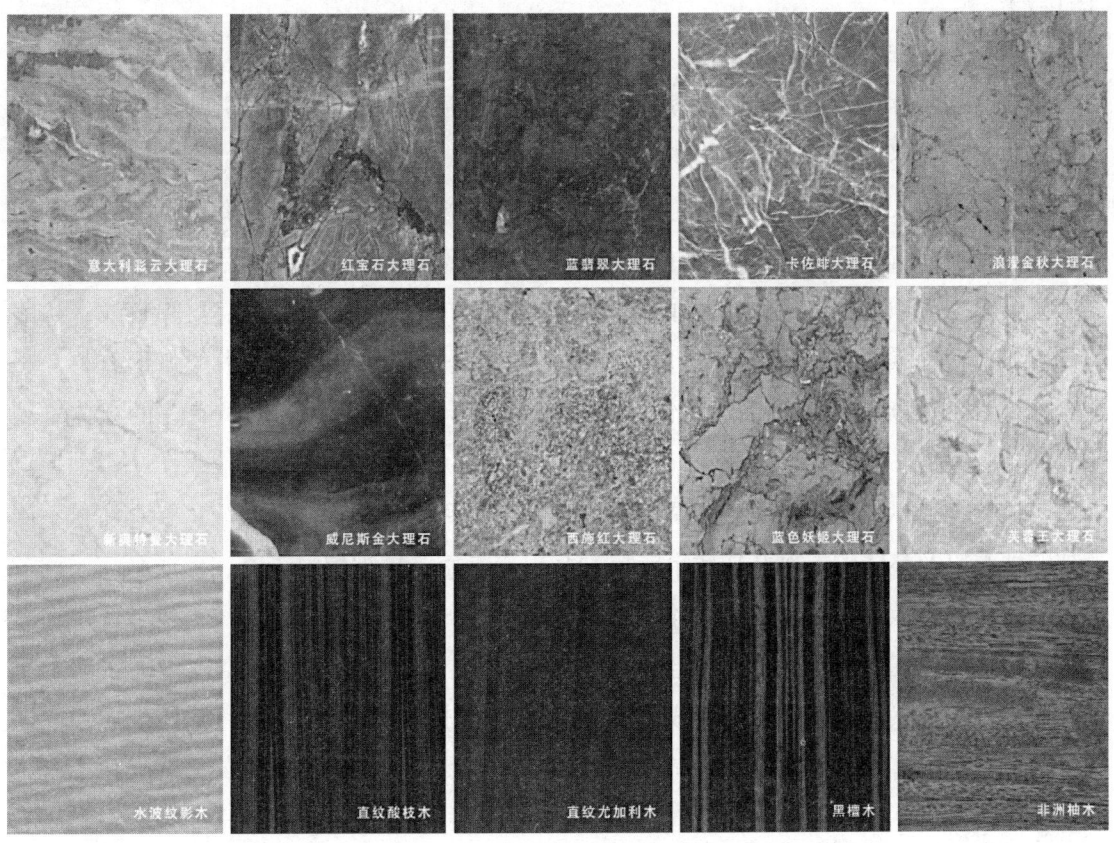

图1-6　星河湾对珍贵石材和木材的选用

星河湾的家居配件配置，注重人性化、高端化、实用性和技术领先性：原本在设计上平淡无奇的可视系统被星河湾赋予了文化、艺术的灵魂；在家庭安全防范智能化上，配置了智能灯光系统、智能安防系统和智能电梯系统等，既保障了业主人身安全，同时注重了居住的私密性；在玄关过厅设置隐藏式储物柜；衣帽间的功能分布精细收纳系统华丽而实用；采用国际名牌热水器，确保四季不间断的热水供应；采用国际化私人订制的厨房配置，综合选取德国、法国、英国、土耳其、奥地利、斯洛伐克和西班牙等国制造的厨具设备，保证优质的餐厨体验；在卫浴设施设备上，引进的卫浴品牌绝大部分是世界顶级品牌，功能设计符合人体工程学，具备极高的工艺水平，大部分设备在高温高压环境下制造，密度高、抗裂、抗变形。凡此种种，为的是能够给业主创造尽情享受私密、放松的个人空间（图1-7）。

图1-7　星河湾卫浴空间的人性化配件

5. 园林设计六重境界

星河湾的园林体系由园境、园候、园道、园植、园趣和园艺组成，并对每一个部分的打造都制定了详尽的星标准。

园境是能充分实现"小桥流水人家"的江南意境和成就"全球同纬度最美园林"。师法苏州园林造园技法，先以国画作为手稿，再进行园林设计施工，专门从苏州聘请苏式工匠到各项目现场施工；星河湾的园林高度尊崇自然，避免尖锐的直角和直线，从路面到水景都是平滑的圆弧曲线，转角处饰面材料都是运用加工难度较大的弧形石材，整个园区格外曲折蜿蜒；同时也主动创造场地高差，形成自然起伏和高低有序的立体景观（图1-8）。

园候的打造标准是形成微气候调节系统、温度平衡系统和水循环系统：要求注重不同植被的种类以及整体的层次叠加效果，树种多、花卉密、地被植物丰富，形成微气候调节系统，使植物释放更多的负离子，净化空气，让园林成为一个大"氧吧"；要求选用固氮固磷功能的水生植物净化水质和涵养两栖生物，通过水体的流动保持空气中的水离子比例，通过打造自然湿地景观从而形成温度平衡系统；泳池水系、宅前水系、组团水系、区域分割水系等丰富的水系，以及观鱼池和瀑布等水景点均要求设置先进的循环净化系统，保证水质清澈。

园道打造的主要要求是以人为本，最重要的体现是主要步行道的宽度不低于4m，这个

图1-8　以国画为手稿的苏式园林设计

数字包含了设计者细致的考虑：第一，一家三口即使牵着孩子，也可以平行走；第二，在步行道上不论是散步或跑步，往来都不用让道，有足够的空间让跑步的直接从散步的旁边穿过去；第三，在星河湾的社区规划尺度和园林高度的环境下，4m的人行道能帮助业主更好地观赏到园林的美景。另外，园道要用弧线代替直线设计，确保每走一段路观看园林都会呈现不同的景观（图1-9）。

图1-9　星河湾的弧线园道

园植的打造要求一是四季可赏，二是可坐享成熟，三要形成城市的古树博物馆。因此星河湾不但根据项目的季节气候合理选择适时适地的同纬度植物，确保全年四季有花有绿可赏，而且在乔木的树龄、形态、品种、色彩、花期等方面都细致考究，一园之内树木品种丰富，有相当部分还是树龄超过百年的罕见古树；同时星河湾园林中的植物都是全冠移植而来的，这些从各地经过精挑细选的树木，会在当地断根、假植，然后才移种到园林里确保在星河湾交付的那一刻起业主就拥有成熟的私家园林。

园趣的打造要求之一是参照中国紫禁城和日本江户环绕整座皇城的护城河理念，在宅前宅后挖凿了宽达5~7m环绕流动的护城河，不仅可以体现业主官邸般的尊贵感，更保护了首层住户的私密性，还能让业主生活在潺潺流水声之中，增添生活趣味；另一个施工要求是采用大圆弧线池壁设计打造露天泳池，并进行池底拼花。池底拼花的施工过程颇为讲究。底花的花纹设计完成后，需在图案的四角设置坐标，并在每一块马赛克材料上标上编号，铺设时严格按照设置好的坐标及编号进行，为呈现图案最佳的渐变效果，拼贴技术非常复杂，方能使得泳池拼花栩栩如生（图1-10）。

园艺部分则对土壤、黄蜡石、水笪子和照明系统提出了具体的设置要求：土壤要保证园区植物更好地生长，一方面要求将植物原来生长环境的土壤分袋装运来，另一方面要求专门对园林中的土壤进行大规模的改良；黄蜡石要求全部采自广东英德深山山涧，到位前必须经过与周边环境接触过渡堆放、高压水枪冲自然磨痕和钢丝球与砂纸反复打磨3道工序后，保证每块黄蜡石的色泽、形态达到最佳才能放进园区（图1-11）；排水系统要求采用明暗双排水沟设计，安装于排水明沟的水笪子要求采用40mm厚整块石材手工打磨代替水泥预制件，在表面形成光滑的凹槽，促进排水畅顺。星河湾的园林照明系统要求采用环保节能灯光系统，在节约能源的同时能在视觉上形成层次丰富的光影效果。

图1-10 星河湾露天泳池的底花铺设

图1-11 星河湾黄蜡石的色泽与形态

6. 工程品控宏观、微观双考量

星河湾的品质工程体系总体上可以分为宏观的品质严控措施和微观的品质细节考量。

品质严控措施主要包括四个方面的内容：第一，全盘策划和整体施工，星河湾的设计和工程管理团队合作无间，在设计初期就会将建筑设计、市政规划、结构布局、装饰装修、机电排水、园林环境等各环节进行全盘策划，然后再整体施工，保证工程一步到位、一次成功；第二，对卫生间、厨房、阳台、屋面等有防水要求的部位，采取施工过程全程旁站监督，并拍摄影像记录作为交楼资料，基本杜绝了业主入住后的漏水隐患；第三，坚持甲供材料和设备，绝大部分主材及器具、设备都要求由集团采购部统一采购，经过品质监控后方交由施工方使用；第四，设置现场试验墙，选择材料时要先在实验墙经过耐候性试验，对几种材料色彩和质感的变化进行评估后才能最终选定。

品质细节考量则涵盖了星河湾对台阶、墙面、管线、钉子、趟门等细节的工程品质要求：要求台阶高度符合人体工程原理；要求每栋建筑外墙的涂料须进行多次试验以确保抗酸防潮、耐沾污、节能环保和色彩持久稳定；要求做好各种管线的隐蔽处理，利用园林绿化、墙面等有机地将可埋设的管道埋设于地面、面墙之下，无法埋设的管线则采用家具或装饰造型将管道掩蔽起来；要求浇筑混凝土直接预埋套管，减少施工预留孔洞引起的结构漏水，确保五年返修率低于5%；要求所有钉子不生锈，不管钉子是显露还是隐藏，都要在钉子表面和钉孔位置刷防锈漆；要求将趟门推拉的声音降到最低，为此设计部门在趟门的工艺和配件的选择严格把关，反复比较德国、日本等地出品，最终找到适配的产品。

7. 社区服务人性化、人文化、专属性

社区服务体系既包括对物管安防基础服务的标准，也含有教育商业等配套设施的标准，还涵盖了业主舞台、艺术空间等精神生活服务的标准。

在物管安防方面，拥有国家物业服务企业一级资质的星河湾物业，要求为业主提供二十四小时酒店式物业管理服务，同时要利用互联网+、物联网技术实现社区服务全覆盖，通过"星悦"APP等渠道为业主提供优质便捷的居家生活服务。另外，还要求设置三重安防设施保障业主的人身和财产安全：最外层是围墙的电子围栏、红外对射系统加视频安防系统以及小区门口的门禁系统；第二重是园林内的视频安防系统及自动巡更系统；第三重是每栋的入户门可视对讲系统加门禁系统。

在社区配套方面，要求每个项目都连接、引入优质的教育资源，确保业主子女得到优质教育；要求每个项目都能享受"星盟"（星河湾优质商家联盟）提供的高品质便利服务；在部分项目还要求设立拥有财富保管和文化博览双重体验功能的社区保库&艺术空间，为业主提供私属的财富管理服务，并能在宝库收藏空间体验来自各领域的高端藏品鉴赏；星河湾目前正积极联手高端医疗机构，为业主引入高端医疗服务奇缺资源，并不时开展名医俱乐部、健康沙龙活动等专题活动，确保业主在家门口就能享受到专属的健康服务。

1.2.4 树立全方位的星河湾价值体系

星河湾集团秉承"舍得、用心、创新"的企业理念，通过制定顶尖人居环境顶层设计的"七星战略"，全面实施保障住区和生活品质的"星标准"，以品质建基立业，并不断创造社会价值。星河湾的高品质人居发展探索和实践成果得到了国内国外、社会各界的高度认可，各项殊荣纷至沓来，荣获"中国质量服务信誉三优单位"、"中国人居社区国际范例奖"、2008 CNBC全球5大梦幻公寓亚洲唯一大奖、"詹天佑土木工程大奖优秀住宅小区"金奖、"国际花园社区"金奖、"中国房地产品牌价值排行榜高端系列价值产品系TOP 10"排名第一等荣誉，成为国内首批"房地产产学研用示范性基地"、2018美好生活品牌计划首批成员企业（图1-12、图1-13）。

当然，星河湾高品质发展的示范性和价值远不止如此。对于进驻的城市而言，星河湾的项目已然成为城市的标杆作品和人居品质的标准。2005年，北京市规划委员会、北京市城市建设综合开发办公室等部门联合出版《解读广州星河湾》、《走近北京星河湾》，向全国房地产行业推荐星河湾的工匠精神，肯定了星河湾对于城市、社区打造的标杆价值。对于行业而言，星河湾已经成为其他开发商竞相参观和模仿学习的对象。来访的城市管理者、房地产同行和专家学者络绎不绝，2018年前8个月，黄文仔董事长就已亲自接待63个参观团，累积接待人数984人，这足见星河湾对引领城市、行业、人居发展创造的价值。对于业主来说，星河湾已经成为他们追求品质环境和美好生活的梦想之地。由南到北，星河湾项目已经遍布全国多个省份，钟情于星河湾的业主不在少数，在中国的圈层人群当中，有一种"星河湾情结"。"人生当有一套星河湾"是消费者对于星河湾产品的至高评价。星河湾的一次性交房率接近100%、业主自住率及营销的"老带新"比例远高于其他品牌开发商，如此高的品牌忠诚度源于客户很难在其他开发商的项目找到星河湾的同等品质。因此，老客户口口相传的口碑就取代了轰炸式的开盘营销，成为星河湾销售业绩的最重要基础。

由此可见，星河湾20多年来不同于其他开发商的品质坚守和创新之路，对进驻的城市和购买的业主已经体现出不可估量的价值，这成为星河湾集团在新时代持续发展的资源积淀。

图1-12　星河湾成为2018美好生活品牌计划首批成员企业

图1-13　星河湾位列我国高端产品品牌价值的第一名

1.3　星河湾半岛：顶尖品质住区的标杆之作

星河湾半岛，被誉为一线城市"品质住区教科书"。星河湾尖端产品力的打造，源于在项目开发、建设和运营中能够通过产品创新、环境打造、品质管控、社区服务等,实现与持续升级的客户需求的对接,为业主和客户提供高品质的居住和生活体验。本案例在对星河湾半岛的整体开发、建设、服务、文化进行系统阐述的同时,择选了"星标准"的一些"小故事"与行业同行做法进行比较,以此为基础,一方面分析"星标准"的实操细节如何给业主和客户带来更高品质的居住和生活体验,同时也客观地呈现了星河湾为人称道的卓越品质背后的独门功夫。

1.3.1 星河湾半岛项目概况

星河湾半岛三面环江,位于广州珠江江岸线之上。项目占地面积700多亩,总建筑面积122万m²,为星河湾集团2009年开始倾心打造的百年巨著,有着1200m壮阔江景及三江环岛的生态优势,大学城、科学馆、跨江大桥、万亩果园、广州塔和广州双子塔等城市宏伟景象尽收眼底。

星河湾半岛项目设有星执外国语小学和国际双语幼儿园作为教育配套,文化活动中心和康体活动中心作为主要文体配套,星河湾半岛酒店和风情商业街作为商业服务配套,这些配套设施均采用外向型布置,位于项目西侧与项目范围外的城市建成区相连。星河湾半岛园林,专设一条2.5km的骑江木栈道,以弧线优美的环岛北路为主线,将"二亭一轩一廊"串连,无边际水池把江面与园林融为一体,营造出水墨国画的高雅意境。位于星河湾半岛岛尖的"环江百花园"是珠江畔唯一占据岛尖资源又三面环江的公园。这里延续了景观大道的古树参天、知音亭的人文雕琢、园区的四季繁花和山石雅韵,还有造型独特的奇石,更有弧线优美起伏的大草坪(图1-14)。

图1-14 星河湾半岛总览

在外向型配套设施以东与骑江木栈道和环岛路以西构成的范围内,是星河湾半岛分期开发且相互独立的住宅产品,截至2018年9月已经分期开发完成并销售了四期产品,产品以285~682m²产品为主,空间设计汲取"九宫格"和"十字中轴圆厅"经典智慧,形成一个具有强烈礼序的空间序列。除了星河湾经典装修风格外,还打造了新古典版、现代中式版两款装修风格。

1.3.2 尖端产品力的匠心打造

1. 全流程的品质严控

（1）规划布局

星河湾半岛项目在规划布局上首先是对三面环江的半岛景观资源进行一体规划，设置了一条长达2.5km且外飘8m的骑江木栈道，与其说周边的景观资源让星河湾更美，不如说星河湾让周边的景观资源更有价值。其次，星河湾半岛非常重视楼栋布局的整体性、均好性和向心性，让楼栋之间更加通透，每一楼栋都能均衡地享受到采光、通风和景观，也能让整个小区自成微气候。另外，星河湾半岛的园林景观布局以每一栋建筑为圆心，通过点、线、面多种形态综合设计，让园林面积和层次均衡分布在建筑之间；为兼顾建筑和园林之间的亲近性和空间性，经过对规划布置上百次调整优化后，得出了树木和建筑的"黄金距离"，在保证景观面积之余，既不会产生压迫感，同时还能保证充足的采光。

（2）建筑设计

星河湾半岛项目的建筑设计综合考虑视觉美观、楼层高度、景观融合、环保安全、隔热耐污等多方面功能，在用材与设计上下足功夫，形成独特的三段式立面：低区容易潮湿，因此采用进口天然砂岩，不但花纹色调雅致，还具有防湿防霉、吸热透气、坚固耐磨、无污染辐射等卓越的性能，因此历经多年，立面依然能保持原来的风貌，让业主在室内能体验冬暖夏凉的舒适生活；中区受到风吹雨淋的侵蚀时间比较长，因此采用进口涂料外墙，具有超强遮盖力和吸附力，对紫外线、酸碱腐蚀、龟裂气泡的抵抗性能良好，而且无毒无味，经久耐用；顶部受到的日照时间最长，因此以西瓦坡顶作为顶层装饰，既美观同时为顶层单元起到了隔热保暖的作用，也达到提升城市天际线景观的作用。建筑以清雅的格调，质朴的材质，柔和的色彩，亲切的尺度及丰富的细部错落掩映于园林中。

（3）工程质量

星河湾半岛项目灵活选用招标方式选择优质信赖的合作方，同时形成了独特的工程质量监督管理架构，确保工程建设品质。同时，星河湾半岛项目坚持"舍得投入，品质第一"的材料采购原则，绝大部分主材料、器具和设备坚持由集团统一采购，有效控制管理品质，对于一些对品质影响比较大的材料，比如木制品，星河湾半岛全部采用甲供材料，最大限度确保品质。而且，在星河湾每一个工地现场，都有一堵"实验墙"，选择的材料，均会在现场进行"耐候试验"，对材料质感、色彩的变化进行对比与评估，最终再选定材料。

"星标准"小故事之①

每天踩在脚下的路，都是手工定制的

每一条星河湾的路都没有明显的缝隙，工匠们在铺设园林地砖时堪比绣花，由于石材是不规则形状，并且要求等缝铺贴的，一天一个熟练匠人只可以铺设4m²，采用这种工艺铺贴完成的园路能给人极其自然舒服的视觉体验。每条园路边上的排水沟盖板都是按弧线要求密缝铺贴，让每一条路，都看起来更完美，更自然。

常规做法：

园区路面石材铺设没有间隙和收口的要求。

星河湾标准：

依星河湾集团标准，石材间隙要求控制在2mm，边口不能用小角收边，排水井不能在转角处，弧线段要求石材异型加工，石材不能有水纹等缺陷。不仅提高整体感官效果，让园区路面更好看，还能减少后续维修，提高业主日常使用对星河湾施工品质的认同感。

2. 720度的品质匠心

（1）匠心打造的社区大环境

1）文化气息浓郁的多重园林环境

星河湾半岛园林的设计精髓在于以中华文化为主线，将珠江景观与园景共鸣，珠江与苏式古亭、锦鲤池、古树植物园、叠水溪涧等融为一体，构成了独具特色的长轴画卷。星河湾一直坚持打造"全球同纬度最美园林"，漫步其中，一步一景、步移景异。亭、廊、轩、树、石、水、鱼等有机组合却师法自然，漫步其中，让人仿若置身世外桃源。

星河湾园林的出现，将中国园林设计带入了一种全新的发展时代，被业界广为称赞与学习，但大多数人认为"学不了"，因为即使拥有星河湾的所有图纸，也没有哪家开发商像星河湾这样舍得花资本、时间和心思，全球寻找树木和石头并进行移植技术攻关。

亭、廊：匠人重造，文化长廊。苏州园林闻名天下，以其古、秀、精、雅，因而享有"江南园林甲天下，苏州园林甲江南"之誉，同时"苏亭"也代表中国造亭的最高造诣。星河湾崇尚"道法自然"的传统中国造园理念，力求园林的每一处都完美无瑕，对亭的完美追求达到一种极致态度。为此，不惜遍寻江苏，重金聘请了最正统的苏州古建筑团队——20位具有二三十年苏亭打造经验堪称国宝级匠人的老师傅，花半年的时间打造两座原汁原味的苏式重檐亭台——"知音亭"与"重檐亭"（图1-15）。两亭均采用巧夺天工的苏式工艺，榫卯结合，不用一钉一铁的现代材料。重檐亭，给人如飞鸟垂天之翼、面面玲珑的感觉，"知音亭"与锦鲤池形成"流水会知音"的独特画面。

沿骑江木栈道东行，江岸、水体、历史建筑、古树、植被等组成一条"滨江休闲步道"。

图1-15　星河湾重檐亭

轩：原版复建，文化格调。凤仪轩里面的一柱、一木、一石、一砖全部是原版复建，每一寸都暗藏着深深的底蕴。"凤仪轩"中的"凤"喻指百鸟之王凤凰，"仪"则指配合。而古代代表吉祥的征兆"有凤来仪"，就是喻指有好事临门，有贵人相助。之所以称"有凤来仪"，是缘由在古轩旁边栽种了五棵高大挺拔的梧桐树——"凤凰非梧桐不栖"，梧桐树更是体现清高忠贞高尚品格的代表，不仅提高了园林庭院的格调，更是与茶清高淡泊的本质相符合。

树：全冠移植，健康培植。星河湾半岛的园林有"古树博物馆"之称，千里寻树，栽种与知音共赏，比如星河湾半岛的两颗古木棉树枝干苍劲古朴，树龄超过一百岁，每年春天还开出橙红色的花朵，生命力旺盛。古木棉需要启用大型的运输工具全冠移植，然而运输车辆容易压坏沿途的道路并且运输过程容易破坏树冠，星河湾半岛就利用自身三面环江的优势，用船运至珠江岸边，再动用大型吊机吊装到指定位置，为达到完美视觉体验多次调整方向和角度，直到满意方罢。园林种植多种乔木，以珍稀丰富为特色，涵盖了乔木、灌木、水生植物、植被与时花等，搭配水、石、坡地、亭台等造景，用心至极。此外，园林中还有粉红异木棉、墨西哥金色黄花风铃木、巴西"火凤凰"鸡冠刺桐等大量进口树种。

星河湾半岛的每棵树都建立了健康跟踪卡和"身份证"，卡片记录着它们的树种、编号、高度、来自哪个苗圃等各种数据，下种后又有专人矫正树木的"站姿"，细致地设计每一棵树的角度，并用绳索和木杆固定其造型。为了增加新种植的树的存活率，每天的喷灌次数严格基于随时监控的土壤干湿程度而定（图1-16）。

石：专供专采，先养后装。星河湾半岛广泛运用中国四大名石之一的黄蜡石，根据要求全部采自广东英德深山山涧以确保原石品质。为了营造自然景观，黄蜡石在开采后先要在当地堆放一段时间，使之附着泥土与微生物，形成自然色泽过渡，与外界空气接触后，变化不大的石头才能被选送。黄蜡石运抵后，还不能直接入园安放，除了人工冲洗打磨，还要在苗圃里与泥土植物共养半年左右，达到自然色泽后方可入园。黄蜡石的吊装也是一

图1-16 星河湾全冠移植的成熟园林

个大工程,为了达到与树木水景完美配合的效果,由有经验的技师专门指导吊装、调整和再吊装、再调整的过程。

水:世界领先的专利活水循环系统。水质采用世界认可"专利级"活水处理专业技术,水池中配置粗过滤池、精细过滤池、杀菌池、增氧设备等,每天完成一次水体循环,根据池中水质情况实时调节改善,确保水质清澈见底。

鱼:名优品种,专业照料。星河湾半岛甄选100条日本冠军色系锦鲤,红白、大正三色、昭和三色、黄金锦鲤等名优品种,体长都在80~120cm之间,夹杂着40条黑鲩鱼、200条清道夫等。锦鲤们色系明艳斑斓,畅游的身影矫健如梭,在清水中悠游自在。星河湾半岛的锦鲤,享受着"贵宾级"待遇。除了配备专利活水系统,更有1名保洁员和1名饲养员全勤照料,每天负责鱼池的日常巡视及食物投喂。在这里,人与动物、人与自然都是和谐共生的,不论是业主,还是在此安家的动物们,都能在这里享受到自然而美好的生活,找寻到属于自己的一方自在天地(图1-17)。

2)精益求精的人车动线

步行系统:城市美丽风景线——骑江木栈道。星河湾骑江木栈道的修建,巧妙地避免珠江水退潮时露出江底的淤泥破坏优美的景观,同时拓宽了江畔景致,还为

图1-17 星河湾半岛的冠军锦鲤

> **"星标准"小故事之②**
>
> 因地制宜的土壤改良
>
> 为了让园区里的植物更好地生长,星河湾对园林中的土壤都进行了大规模的改良。在堆坡造园的同时,考虑承重问题,不惜成本填加了陶粒,不但提高了土壤吸收性,更大大地减轻了堆坡的重量,更摒弃普通土方,选择适宜植物生长的林地、菜地表层土,比正常多花费10%的造园费用,换来满园盛放的风景。
>
> 常规做法:
>
> 分层碾压,普通土方,仅地形表层部分采用地表土,土壤肥力不够。
>
> 星河湾标准:
>
> 土方分层碾压夯实,同时淋水助沉降,确保无坍塌情况发生。选用林地、菜地等表层土壤,适当改良后使用,整地过程中填土饱满,地形整理细腻顺畅,观赏性更强。有助于淋水助沉降,减少因沉降原因导致的地形不顺,苗木下沉等问题,全程回填表层种植土,土壤肥力更好,同时栽植区域30cm深的土壤加入陶粒、腐殖土、农家肥、堆沤蘑菇肥或木屑等有机质进行土壤改良,更有助于植物茁壮生长。

人们提供了休闲、健身和娱乐的场地,更为城市奉献了一道美丽的风景线。星河湾半岛的木栈道,长达2.5km且外飘8m,用8万根美国二代木铺设而成,具有抗氧化、防潮、防虫蛀、耐高温、耐腐蚀的特点,漫步其中可以欣赏大学城科学馆、跨江大桥、万亩果园、广州塔、广州双子塔等城市宏伟景象,已成为广州最美的私家江岸线。

星河湾摆在第一位的是业主的利益,是不断做好产品和服务。因此星河湾半岛在不断创造行业标准的同时,不断持续投入、自我超越、自我突破。2016年年底,星河湾半岛不计成本把整条木栈道进行升级,全部采用新材料和新工艺,足见其追求极致品质的理念。为了使栈道更加坚实、平整和耐用,星河湾半岛项目采取四条措施:一是将原先的木基础全部替换为由人工焊接的钢基础;二是在原有工字钢间增加新的热镀锌工字钢;三是加密方通,基本实现每50cm布置一条方通;四是将木条之间的缝隙6mm缩小到5mm。骑江木栈道升级后,坚固程度大幅度提升,使得在其上散步和奔跑的用户更感平稳和舒适,均匀一致的缝隙宽度也大大地增加了步道的美观性。毫厘之间,只为交付更完美作品,尽见细心与用心(图1-18)。

图1-18 星河湾半岛的骑江木栈道　　　　　图1-19 骑江木栈道的艺术栏杆

栈道上艺术栏杆的设计融合了创新的精神理念，栏杆上的图案为浓缩的岭南文化"羊城20景"铁花，勾勒出莲花山望海观音、镇海楼、白云山、广州塔等地标，映衬大学城、珠江新城和碧波荡漾的珠江水，亦古亦今、景中有景、富有趣味。从精心设计的铁艺栏杆上，可以感受浓郁的广府文化气息，中国文化上下五千年，每一个城市也有着独特的气质和文化，城市建筑代表着中国文化、城市文化。星河湾将很多中国元素，巧妙地与园林景观相结合。当长辈带着晚辈到江边散步，可以跟他讲述每个铁花栏杆所勾勒出的城市故事，让业主从生活场景中感受中国文化的自豪和传承（图1-19）。

车行系统：黄金分割线上的最美弧度——环岛景观大道。星河湾半岛在打造这条环岛景观大道上，可谓殚精竭虑：道路曲线设计调整了数十稿力求给业主最舒适优美的景观大道；行车道路采用了比常规道路降噪80%的特殊工艺，选用贵重的黑色玄武岩石子作为铺路基础，并使用专门用于高速公路的火山岩沥青；路牙纯手工打造，曲折的路牙石采用现场手工打磨和镶嵌拼接，过渡自然平整美观；柏油路呈现中间高两边低，由中间向两边分别找坡1%，人行道则为0.5%，主干道的路牙设计有侧排雨水口，人行道靠绿化带边上设计了混凝土排水沟，用以排人行道和绿化的地面水，保证路面排水顺畅，排水沟上铺设石材盖板，既美观又防止垃圾阻碍排水；道路中间不设排水井，大大降低了道路的噪声，给业主带来更多宁静的感受（图1-20）。

星河湾半岛的环岛景观大道，无论是远望还是车行或缓步其中，都能够感受到蜿蜒渐远的自然幽深美感，让人愉悦舒适。这条景观大道的行道树，可以称为华南香樟和秋枫的藏馆，166棵60年树龄的香樟和113棵40年树龄的秋枫，胸径划一蠹立在道路两旁，绕岛尖一圈。靠江边的

图1-20 星河湾半岛的环岛景观大道

一侧,是守护家园的香樟树;靠楼房的一侧,是保护主人私密天然屏障的秋枫树。木栈道与景观大道间的高低落差,巧妙地设计了不多不少三级石楼梯,与环岛北路的人行道浑然一体,边缘收口呈手工打磨圆弧形,可以作为拾级保健之用,也可以作为简易休闲座位。

"星标准"小故事之③

再大的雨,除了湿润的地面,看不到一处积水

不论多大的雨,星河湾的任何角落,除了湿润的地面,看不到一处积水。这些舒适的体验,源自于在道路两旁加设的排水沟,在铺设过程中,多一道繁琐的工序,却时时让生活更为舒适便利。

常规做法:

间隔设置排水井,不能保证及时排水以及彻底排水。

星河湾标准:

消防路及园路两侧设排水沟,优点是排水效果明显,尤其在雨季可及时、快速排出道路积水存水,让业主出行更便利。

---

(2)高端定制的内部空间

1)文化典雅的入户大堂

月亮门被广泛地应用在中国古典园林和传统住宅之中,在院墙上开设圆弧形洞门,门外风景犹如被圆形裁剪,别致美观韵味无穷。星河湾半岛将月亮门的设计精髓广泛运用在入户大堂上,配以七彩绿玉石这一名贵石材以及全手工的加工和安装工艺,营造出一种绝无仅有的华贵气质。七彩绿玉石在石材中是较为名贵的石种,以往一般用在石材工艺的点缀上,大面积使用,成本控制、加工工艺、安装工艺都是一次极大的考验,成品率仅仅只有50%。星河湾把室内的装修标准运用到大堂,毫厘之间,除了奢华、艺术,还有舍得与用心,从整体到局部,无不同步于国际级别奢华大堂一丝不苟的标准。每一寸让住户惊叹的空间,背后都是星河湾半岛孜孜追求的匠心独运(图1-21)。

荷花是中华文化艺术里的一个不朽符号,星河湾半岛将荷花元素大量用到了入户大堂的细节之处,尽显极致用心:信报箱是常用但不显眼的地方,星河湾半岛在此添置了手工拼贴而成的马赛克荷花图;另一侧的艺术墙布画上用水彩画表现傍晚归家的荷塘暮色,画作大气流畅写意挥洒,与马赛克荷花图的细致工笔相映成趣。业主每次出入大堂,都像赴

图1-21 星河湾半岛入户大堂的月亮门设计

图1-22 入户大堂的艺术墙

大师的艺术之约，是视觉盛宴，更是心灵净化（图1-22）。

2）"人性+美学"的户型功能

星河湾半岛将凝聚中西方建筑美学智慧的"九宫格"和"十字中轴圆厅"设计理念引入户型设计，建立户型结构中的社交系统、餐厨系统、寝宫系列、玄关系统："中西双厨房双餐厅"周全考虑多代人饮食习惯；"长者总统套房"充分尊重家族创始人的地位；"三重厅堂"将居家迎宾功能提升到国际社交级别。特有的十字中轴设计，使吊顶与地面石材图案上下呼应，将客厅与餐厅分割成两个相对独立的空间，站在十字中轴放眼望去，客餐厅、休闲厅、阳台、美景尽收眼底，大家风范油然而生（图1-23）。

星河湾为了让业主拥有一个更加符合自己生活需求的厨房，一直与KIC赫曼德保持战略合作，与这个同样拥有精湛工艺基因的德国品牌，联手为中国财智精英打造中国高品质餐厨生活。赫曼德"用德国人制造汽车的精神来造厨房"的品牌精神与星河湾"将工匠精神与审美艺术完美结合、将东西方文化兼容并包"的品牌气质不谋而合。橱柜洁净高雅，遵循美观和实用的原则，兼具人体工程学的特性，将厨房划分为6个区域：食品储存区、餐具储存区、准备区、清洗区、烹饪烘烤区和休闲区——中心岛式吧台。星河湾半岛首次将代表高品质生活品位和追求的中岛引入产品设计中，厨房整体更显高雅、更具情调。

另外，星河湾半岛的所有户型主卧均设有独立的衣帽间，并统一使用滑动的衣柜门以减少空间占用，设计方面还特意预留了大量的储存空间，让业主有更多自主发挥改造的可能。而且，为了确保主卧的私密性，主卧房间门口有独立的玄关，以此更加凸显主人的尊贵地位。

图1-23 星河湾半岛"三重厅堂"的户型功能

> **"星标准"小故事之④**
>
> 在浴缸大理石饰面预留活动门检修口
>
> 在欧洲、日本等一些发达国家及地区，人们是非常注重泡澡过程的，他们在选择房子的过程中也一定会关注卫生间是不是设有泡澡浴缸。圆形的冲浪浴缸，在它的侧面有一个调控板，业主可以在泡澡时自动调节按摩程度。星河湾的浴缸最独特的地方在于它的位置永远是临窗的，这一点一般的住宅很难做到。浴缸临窗，一方面能够保证室内的采光，另一方面业主可以在泡澡时欣赏窗外的风景，享受身体与心灵的双重沐浴。
>
> 常规做法：
>
> 无。
>
> 星河湾标准：
>
> 在精装的时候，在浴缸大理石饰面，提前预留活动门式检修口。优点是以暗门的形式进行开关，手一按，就开了，很人性化的设计，但从视觉上又看不出来，不会影响卫生间整体的美感。

3）气质高雅、工艺独特的"收藏级"材料设备

A．珍稀石材的选用

古今中外，大理石一直在宫廷式的建筑装饰上广泛运用，星河湾秉承这一宫廷式的高贵传统并不断创新，石材工艺已然成为星河湾产品的一大亮点。

星河湾半岛过厅的地面装饰，根据不同装修风格可定制多种不同石材的拼接，如西班牙的皇家琥珀和皇家彩玉、土耳其的卡曼米黄、古堡灰和阿玛尼、伊朗的黄金玉和白玉兰、中国的黑金花和黄水晶等。394m^2户型的整个过厅地面采用了大幅面纯天然的孔雀玉石和绿玉石如意祥云地花，地花的诞生过程复杂，设计师手稿经过电脑编程，植入机器控制刀口，才驱动水刀在绿玉石上切割，整块的绿玉石被切割成一朵朵如意祥云的形状；再用金丝纹切割成同样的祥云外轮廓，为每一朵祥云包边；最后把孔雀玉石镂空，镶嵌祥云组合进去，这对机器以及技术的要求都非常高，而且石材的损耗率也非常高，一块地花就充分体现了星河湾"舍得、用心、创新"的精神。

石榴花的花语是成熟的美丽，有富贵、子孙满堂、生机盎然的美好寓意，但由于在选材和施工上都存在极大困难，石榴花石材的运用并不广泛，长期以来只是将其作为锦上添花的点缀，唯有迪拜的顶级酒店方有大量使用的尝试。星河湾半岛对石榴花石材的使用可

谓全国首创，从入户玄关开始，客厅、餐厅、厨房内全部统一使用石榴石，遍地开花，向业主传达"满堂富贵荣华"的美好愿景。同时，设计团队还花费了大量心思来考量室内的其他软硬装饰材料，成功解决了石榴花石材难以搭配的难题。

星河湾半岛的卫生间整体防水源自日本的设计理念，五面体盒状防水围蔽，通过大量石材的运用杜绝渗漏，也降低了整体的潮湿度。因此卫生间是星河版半岛室内装设中珍稀石材运用最多的地方：地面镶嵌整块黄金石，纯天然金黄色的成色与浅墨绿色泽的成色相互交汇融合，犹如黄金水中泛起的片片绿波，生生不息，彰显主人家的地位和魄力；墙身则采用奥特曼米黄与金玫瑰横条纹相间而成，营造出规整、洁净、开阔的空间视野；洗手盆和浴缸边沿，则大量使用了威尼斯金，大方典雅、锦上添花（图1-24）。

图1-24　石榴花客厅（左）与各类石材装饰的卫生间（右）

"星标准"小故事之⑤

卫生间全屋防水到顶，独有多道反坎三次蓄水试验

和其他地产商不同，星河湾的卫生间全屋防水到顶。并且在卫生间防水方面有着自己独特的做法，在淋浴房和卫生间房门处，建造加高反坎，在设计之初即全方位防止渗漏情况发生。同时卫生间至少执行三遍防水工程，避免给楼下住户造成困扰，而星河湾之所以能在结构基础防水做得好，也正因为浇筑时对混凝土的养护做得更好，因此才能大大提高安全系数，确保未来几十年安心无虞。

常规做法：

不做全卫生间防水，仅地面防水上翻300mm，淋雨隔位置上翻1.8m高，蓄水1遍。

星河湾标准：

防水处理后，需要拍成影像资料留存，仅仅是一栋楼，就需要留有2个U盘。卫生间反坎，防止渗漏，排水管洞根部2次吊洞、2次蓄水检验均不低于48h，减少管道根部渗水隐患。三次蓄水试验，第一次结构试水，墙面整体一次性防水施工后进行第2遍蓄水试验，门口装修阶段，进行第3次蓄水试验，无渗漏情况，方可进行卫生间饰面层施工。

B. 时尚而经典的材质择用

除了珍稀石材的选用，星河湾半岛对其他材质的择用同样注重时尚与经典，特别是在客厅打造上可谓用心至极：电视墙采用真丝扪布做背景，在设计上采用了古铜色不锈钢线条作为分隔线，从而杜绝了造型板之间的接驳位置存在的高低不平和边角错位偏差；在底板的选材上是过去极少使用的、重量较轻的、价格较为昂贵的松木高压板，并采用英国进口胶水进行粘贴包装，这样极大减少了扪皮在完成后所出现的气泡、返松和木板变形等现象；穹顶和天花石膏装饰线用玫瑰金不锈钢回字纹，海棠角木饰线镶嵌玫瑰金不锈钢线，图案恰到好处的点缀；而电视墙两边的对称装饰，则用整块玫瑰金不锈钢模切成"万字纹"，与茶色玻璃搭配作为装饰。时尚与经典的跨界，使得整个客厅更有现代感又不失文化味，彰显星河湾的经典奢华与高贵典雅。

C. 国际一流智能家居设备的大量使用

星河湾半岛装修标准高，还体现在主要家居设备以国际一流品牌为主：采用日本日立电梯，不但节能环保，运行平稳、安静的永磁同步主机及永磁同步门机智能高效，确保使用者的舒适与安全；采用了大金VRV3户式中央空调系统，该套系统拥有制热能力高、智能化控制、高效节能新风等优越性能，IPLV数值远超国家一级能效等级，让业主可以随时享有舒适自如的空气环境、自由便利的控制；采用Rinnai热水器，不但外观时尚简约，而且其专利的内火焰燃烧技术能提高燃烧效率，满足多个卫生间同时的淋浴和洗涤需求，配以热水循环装置，保证热水供应的安全不间断。

入户门使用珍罕木材打造的超大双开防火木门，精雕细刻铜制雕花仿古金箔底饰，配防盗眼及国际最负盛名、以百年品质铸就经典的Yale门锁，保证居室的安全性又显示了主人的卓越不凡；门窗采用意大利原装进口的ALUK配件，采用"9A"双面钢化安全中空节能玻璃，安全性、隔热、降噪性、环保节能等方面的性能都双倍提升，中空玻璃配合"双等压腔"的密闭技术尤显高精密的封闭性及隔音性；厨房设备采用德国Bosch系列煮食炉、洗碗机、烤箱、微波炉；卫生洁具采用意大利Treemme一体式的淋浴按摩系统和日本

（TOTO）牌豪华电脑控制坐厕。顶尖品质的国际一流智能家居设备，有效保障了星河湾半岛用户的使用体验（图1-25）。

图1-25　星河湾半岛的品牌入户门及门锁

"星标准"小故事之⑥

定制级双开入户大门

与普通的1400×2000单开和常规高端住宅1600×2050的三七门相比，星河湾为超规制1500×2200双开入户大门，融入了传统的大宅、门第理念，以门庭的开阔凸显业主身份的尊贵。一道"定制级"木门需花费217道工序，历经9个月才能打磨而成，高出市面十倍的成本，工时更是翻几番。藏起来的防火条，定制级7cm厚超标准规制，珍稀黑檀木的舍得运用，方得一扇匠心传承的大宅之门。

常规做法：

门高2.2m，40mm厚。

星河湾标准：

星河湾户内的层高超过3300mm，与普通楼盘的2900mm相比，成本提高很多，同时由于层高更高，所以户内门采用2400mm高的门，70mm厚，更恢弘，更具有仪式感。

4）艺术与科技完美融合的智能化系统

"艺术智能生活"方式是星河湾对其所有房子未来的标准配置，一块高科技、样子高冷的液晶触屏，就能轻松控制灯光、空调、新风、空气质量监测等多路操作。星河湾半岛为了让业主能有更好的生活体验，联手法国艺术智能面板的引领品牌——Léwin，以特立独行的艺术设计理念和先进成熟的人工智能技术，给业主带来集呼叫、对讲、监视、安防报警、门禁、信息发布、家居智能等于一身，且安全、清晰、优质、用途多元的可视对讲系统，让业主充分体验到"艺术与科技完美融合"之下的舒适与便利。业主可以通过高科技的液晶触屏，轻松调节灯光、空调和新风，并进行空气质量监测；同时，这套系统还包括迎宾、用餐、欢聚、节能睡眠等多种情景模式，电箱接入多组模块开关，一改传统物理空气开关，实现全屋分组情景式控制；并且整个系统还为日后功能升级无缝下载与新增，预留充足的模块和空间（图1-26）。

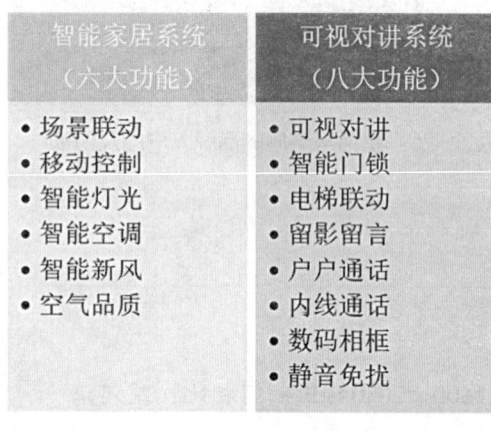 

图1-26　智能化系统规划（左）和液晶触屏（右）

"星标准"小故事之⑦

先于建筑设计的室内设计 300多页施工图纸零误差

在星河湾的施工现场，能看到案台上多达300多页的施工图纸，其厚度3倍于其他地产项目。究其原因，是星河湾将一个圆角、一个弧形的施工放大，精确到每一个细节之处。星河湾对工艺的细节要求，只为给业主创造极致的品质体验。

常规做法：

装饰设计基本上都在建筑设计基础上进行户内装饰阶段的简单设计，对工艺要求不高。

星河湾标准：

室内的设计优先于建筑设计，在建筑图纸没有完成之前，装饰阶段设计已经完成，而且单单是装饰设计的图纸就是其他楼盘的好几倍，装饰图纸细到所有节点均可体现出来，呈现出来的作品也更为细致精美。

1.3.3 品质生活的倾心营造

1. 生活配套的贴心服务

（1）配套设施先期投用

星河湾与其他开发商的住宅社区相比，最独特之处就在于它的全成品交房模式：全成品所代表的不只是可以直接拎包入住的精装修住宅，也不仅代表通过全冠移植打造的成熟园林景观，更代表星河湾在交房前就陆续打造投用的多种配套设施，并且这些配套设施还会随着时间推移逐步完善并增加服务项目。

星河湾集团为星河湾半岛项目先期投入的配套项目有星执外国语小学、星河湾半岛酒店、星河湾半岛风情商业街、康体中心、健身房等。2016年9月1日开学的星执外国语小学由星河湾集团和美国诚而诺教育中心共同举办，是华南区域首家国际文凭（IB）学校，是集国内基础教育与国际IB-PYP课程体系（即国际文凭小学项目课程体系）为一体的高端外国语小学，办学宗旨以国际双母语及多元文化教育为中心，配合国际最先进的现代科技及教学模式，采取中美联席校长和中美联席班主任的形式，让中西文化得到真正的融合，让业主的子女拥有更多可能（图1-27）。

2010年9月开业的广州星河湾半岛酒店，是一家集古典与现代优雅韵味的精品酒店，承袭星河湾系列酒店低调奢华的传统设计风格，已通过国家旅游局星评委的"五星级饭店"评定。酒店位于星河湾半岛项目入口处，交通便利，可轻松往返琶洲展馆、长隆旅游度假区、海心沙广场及广州塔等城市景点，不仅能满足星河湾半岛业主的访客住宿需要，还能辐射广州的高端游客住宿市场。酒店除了提供常规住宿外，还拥有户外景观泳池、室内恒温泳池、健身中心、乒乓球室、室内网球场、室内羽毛球场及保健沐足等康乐休闲设施，这些全方位的配套关怀不仅为酒店宾客服务，同样也向业主开放（图1-28）。

图1-27 星河湾半岛项目的配套小学

图1-28 广州星河湾半岛酒店

（2）物业管家"一站式"服务

星河湾半岛在每个单元楼入户大堂设置了片区物业管家，通过社区公告栏和微信平台向业主提供物业管家的姓名、照片、联系方式及服务监督电话等信息，业主可以随时寻求帮助：一是接受7×24小时预约，为业主提供"一站式"服务，如解答问题、办理证件、预约装修申请、处理客户的投诉与建议等；二是免费代办各项特约服务，如：房屋清洁、钥匙托管、代叫出租车、代收信件包裹、接送老年人去商场、搬家、洗衣、浇花养鱼等。

随着互联网的普及与广泛应用，星河湾半岛开始运用"星悦"APP，保洁、安防、园林管理等工作都被纳入这个管理系统。物业管理人员利用这个系统可以直接接收业主的意见，并迅速派出工作人员做出回应，及时处理问题，提高各项业务的效率，让业主充分享受贴心的管家式服务。

贴心、到位、把业主放在第一位的物业服务是星河湾在品质生活方式营造上的一个积极探索，是星河湾集团工作的重中之重。星河湾集团围绕"给业主看得见的附加值"，积极创新物业服务，让业主充分享受尊重感、愉悦感，要让业主在生活的方方面面都感受到真正的美好生活。

2．社区生活的优质营造

星河湾提供给住户的，不仅是多产业配合的"品质住宅"，还要为业主提供"品质生活"服务，构建关注心灵的人文精神，要让业主切身体会到真正的优质生活。星河湾半岛项目始终注重业主精神生活的营造，始终坚持让艺术成为业主高品质生活方式的日常组成部分。

（1）社区文化深化的实践

星河湾从"产品至上"上升到"生活品质至上"后，不断探索和创新，坚持为业主提供优质的社区环境，这不仅指安全、舒适的高品质居住环境，还包括社区的文化环境和精神生活。为此，星河湾成立了星河湾生活学院来研究社区优质精神文化生活的营造方式，星河湾大会就是其中一项独特而重要的尝试。

所谓"千金买屋、万金买邻"，星河湾的每一个业主都是一种资源，背后是强大的资源平台，星河湾大会就像一个轴心，把理念、阅历、品位相近的人群聚集到一起，将业主资源整合到一起，促进邻里相识相知，促进共享信息和资源，从而产生社区内部合作和增强社区幸福感。

除了星河湾大会，星河湾在社区文化交流上还打造了诸多精品活动，如各类节日庆典、社区运动会等。以2018年的中秋之夜为例，星河湾半岛业主共贺佳节，其乐融融，浓情满溢。星河湾在中秋佳节里分别举办了"中秋佳节采摘行"及"邻里情中秋家宴"社区文化活动，业主们在客服的带领下参与采摘，一路欢声笑语，满载而归；一边是尊礼溯源，举办中秋雅集活动，以诗书管弦之意，雅诗沉诵、燃灯寄情，共寄中秋月圆日里的美好祝愿；一边是别开生面的中秋邻里园乐会，通过手作月饼、刺绣、灯谜、琴筝、茶艺等活动，为亲切知交的邻里们，勾勒出一幅其乐融融的生活盛景……

CCTV为星河湾免费做广告?

"你们把我的故事发到CCTV上做广告了啊?"这天,星河湾半岛销售中心接到了一个业主的电话。原来是业主曹树堃先生在看CCTV新闻的时候发现,以自己为主角的"星故事"居然出现在一直致力于报道海外杰出华人代表的CCTV国际台了!这让远在美国的他感到突然又惊喜。

在第九届"星河湾大会"召开前,星河湾为世界最著名的提琴制作家之一曹树堃先生拍摄了个专访,作为大会"星故事"素材。这一则故事主要讲述了曹先生如何潜心精研仿古提琴的制作,最终形成了一套自己独特的制琴方法——"敲背听音"制琴法,培养了一代又一代的小提琴制作大师,缔造了华人制琴师传奇的故事。

也许是对曹先生的传奇经历有所感触,又或是对同为星河湾业主而感到自豪,业主们将这段"星故事"视频竞相在网络传播。就在视频传播出去后的两个月后,被CCTV国际频道发现这则"星故事"很有传播价值,"觉得曹先生是美国华人的杰出代表,所以将星河湾集团拍摄的曹先生传奇经历剪辑后播出",而对于这一切,星河湾集团和曹先生本人都不知情(图1-29)。

图1-29 央视报道曹树堃的星故事

星河湾大会及多样化的社区文化活动,把星河湾的社区人本理念落到了实处,把优质生活方式的理论研究进行了社区文化交流实践。通过这些活动,业主们从陌生人发展为朋友,继而或成为事业伙伴;通过这些活动,业主们各显技能,才艺双拼,促进社区的文化交流;通过这些活动,业主们真切感受到同住一个社区的温度,感受到精神生活的满足。

(2)文化活动的外部互动

除了将优质精神生活方式的理论研究应用于社区邻里的社交,星河湾半岛还策划组织了多样的外部交流活动,打造多维度、高精准、全龄化的社区艺术文化服务体系,如引入艺术空间、成立"生活家空间"及组织献爱心活动等。伴随着人们对理想生活定义的不断升级,要让业主在生活中随时感受到文化的熏陶、艺术的渲染及爱的滋润,才能带动人们从关注建筑产品转变为关注人文文化，才能推动人们从追求物质生活到享受精神生活的转变。

1）艺术空间

星河湾突破传统意义的住宅社区艺术空间，以提升现代住宅开发与建设理念为使命，立足高尚生活社区，提供大众高端文化服务。原本居于庙堂之高的艺术收藏，已经成了星河湾高品质生活的有机组成部分。艺术空间集艺术展示、文化交流、文化体验、休闲等功能为一体，邀请名家策展，实现各类艺术展示于活动客厅之间的多功能转换，为社区客户提供以文化艺术为核心的生活。

艺术空间缔造了社区全新人文生活方式，让人更安心便捷地享受家门口的文化，凸显了星河湾半岛的人文气息，满足高净值人群对文化和精神的追求。可以预见，星河湾社区艺术空间只是一个开始，未来随着越来越多的艺术家与开发商携手合作，人文进社区将成为星河湾各项目发展的趋势，更多高端人群将会发现它的价值，在人文社区中享受乐趣，在乐趣中丰富精神生活。

2）生活家空间

"生活家空间"是星河湾精神空间落地社区，并与财智阶层品质生活深度链接的结晶。星河湾邀请来自社会多个领域的著名学者、文化大师、艺术泰斗担任"星河湾生活家"，大师们可将自身艺术文化领域落地星河湾项目并成立"生活家空间"，为每一位星河湾业主的日常生活服务，让以中国文化为中心的社区文化艺术真正成为星河湾业主高品质生活的"标配"。

2016年7月8日，由星河湾集团与"画境"联合主办、星河湾生活学院承办的"画境"艺术盛典活动——"走近大师崔如琢"，在星河湾半岛举行。"画境"利用"艺术走进千家万户"这一全新艺术品推广与销售理念，一方面为艺术家提供全国范围的展览、拍卖、销售等艺术经纪服务，另一方面为满足每个家庭的艺术消费需求和打造个性化专属的"居家美术馆"服务。此次在星河湾半岛举办的"崔如琢画境"活动，世界顶级画家崔如琢大师亲临现场，与星河湾业主进行零距离交流，分享自己的人生经历以及艺术改变生活的内心感受，业主们也借此机会了解大师、了解艺术、提升文化素养、丰富精神生活。

从2016年开始，钢琴家李云迪成为星河湾生活学院的"生活导师"。2017年8月30日，李云迪首个立体音乐教育生态"生活家空间"正式落地广州星河湾半岛。作为国际知名的钢琴家，钢琴占据了李云迪的大部分时间，但这并不影响他发展兴趣和享受生活，这就如同星河湾打造"生活家空间"的初心——要让孩子们在社区里轻松地学琴、练琴、交流音乐和分享生活上的感悟，让孩子们走近艺术、培养兴趣、享受生活。

李云迪生活家空间，大致分为展示区、演奏厅和琴房等部分，展示区陈列着由李云迪本人提供的关于其成长历程、辉煌成就、音乐交流、名家会晤等珍贵照片。星河湾·李云迪生活家空间，不仅是一个与顶级艺术家近距离接触的真实空间，也是一个融教学、交流、发展于一体的艺术平台；是星河湾生活学院的体验与探索新实践，是一个优质生活方式新形态的新诠释，是一处艺术深耕社区、社区承载精神生活的新环境（图1-30）。

图1-30　星河湾半岛的李云迪"生活家空间"

1.4　案例总结

面对"房住不炒"的宏观导向和人民美好居住生活升级的内在需求，房地产行业进入了品质驱动的新时代，星河湾对人居品质的持续追求和品质生活的不懈探索，为进驻的城市和购房的业主创造了不可估量的价值，也为企业自身提供了更可持续的竞争力和生命力。

星河湾创建20余年来，一直秉承"坚守品质，创造价值典范"的企业使命，以为业主和城市打造顶尖人居环境和营造品质美好生活为目标，从理论研究、产品研发、产品打造、高端服务、共享平台、产业发展和资源连接七个方面制定了"七星战略"作为打造顶尖人居的顶层设计，并据此构建了保障品质住区和生活的"星标准"，对生活研究、规划设计、建筑设计、室内设计、园林设计、工程品质和社区服务等七大体系进行了规范，形成了指导星河湾打造顶尖品质住区实践的操作性指南。可以说，星河湾在品质住区和优质生活的探索和实践上树立了行业标杆，在新时代房地产行业的发展中确立了自身的引领地位，为当前和未来的中国人居品质化发展提供了不可多得的宝贵经验。

第一，品质打造一要舍得。星河湾的舍得，指的不光是建筑用材用料、设备设施等物质成本的投入，更指的是星河湾在中国房地产业的高速发展时期能够保持足够的发展定力，星河湾董事长黄文仔的身先士卒，始终围绕着居住的本质潜心研究如何打造具备引领性、示范性、超前性的顶尖品质住区。这种时间和精力的舍得和不计较企业发展短期得失是星河湾打造顶尖品质的基础。

第二，品质打造二要用心。星河湾的用心，不仅体现在生活研究、规划设计、建筑设计、室内设计、园林设计、工程品质和社区服务的各个细节上，还体现在建筑施工宏观管理和微观管理的品质管控体系之中。"星标准"作为项目开发、建设和运营操作指南，在项目开发和建设的各个环节、各个流程中发挥着关键作用，是星河湾打造顶尖品质的保障。

第三，品质打造三要创新。星河湾的创新，突破了一般开发商对于房地产创新理解的局限性，不光表现在产品、技术、工艺、科技、用材等方面的快速升级和迭代，更表现在中国文化、城市人文、时代精神和企业社会责任感与社区规划、产品设计、园林配套、社区服务的融合、贯穿。多维度的持续创新，是星河湾始终能够打造顶尖品质住区典范的动力与源泉。

思考题

1. 为什么品质会成为当前和未来房地产企业的核心竞争力？
2. 星河湾为保证品质，在规划设计、建筑设计、材料供应和工程管理上有何特色？
3. 你认为房地产开发和物业服务企业，能够在品质生活的营造上发挥何种作用？

2 泰禾院子：
引领中式建筑文化的复兴

"历史上每一个民族的文化都产生了它自己的建筑，随着这文化而兴盛衰亡。中式建筑，是中华文化的魂与根。"

——梁思成

案例导读

有人这样调侃自己一天的行程：我上午在"巴黎阳光"散步，中午到"东方威尼斯"小憩，下午就可以赶往"海上花园"度假，在一个城市就能完成"欧洲一日游"。这些调侃的背后暗含的是一种比比皆是的现象，那就是西方文化元素已经从项目案名、建筑外形、户型功能和园林景观等各个方面对我国房地产行业产生了全面影响，而中式建筑文化的缺失对于一个拥有五千年悠久文明的国家来说，这无疑是一种遗憾。文化自信是中华民族伟大复兴的基础，在中国特色社会主义进入新时代的背景下，如何在包括建筑在内的各个领域推动文化自信成为重要的时代命题。创立于1996年的泰禾集团，在其成立之初就以高度的社会责任感和深厚的文化情怀，探索将传统文化融入现代住宅，并以新中式院落为突破口开展实践，通过多年的不懈探索和传承创新为引领中式建筑文化复兴做出了自己的贡献。那么，泰禾的新中式院落是如何体现中国传统文化元素的呢？在实践过程中又形成了哪些可复制和可推广的经验呢？本案例将进行详细讲解。

2.1 文化自信新时代：现代住宅产品的变革

2.1.1 中式建筑文化觉醒的时代之需

建筑与文化，自古以来息息相关，建筑从来不是孤单存在的个体，而是代表了某一历史时期的主流文化。改革开放以来，随着西方资本和思想的进入，建筑领域受其影响开始崇尚西方审美价值，逐渐忘却了传统建筑美学，与传统文化渐行渐远，城市建筑乱象频出：一些建筑设计师过分追捧国外建筑设计理念，热衷崇洋追外的洋派建筑；一些政府盲目求快、求高、求大、求奢，片面追求"新、奇、特"的视觉冲击，与周边环境极不协调，与大众审美大相径庭，与民族文化格格不入；不同城市的建筑模样雷同呆板，传统个性特征不再鲜明，形成了千篇一律的"水泥森林"。究其原因，这些城市建筑乱象的根源是扭曲混乱的价值标准和陷入迷茫的文化传承，折射出我国建筑行业缺乏文化自信。

文化是一个国家和一个民族的灵魂。十九大报告中提出："中国有坚定的道路自信、理论自信、制度自信，其本质是建立在5000多年文明传承基础上的文化自信。没有高度的文化自信，没有文化的繁荣昌盛，就没有中华民族的伟大复兴。"因此，在中国特色社会主义进入新时代的背景下，如何在包括建筑在内的各个领域推动文化自信成为重要的时代命题。作为文明古国，中国有着几千年的中华文明和源远流长的建筑文化，中国建筑要面向未来，关键是确立文化自信，不能忘记五千年的中华文明，认真梳理和汲取中国传统建筑风格和元素，展现中国建筑文化的独特魅力和厚重底蕴。

2.1.2 现代住宅产品变革的文化之趋

住宅作为人直接居住和生活的环境，其建筑风格和形式尤为受到关注。我国历史悠久、疆域辽阔，在不同的历史时期和地域环境，由于自然资源和社会经济等条件不尽相同，逐步形成了各地不同的民居建筑形式，如北京四合院、江南庭院、广东镬耳屋、西北黄土高原的窑洞、安徽的古民居、福建和广东的客家土楼、蒙古的蒙古包、广西的"杆栏式"和云南的"一颗印"等最有代表性的住宅建筑类型。尽管形式各不相同，但这些传统都深深地打上了地理环境和文化蕴含的烙印，体现了中国传统建筑"天人合一、浑然一体"的主张，追求人与环境的和谐共生。然而，近年来"欧风美雨"的建筑风格在房地产行业盛行，欧美风格建筑充斥着各个城市的住宅小区，遍地都是托斯卡纳、巴洛克、地中海、Art Deco风格，中国传统文化的元素在现代住宅产品中已逐步消失。

建筑学家梁思成曾提出，中式建筑创作要"中而不古，新而不洋"，从我国传统建筑和西方先进建筑技术中汲取营养，既能追求和反映时代特征，又不抄袭、照搬和洋化。因此，在向西方看齐时，中国人不能丢掉骨子里的文化信仰，不能忘记中国传统建筑的独特语言和诗境，真正做到"古为今用，洋为中用"。在文化自信的新时代，中国传统文化开始觉醒和复兴，这必将直接带动中式居住方式的价值回归，让中国传统文化融入现代住宅设计和居住生活之中，这理应是大国崛起和文化传承的必然。

2.2 文化筑居中国：泰禾的新中式院落探索

2.2.1 新中式院落：传统文化融入现代住宅的泰禾理念

泰禾集团于1996年在福州建立，成立初期深耕福建市场，先后在福州等地开发了天元花园、天元美树馆等众多知名楼盘。当时，房地产行业刚刚起步但发展迅速，西方元素被广泛引入建筑外形、户型功能和园林景观的设计和打造之中，项目案名更是如此，有人这样调侃自己一天的行程：我上午在"巴黎阳光"散步，中午到"东方威尼斯"小憩，下午就可以赶往"海上花园"度假，在一个城市就能完成"欧洲一日游"。

泰禾集团的创始人兼董事长黄其森从自身的文化情怀和行业的持续发展出发，对当时房地产行业缺失中国自己的优秀文化因素深感忧虑，他曾多次设问："如果遍地都是罗马小镇、托斯卡那、加州水岸，到哪里去找中国人自己的乡愁呢？如何做出美妙的中国梦？"因此，他要求泰禾集团要探索将传统文化融入现代住宅，为中式建筑文化的复兴做出贡献，同时引领行业发展理念的转变。

泰禾将传统文化融入现代住宅的探索源于其对中国传统建筑文化的深度研究。泰禾尝试走进中国人的内心，经过大量调研发现，中国几千年的"院子情结"一直传承至今：中国人一直追求和大自然的"天人合一"，具有根深蒂固的"自然"情愫，骨血中就流淌着对土地和院落的深深眷恋。不论是家是国，反映到建筑上，即是"围合"，反映在生活上，即是院子。明显不同于开放式和通透性强的西方建筑，中国传统建筑大都是内向围合形，将家园梦想、生命体悟、生活志趣，铺陈于一方院落之中。院子展现了中国人向内探求的文化秩序，讲求"上有天、下有地、独成体系"的围合世界，体现了"内圣外王"的儒家理想人格。泰禾通过研究认为，在现代社会，居住的文化角色日渐凸显，人们不断寻找心灵归宿，追求闲适雅致、轻松详和、宁静致远的生活，决定将打造满足国人情结的院落式住宅作为复兴中式建筑文化和引领行业发展的切入点和落脚点。

为了让传统文化的引入更加符合现代人的居住习惯,泰禾并不是打造单纯的仿古院落,而是既要融入传统中式院落的精髓,又要融合现代建筑元素与现代设计因素,优化传统建筑的功能使用,着力提高居住的舒适度。因此,泰禾提出打造"新中式院落"住宅产品的理念。新中式是一种建筑文化,可以理解为"中国当代的传统建筑文化表现"。新中式与传统建筑文化一脉相承,但更重要的是新中式贵在一个"新"字,是对传统建筑进行了发展和变化。新中式不是墙垣、亭台、飞檐、楼阁等纯粹的元素堆砌,也不是江南庭院、四合院等传统建筑的再现,摒弃了传统中式的繁文缛节及迂腐沉重,摆脱等级观念的"压迫感"。新中式是中式传统建筑的精华元素与现代建筑手法的结合运用,前者留下传统文化内核,让传统中式释放新的活力;后者从现代人的生活方式和审美需求出发,打造富有传统韵味的中式意境之美,契合了当代人的审美观点。同时,泰禾将现代化生活的技术和理念引入院子,满足了现代人对享受、品质、便利等方面的生活追求,因此经过创新和改良的新中式院落不再是"老态龙钟"的形象,具备现代居住功能,实现了"师古不泥古"、"西技中魂"的突破。著名学者余秋雨曾评价:"泰禾的新中式院落摒弃了中国传统院落的缺点,相对于传统的中国民居的粗糙与简陋,泰禾的院落将西方科学引入其中,在建筑材料、建筑方式上更人性化、对隐私给予保护,对居家结构也进行了优化。"

2.2.2 开篇之作:中国院子引领中式建筑文化的复兴

基于对中国传统建筑文化和现代人生活习惯的深度研究,泰禾形成了将传统文化融入现代住宅的新中式院落产品理念。在这一理念的指引下,泰禾开始尝试建造第一个新中式院落住宅产品,开篇之作的选址经过深思熟虑之后确定为我国最具历史文化底蕴的城市之一,也就是我国的首都——北京。2002年,泰禾在北京通州区宋各庄获得一地块,将其定位为打造新中式院落的开篇之作。2003年,匠心营造的"中国院子"(原名"运河岸上的院子")向市场推出,门头、院落、坊巷等体系让人眼前一亮,开创中国精装院落先河。

中国院子唤醒了沉睡已久的院门文化,引入传统照壁、抱鼓石、平坊、浮雕、匾额等众多传统中式元素,依照中国秩序层层递进,彰显出威严和礼仪。院门设计精美气派,由珍贵稀有的柚木实木通体打造,院门用厚紫铜皮包边,将门钉、祥云等传统门饰元素规整镶嵌其中,细节之处可见匠心。院门配有铜灯、铜门、汉白玉抱鼓石,纹饰清晰、线条流畅,表现了中国建筑中的书画艺术之美。单元入户门的设计,注重门头的细节,精选石材,配以仿铜金属材质、中式石材雕花,延续了中式情怀(图2-1)。

图2-1 中国院子的门头设计

图2-2 中国院子的围合庭院

中国院子经过反复试验,将原有院墙高度从1.4m上升到4m,院子的楼王围墙甚至达到6m高,4~6m宽的街巷尺度将高墙的气势烘托出来,并没有造成压迫感。中国院子回归传统青砖四方围合设计,把建筑和庭院收纳其中,成就了真正的独门大院。院墙偶尔将木格栅镶嵌在其中,院内花木的树叶偶然伸出,打破传统院墙的封闭感。超低容积率为景观营造和庭院生活创造了充足空间,营造了围合里的浓厚中国式庭院情境和内涵的中国文化情感(图2-2)。

中国院子开创了定制精装别墅院落的先河。其中107栋是独具特色中式别墅。所有院子,均私人订制,以精装院落的形式交付给业主,亭台楼阁、繁花碧树、叠石理水,业主入住即可享用醇熟的庭院生活。定制、独特性、唯一性成为院子的显著标识,每个院子都是精心打理出的唯一。座座大院皆自成一格,各具风韵,可以表达中正之气的皇家风范,可以呈现曲径通幽的隐士气度,可以打造清新寡然的日式和风,可以表现婉约恬淡的苏州园林。呈现东方意境的院子,就有中式的"蔚然"、"燕语",泰式的"暹罗园",日式的"和风园"。中式的院子中,屋内的隔断与墙面的装饰,多采用了祥云的图案,体现出浓郁的中国传统文化。室内的工艺品、收藏品、名画或装饰,都有吉祥的中国寓意。

中国院子最令人津津乐道的是庭院,每个院落都独具特色,有曲桥逶迤、绵延辗转、径深难测的"濯缨园",有荷花映衬、陶人掌灯、水声汩汩的"荷塘月舍",有璧山飞瀑、麒麟呈祥、戏宴天下的"海晏"。这些院落既有古代皇家风范,又有江南、岭南、八闽等各地园林精髓,院院不同,风情各异。庭院中的一花一木既映衬建筑,更将生活艺术化。例如,"福池"沿用了恭王府的经典设计,取形蝙蝠,与"福"谐音,周边榆树叶落,榆钱纷纷落入其中,象征福财满池。中国吉祥元素运用到了园林的各个角落,如福寿纹铺地,金玉满堂的吉祥树等,洋溢着中国文化的美好情结(图2-3)。

图2-3 中国秦禾院子的庭院景观

楼王墅群从外部庭院到内部装饰充分展现了新中式产品的风骨和品格。楼王的每栋单体建筑均独立设计、每座园林景观均量身立意、每个室内空间均定制精装。"海晏"、"紫阙"、"骊宫"等楼王成为中国亿元级楼盘的代表。例如，楼王"海晏"，采用了壁山飞瀑的景观设计，由300多t的英德石构成壁山的形态，通过层层叠叠的水流，和庭院内的人工造雾系统一起，营造流泉飞瀑、云蒸霞蔚的惊艳效果。又如，楼王"紫阙"取自"紫阙九重，尊严在中"，极具中国古代皇家风范，各种吉祥富贵的皇家元素在入户便一应俱全。门厅采用两进式格局，两层玄关挑高9m打造出极强的门第感，玄关左右是定制手绘的长画，一边为层林尽染的秋意，一边为郁郁葱葱的春朝，如万里江山，共喻家国春秋的壮阔大气。会客厅的瓷版山水画、双面苏绣屏风，传承中国传统文化中的精致之美。到访的人无不为其深深着迷，流连其间，细细品鉴。业内人士给予了极高的评价："这不是作品，是艺术品、收藏品"（图2-4）。

图2-4　中国院子的楼王景观

静街深巷、古树高墙、门庭赫奕、影壁浮雕，作为泰禾新中式院落产品的开篇之作，中国院子创新设计并提炼了"门头、坊巷、院落"三大造院体系，完美地呈现了中国传统文化元素与现代住宅的结合，赢得了超乎预期的市场认可，已4次蝉联"亚洲十大超级豪宅"，并且6次入选"中国十大超级豪宅"。与此同时，中国院子的成功体现了传统文化融入现代住宅的市场价值，树立了泰禾新中式院落的品牌自信，在推动中式建筑文化复兴和引领房地产行业发展上发挥了重要作用。

2.2.3　传承创新：泰禾院子系产品成就行业标杆

中国院子是泰禾院子系的开篇之作，它汲取了中国传统建筑文化的精髓，从中提取承载院落文化流传千年的格局与基因，形成了打造院子系产品的一套"门头、坊巷、院落"体系标准，并成为泰禾集团旗下最具影响力的产品标签。泰禾从中国院子出发，挖掘中国传统文化内涵，赋予强烈的人文气质，开启了新中式院落的探索之旅，不断在全国其他城市落子布局。目前，院子系产品已布局北京、上海、深圳、苏州、杭州、南京、江阴、厦门、福州、佛山、南昌、济南、合肥、郑州、武汉、漳州、石家庄、肇庆、天津、广州、长沙、镇江，"二十二城四十四院"名动全国（图2-5）。

图2-5　院子系住宅产品的版图

泰禾对新中式院落住宅产品的选址有着严苛的标准，精选每座城市中最具文化底蕴和发展潜力的区域落院，始终坚持为"为当地创造作品，为时代奉献精品"的发展理念，既遵从其特有的"门头、坊巷、院落"三大造院体系，又因地制宜将院子系的中式神韵和匠心品质融入当地的文化特色。基于对城市文脉的大量研究，泰禾根据地理文脉、风土人情、居住习惯等条件，在建筑设计、园林设计、空间布局等细节上不断创新和融入，建立本土化的新中式院落，充分保障当地客户在文化情感方面的认同感。院子绝不简单复制产品，而是在产品打造上进行了突破性的创新。可以说，每一座院子系产品中都既有传承又有创新，各有千秋，风韵各异，与城市人文气质水乳交融。

比如，泰禾在进入北京后，参照北京故宫、王府、将相之家、名人故居以及四合院等传统建筑风貌，构思并落地钻研院子产品，探索如何传承中国传统建筑精髓，又打造符合现代人生活习惯与审美情趣的产品。北京院子采用了中国传统的皇家造院方式，依照"一池三山"设计手法，师法自然，并且考虑了北京的环境气候、居住审美，庭院设计在有限的空间里创造出多重院落空间体验，项目创造性地设计出三重精装庭院体系：前庭院、内庭院、上庭院，将生活从室内延展到室外，层层风景不同，层层私密空间，构筑起既有中式风格的韵律和层次，又有现代简洁和时尚质感的中式院落别墅。又如，津海院子依恭王府"前宫后苑，八重景致"标准而建，通过山、水、楼、阁、砖、瓦、路、林等元素的巧妙搭配及设计，形成一步一景、步步景异的园林特色。又如，上海院子项目深入研究了上海历史悠久的里弄文化，通过从建筑规制到院落园制的全方位研究和设计，注入上海"里弄-街巷"传统居住文化精髓，再现了"海派新中式"文化，引起似曾相识的共鸣。相较于中国院子大开大阖的皇家气度，上海院子的基调是更为婉约含蓄的，更加柔软灵秀的，追求"闹中取静"。

成立20余年来，泰禾对传统文化融入现代住宅的不懈探索为其赢得了良好的社会口碑和骄人的发展业绩，作为开篇之作的中国院子奠定了泰禾复兴中式建筑文化引领者的地位，在此基础上泰禾既有传承又不断创新地打造院子系列产品，使其能够继续在房地产行业新中式住宅产品打造方面保持领先。泰禾集团秉持"文化筑居中国"的品牌理念，将"传承和创新中式文化"作为矢志不渝的前进方向。泰禾对中式建筑文化的坚守使其已经成为一家以房地产开发为核心的大型知名上市公司，根据中国指数研究院等权威机构联合发布的《2017年中国房地产销售额百亿企业排行榜》显示，泰禾集团强势跻身中国房企15强。同时，泰禾还成功实现了品牌输出，比如与北科建合作开发的北京丽春湖院子成为2017年度北京商品住宅市场和历年中国别墅市场的销售冠军。

2.3　泰禾院子：百年宅邸标准的细节解构

自中国院子这一开山之作以来，泰禾院子系列产品能够迅速开疆拓土，目前形成"二十二城四十四院"的全国布局，这主要得益于泰禾已经建构了打造新中式院落的标准体系，形成了可复制和可推广的经验。这不仅有助于各地项目能够在一定标准的基础上根据地方特色快速进行方案调整，同时也有助于院子品牌的输出。

院子系产品师承中式建筑美学，开发独有的"门头、坊巷、院落"三大造院体系，对应于"建筑观、邻里观、园林观"的中国式居住文化，形成了一脉相承的建筑形制、独树一帜的文化基因（图2-6）。

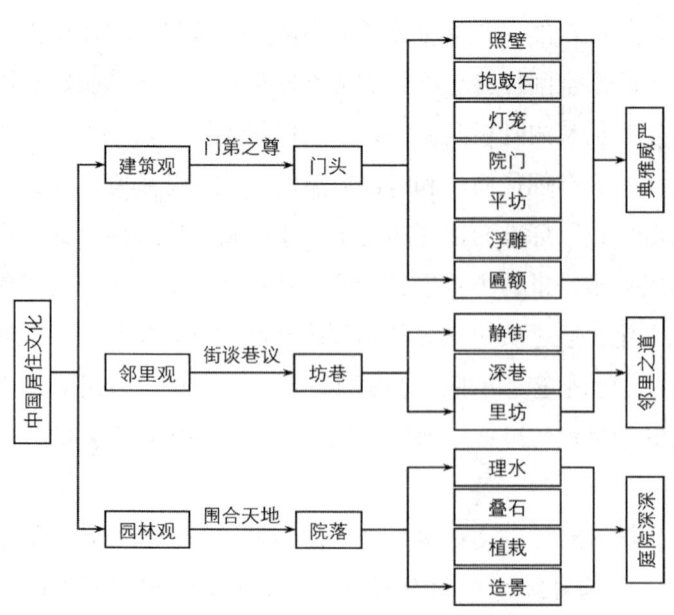

图2-6　"门头、坊巷、院落"造院体系

2.3.1 门头：门第之尊

古人说"宅以门户为冠带"，中国人的宅门文化已传承了上千年。大门不仅是宅院出入的通道，也是主人身份、家境、知识以及阶层的显性象征，门内是家庭与亲情，门外是社会与礼序。门楣或户对等建筑细节体现了婚姻中的"门当户对"，高门头、宽匾额、地雕和石狮体现了社会阶层的"高门大户"。传统观念十分讲究门的设计，门的开凿需考证方位，尺寸、形式和标准依主人身份、地位和宅院规模而定。尽管在中式建筑中，宅门是身份地位的重要象征，但随着院落建筑逐渐已成为中国的历史与记忆，院门文化也较少用于新建建筑中。

泰禾打造新中式院落首先注重的就是将传统的门头观念引入建筑设计，以"宅门"、"院门"、"入户大门"三进大门，再塑中式千年尊贵仪制。比如，南京金尊府的府门以紫铜包边，配上万字纹图案，还有牡丹花雕刻，每一次开门都代表着"花开富贵"的美好祝愿；姑苏院子门头，则集萃中国传统建筑中最高等级符号，一方面用料极为考究，另一方面匠心装饰，柚木大门、石制斗拱、万字纹铜，无不体现出大家风范。除了主门头，泰禾对业主家的宅门设计也是极具匠心，比如上海院子宅门以珍贵的柚木为材通体打造两侧对开大门，木门上下厚紫铜皮包边，祥云、蝙蝠、花卉等传统纹样元素规整地镶嵌其中；还有门楣上镶嵌的长方形"户对"，上雕泰禾自己改良的"泰字纹"，门把手则是牡丹花纹的玉制雕花，这些都是院子的独有标签（图2-7）。

图2-7　院子系的院门设计

在长期的实践中，泰禾将传统的门头营造加以发展、传承、创新，对雕梁画栋进行了改良创新，不断地改进与完善门头造型、照壁和地铺，并由此形成了包括灯笼、壁灯、横梁、抱鼓石和门钹等在内的门头设计专利体系。具体包括以下内容（图2-8）。

（1）**照壁**。照壁古称"萧墙"，是中国传统建筑中用于遮挡视线的墙壁，是中式建筑

图2-8 院子系产品的门头体系

中的重要单元之一,往往与院落、房屋相辅相成,不可分割,有烘云托月、画龙点睛的作用。泰禾借鉴"宅不应一眼望尽"的传统手法,照壁取材名家名作,将中国建筑的"意"寓于"形",强调了院落应有的秩序感,凸显大院的古雅气质。例如,姑苏院子,照壁正面雕刻名画《江山如此多娇》、背面则为名墨《草书古诗四帖》,书画开合差互,将恢弘气势与人文情怀完美融合。南京金尊府则选择《千里江山图》为照壁主景,亦有开门见山之意。上海大城小院的照壁直接采用黄铜铸造,主景为纯铜雕刻的双龙戏珠,代表着尊贵身份和喜庆吉祥。

(2)**抱鼓石**。抱鼓石为古时的"门当"石,是"非富即贵"的门第符号。泰禾团队为了获取门前抱鼓石的纹样,走访了北京旧城区近2000对抱鼓石,拍摄了4000余张照片,并邀请该领域的权威专家,从历史典籍中复原了百座王府的抱鼓纹样,为院子所用。泰禾对传统的抱鼓石、抱箱石进行了传承和改良,经过改良的抱鼓石,下面为方、上面为圆,寓意"文武双全"。抱鼓石采用上等汉白玉雕琢,请了有"中国石刻之乡"美誉的河北曲阳雕刻工匠手工雕刻,将匠人技艺,工匠精神传承延续。曲阳匠师运用圆雕、浮雕等技法,将美学融于石雕之中。每一座院子门前的抱鼓石图案均为独家定制,样式繁多且精美别致,例如三狮戏球(三世戏酒)、四狮同堂(四世同堂)、五狮护栏(五世福禄)。鼓顶上面一般也雕成狮形,有站狮、蹲狮或卧狮。

(3)**门头灯笼**。灯笼是中国建筑门脸必不可少的元素。泰禾结合现代人的生活习惯与审美,门头两侧的壁灯采用铜质方灯,构成了门头体系的一大特色。以南京院子为例,这种方形铜灯从宫灯演变而来,上面的纹饰由传统的"万字纹"演化而来,寓意万福万寿绵长不尽。灯以经霜耐雪又充满时间光泽的铜为质地铸造,简约时尚而又富传统韵味。又如杭州院子,壁灯纹饰采用的是传统"席纹"和成熟于盛唐的"卷草纹",线条简洁明快,寓意家族兴旺、人丁葱茏。

（4）**院门**。泰禾院门的设计极为考究，院门永远有中正、端庄、威仪的仪式感，其背后是开阔的尺寸、正统的色彩搭配、精致的建筑配件以及极高规格的用材，保证居住者的尊贵性和私密性。院门设计高大厚重，由珍贵稀有的柚木实木通体打造，彰显门风。柚木号称万木之王，是木材最不易变形的品种，是世界著名的名贵木种。院门由厚紫铜皮包边，将门钉、祥云等传统门饰元素规整镶嵌其中，于细节处重拾中式居住美好。

（5）**门钹**。门把手古称"门钹"，传承自中国传统建筑中的狮口门环。泰禾经过现代手法，将狮口门环演绎为方正硬朗的雕花把手，形成"新中式"门钹装饰体系，表达了中式审美富于流动感的气韵，又更符合现代人的使用习惯，是门头体系中不可或缺的组成部分。

（6）**平枋**。泰禾取法木质横梁的经典制式，但运用更为先进的技法，将传统的木雕、彩画予以融合，再经过锻造、雕刻、磨光、上红等一系列复杂工艺，将中国古代建筑木构架梁皇家彩画的做法，变形为整体铸铜的雕花图案，手工捶打而形成奢华内敛、极富细节的紫铜梁枋。

（7）**浮雕**。正所谓"雕梁画栋"，精雕细琢出来的华丽图案是中式文化的象征。泰禾将雕梁画栋的传统文化注入院落居境之中，再现了深浅浮雕、镂雕圆雕等稀传之技的风韵。浮雕纹饰为院落大门的点睛之笔，汉白玉雕饰由河北曲阳皇家建筑工匠手工雕刻，尽显书画之美。浮雕各式意纹乃至自创纹饰"图必有意、意必吉祥"，例如，牡丹、荷花、芙蓉、葵花以及如意纹、卷草纹、祥云纹等纹样，表达着福寿吉祥的寓意，是花开富贵的象征。又如，支撑屋顶的横梁和牛腿上设计了精致的木雕，将中国古代建筑木构架中"槛"的做法，演绎为整体锻铜结合"三卷如意头"图案，借喻"称心"、"如意"，表达了对院子主人的美好祝福。

（8）**匾额**。院子的主人可根据姓氏、爱好、身份等，给自家的宅院取一个名字。每户均悬挂私人定制的自家匾额，作为家训家风，代代传承。匾额由书法家题字，经多道工序精制，不仅可装点门面，也是彰显家风的体现。主人收房时，在喜庆吉祥的氛围中，揭下门匾红绸，喜气盈盈步入新居，极具仪式感。

2.3.2 坊巷：街谈巷议

院落本是一种闭合的文化，讲求内外区隔，但坊巷是中国独有的场面，中国式的街谈巷议常常发生在街、巷、坊之中，代表了中国悠久的邻里之道。中国人在坊巷之中一住便是几十年、几代人，讲求"处街坊"。打造新中式院落，泰禾十分注重复兴传统街道坊巷的格局，借助静街深巷和高墙门头的私密围合以及街巷的变化曲折，来构筑中式风格的韵律和层次，实现泰禾所倡导的人文生活理念。

泰禾打造的坊巷灵感来自于福州"三坊七巷"，这十条坊巷之间，保存着上百座明清古建筑，其坊巷格局及建筑风格具有深厚的历史积淀，被外界誉为"中国城市里坊制度的活化石"。泰禾以"坊巷"格局为蓝本，对邻里公共空间进行精心规划，将福州三坊七巷的俊秀灵巧与当地城市人文味道相结合，复兴了中国数千年院落文化、社会形态与邻里关系。

泰禾以中国文学意象为主题，以中式美学图案为元素，汲取中国园林的"曲径通幽、移步易景"设计手法，精心雕琢植被、建筑、雕饰，营造"街、坊、巷"的不同意境，形成"静街深巷"的居住意境。每一座院子都有着自己的坊巷体系，例如，北京院子的"三街五巷八坊"（图2-9），南京院子的"一河七坊八巷"，上海院子的"三街九坊十八巷"，杭州院子的"五街八坊十巷"，丽春湖院子的"五坊八巷"。每座院子都有自己的《坊巷志》，记录着坊巷文化的创意追溯。在院子系产品中，泰禾对坊巷格局进行了不断地创新，在道路宽度和景观塑造上运用不同的打造方法，形成了独特的"静街、深巷、里坊"，以坊巷保留传统邻里观。具体来说：

（1）**静街**。为实现"只见树木不见宅"的效果，街道以全冠树木移植，冠大荫浓、树形宏伟，层次丰富，街道宽度的尺度越大，底蕴与气场越足。乔灌花木布置于街道两侧，既烘托出高墙大院起势，同时色彩丰富而富有层次。

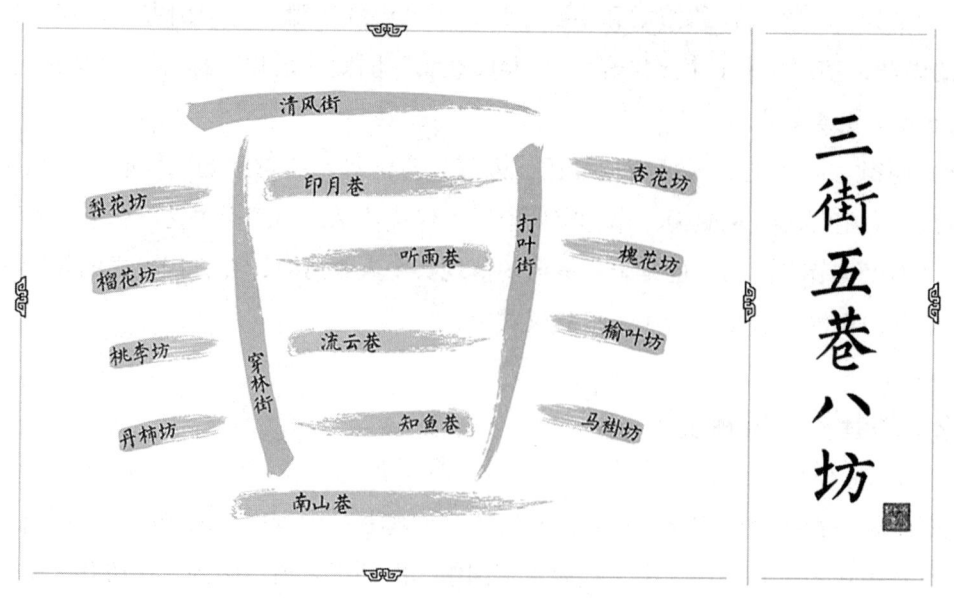

图2-9 北京院子的坊巷格局

（2）**深巷**。巷与街有着空间上的连续律动，给人安全感、归属感，巷道路面以中式的传统铺装样式为取材，加以工匠手工铺设完成，巷道以具有禅意的典型文学意象为主题，表达居者的境界。

（3）**里坊**。即里巷、街坊，以种植形成的景观与蕴含的寓意，共同形成坊的主题，根据主题进行种植铺装，搭配山景水趣，形成休憩身心的绝佳胜境。

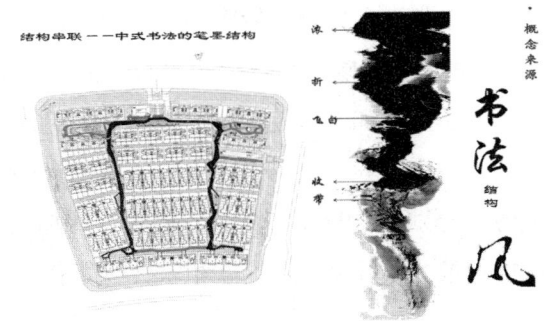

图2-10　北京院子"三街"的布局和流线设计灵感

以北京院子"三街五巷八坊"的打造为例，整体设计以"禅意人生"为设计理念，强调"一山一水一清风，一月一竹一流云"的轻松、宁静、从容和超然的氛围。在做"三街"的布局和交通流线的设计之时，北京院子通过巧妙融入当代水墨笔法，利用"风"字的中式书法笔墨结构布局"三街"作为主要的交通通道，在具体的流线设计时又参照了"浓、折、飞白、收、带"等书法笔墨，使得空间衔接收放自如，一气呵成，让人行走其间不知不觉被带入深巷幽幽、步移景异之悠然意境（图2-10）。

三街取名为"穿林、清风、打叶"，营造苏东坡笔下的"莫听穿林打叶声，何妨吟啸且徐行"的境界，寓意旷达超脱的居住心境，如同隐逸在城市山林中：清风街作为主要入口，主题定为"山水画照壁"，主要采用枫叶植物营造空间；穿林街打造现代禅意空间，主要采用水纹铺装、书画意向和植物群落等元素营造；打叶街的主题设置为现代自然山水，水纹铺装、自然置石和植物群落成为烘托这一主题的主打手法（2-11）。

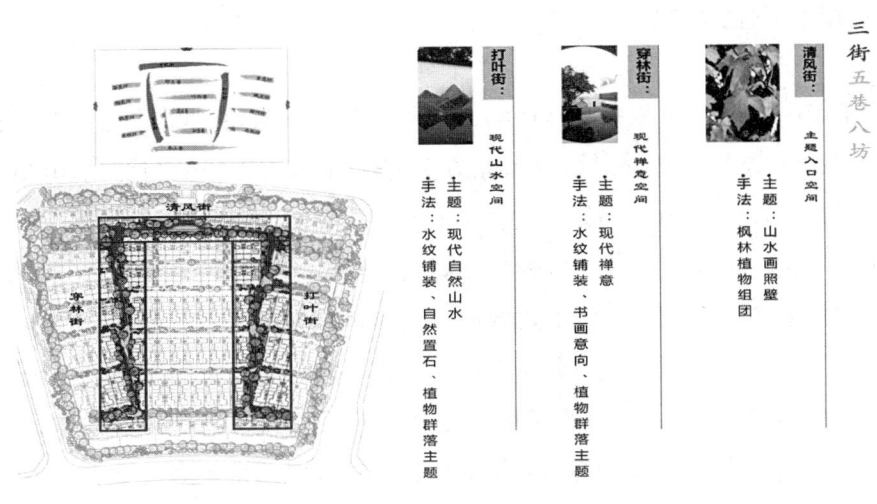

图2-11　北京院子"三街"的命名和打造手法

坊巷的命名同样是皆有出处和富有寓意。五巷取名为"流云、印月、听雨、知鱼、南山",体现了"候月、听雨、望云、倚竹、赏花"的优雅风韵,且每条巷道的打造都力求神形兼备,例如流云巷巷口设流云碑,巷内步道有流云地铺,墙上有流云雕,给人很强的归属性,走进巷子自己犹如一片云飘回家中。八坊以主题植栽为名,八坊争奇斗艳,处处流芳,分别为"梨花、榴花、桃李、丹柿、杏花、槐花、榆叶和马褂",坊巷里种植了对应的植被,榆叶桃李,这些植被体现了传统文化意象,与老北京的灰墙碧瓦相映成趣(图2-12)。

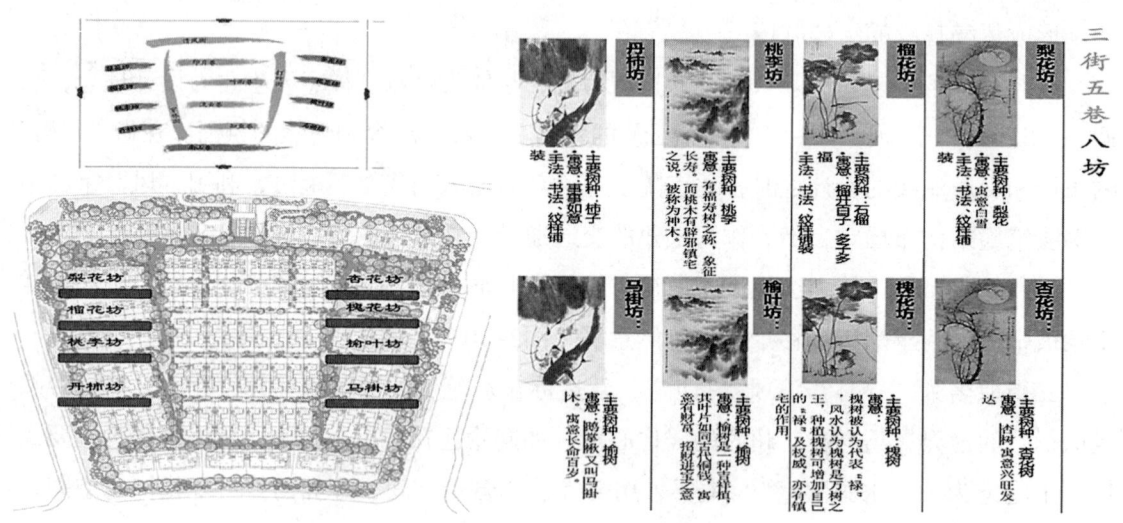

图2-12 北京院子"八坊"的命名和打造手法

2.3.3 院落:围合天地

泰禾传承了中国文化底蕴和造园精髓,萃取自北京圆明园、苏州拙政园、东都洛阳宫、承德避暑山庄等名园盛景,结合了北方皇家园林的气势恢弘与江南园林的多姿秀美,集大气威严与灵动婉约于一体。中国古代的名门望族讲究"前庭后院",私宅由大量植被与花木环绕,将青砖墙与院内外景观融为一体。中国庭院大多是主题园,空间、要素、意境依靠主题一气呵成。新中式的精神内核体现在庭院里,泰禾的园林景观中物境、情境、意境交相辉映:一是"物境",山、水、树、亭、桥等元素均可随意运用,在庭院内部还原自然;二是"情境",庭院景致随四季变化,富于天气意象,使景致与心境相融合;三是"意境",庭院景致将日常生活艺术化,赋予庭院"庭前乾坤大,院中日月长"诗一样的意境。泰禾始终贯穿的园林哲学,可以归纳为"大、美、精、深"

的境界营造。具体来说：

（1）**院落之大**。中国院子构筑了1～6亩庭院空间，保证每个院子的空间张弛度，每座大院的庭院面积都大于建筑面积，为院子留置最大造景空间，也为庭院生活预留出开放空间，将生活核心移至天地自然间。

（2）**院落之美**。泰禾为每座大院量身定制景观方案，并予以成形。根据每座院落的尺度、自然资源、室内空间功能规划庭院景观布局，呈现出不同的东方意境园林，可谓"游不完的院子，看不尽的闲庭。"

（3）**院落之精**。泰禾院子开创别墅全精装院落先河，达到了豪宅的品质，像大观园一样琳琅满目。所有园林建筑均由专业园林设计施工、古建设计施工团队完成，营造庭院意境。

（4）**院落之深**。讲究前庭、后院、侧院，邀请书画家和园林家互为配合，以奇石名树，打造一院景深之境。传承中国理园精髓，理治层层景深、山水叠嶂、曲径通幽、柳暗花明、移步换景，缔造"庭院深深深几许"意境。

泰禾院子致力于打造院子里的生命美学。中国院落的生命力来自于意境营造，契合"天人合一"的居住观和"道法自然"的思想。泰禾在理水、叠石、植栽、造景等园林技法上，匠心独运，打造一步一景、步移景异的中式传统院落景观。具体来说：

（1）**理水，馆藏山水于一勺**。泰禾在古人理水之法的基础上，十分注重水型、岸畔的设计，院子往往设置院落环绕水系、水渠系、喷泉系、涌泉系等多种不同形态水系，利用水面的开合变化，形成了不同水体形态交融之美。泰禾在园林水景打造上匠心独运，或是北方三山五园式的山水交融，或是南方小桥流水式的雅致美景，或是引水入境、映衬亭阁花树，或是山涧飞瀑、涌泉溪流。例如绮春园的"水到渠成"，荷塘月舍的"四水归堂"，临溪"财源广进"，用艺术化的语言呈现自然之美。

（2）**叠石，移天缩地入君怀**。泰禾借鉴中国山水画"咫尺万里"的写意手法，置石掇山，描摹山川。通过水石相映，构成园林主景。庭院叠石小品以"太湖石、灵璧石、英德石"三大名石为主，由专业园林石匠叠置，通过与流水、花木、建筑的构景搭配，塑造不同的审美意境，追求诗情画意，呈现"虽由人为，宛若天开"的艺术之美（图2-13）。

（3）**植栽，疏影横斜水清浅**。泰禾的园林景观美不胜收，其灵魂是各种品类、

图2-13　院子系的叠石理水景观

相得益彰的树木与花卉。对花木的选择与搭配,讲究"姿态美、色美、味香、寓意",每个院子的园林形成独特的主题景观。根据审美和传统文化寓意进行植栽,例如,柿子、玉兰、石榴、海棠寓意"金玉满堂"。韵律与节奏配合造景需要,有密植、有扶疏、有错落、有掩映,塑造自然情趣。

(4) **造景**,亭榭参差鸟雀喧。在"收与放、动与静、曲与直、有与无、对景、框景、障景、借景"以及"桥、亭、廊、舫、窗"的巧意造景下,泰禾依照院落的尺度、气质,设计与其相符的建筑体量、外形、色彩、质感等,与周边自然景观相协调,缔造充满节奏和韵律的园林空间,呈现出"道法自然,天人合一"的庭院景致。

2.4 泰禾品质:匠心基石和管理保障

2.4.1 基石:立志百年宅邸的专注和匠心

所谓"艺痴者技必良",一直以来,泰禾都是工匠精神的倡导者和践行者。泰禾数十年如一日,在一草一木、一山一水、一门一窗上倾注心血,力求做到极致,希望打造百年宅邸,经得起时代洗礼,能够世代传承。很多细节都体现了泰禾产品的风韵,彰显工艺匠心,下面就以泰禾对树木和石材品质的极致追求予以说明。

泰禾的匠心体现在择木、种木、养木之中。中国院子拥有在册的近百种名贵树种与百种花卉,木映花承,四时如画。泰禾在打造中国院子项目时,全园全冠移植树木造园,甚至"不计成本,只要好树"。为了呈现全园美轮美奂的园林景观,泰禾当时成立了单独的部门,耗时多年,跑遍9省,全程50万km,斥资逾两亿购买上万株乔木。在深山老林淘了不少元宝枫、蒙古栎、法国梧桐、银杏等名贵树种,在项目附近苗圃培育后,再全冠移植到院子里面。全冠移植和去冠移植对比,要耗费更多的人力物力,成本高出三四倍,但能在最短时间形成成熟景观。中国院子楼王"海晏"的后院有一棵银杏树,号称"公孙神木",移栽过来的时候树高30m,胸径超60cm,树龄达150余年。泰禾从山西寻得此树,动用多辆吊车、牵引车,经过一个月多时间才运回北京,并从当地运来大量原生土,精心培植,这成为"不惜工本"造院的一个例证。从对待树木的态度中,泰禾的匠心一览无遗。

泰禾十分讲究选石,由园艺师从石源地精心挑选,使得住宅外立面与细节极具品质感。园林叠山石材的选用十分严苛,石头是叠山所需的基本材质,石材优劣直接关乎景观的艺术水准。泰禾为打造匠心之园,造园师不惜行程万里寻访石材,还以《素园石谱》

的"天下名石"为标准进行采购,庭院叠石小品多采用太湖石、灵璧石、黄蜡石等著名景石。例如,金尊府造园所取石材都选用中国名石,多来自湖南西洞庭、安徽鱼沟镇、浙江新昌县、广东英德市。在门头体系、照壁地铺等方面,泰禾对石材用料均极为考究。选用大量的精品石材,石材要求品质卓越,既美观又环保。外挂石材选择的黄金钻花岗岩,进口自沙特阿拉伯,历经27道工序,线条样式凸显质感。这种用心的甄选,使得中式住宅外立面与细节极具品质感,有着难以模仿的"泰禾味道"。门头体系中,主入口门头的用料,更是匠心用石工法的集中展现。例如,姑苏院子压顶为丰镇黑花岗岩、墙面为黄金麻花岗岩、墙裙为芝麻灰花岗岩贴面。不过,仅有好的石材还远远不够,泰禾聘请经验丰富的匠人亲自完成叠山置石,通过"对"、"呼应"、"映衬"、"虚实"等一系列艺术手法,于园林中塑造成具有峰、岩、壑、洞和风格各异的假山,达到"无补缀穿凿之痕,遥望与真山无异"的效果。

2.4.2 保障:专业的管理体系和人才团队

泰禾形成了专业的人才团队体系,具体包括:①专业的研发设计体系,泰禾以院子系为基础,衍生出大院系、府系、园系,形成以"新中式"产品为主导的各类高端产品系。泰禾还把新中式风格从院子系拓展到了商业、公寓、酒店等其他业务板块,以传承并延续"中国品位"。②专业的园林设计体系,泰禾拥有具备近20年设计经验的园林设计师团队,同时汇聚国内及港台知名园林设计大师、园林艺术大师,共擘东方园林大美。③经验丰富的工程施工体系,泰禾做到每个院落从设计、施工、栽植,到品质把控,都集合了数十个专业团队、上百名资深园匠的经验智慧。④全球采买体系,泰禾具备完善而高效的原料采买体系,大到石料、原生木,小到地砖、花种,坚持高成本原产地进货,旨在打造最醇美的庭院生活。⑤苛刻的质量把控体系,泰禾指定缜密的施工监管制度,工程师现场巡视检查、重点环节亲自督导,同时实行质量一票否决权,严禁不合格产品带入下一道工序。⑥专业的养护体系,泰禾提出"四季重点分明的专业养护体系",根据庭院特点与季节属性,提供专人养护服务。

2.5 案例总结

面对中式建筑文化觉醒的时代需求,将传统文化融入现代住宅产品成为当前房地产行业面临的重要变革。泰禾集团近20年前就开始这一探索,以打造新中式院落为突破口引领中式建筑文化的复兴。从2003年中国院子这一开篇之作震惊业界，到目前已经形成"二十二城四十四院"的院子系产品布局名动全国，泰禾院子在坚守与传承中不断创新，为引领中式建筑文化的复兴和促进文化自信新时代房地产行业的可持续发展做出了自己的贡献。然而，不断打造高品质的新中式住宅产品并不是一蹴而就的事情，泰禾的成功也绝非偶然，除了离不开"大国崛起"的大环境和中国人的"文化自信"，也离不开泰禾自身的追求与付出，通过本案例的分析可以将其归纳为以下五点。

（1）泰禾对传统文化融入现代住宅的不懈坚持与多年探索。在20年前房地产行业起步阶段，泰禾就开始思考如何将中国传统文化融入现代住宅产品，并经过深入的分析形成了打造新中式院落的泰禾理念，并且多年来一直以院子系产品作为其业务核心，长期深入地探索方使泰禾能够深刻领悟"新中式"建筑文化精髓，实现了传统文化元素和现代元素的完美融合。

（2）泰禾形成了可复制和可推广的造院标准和产品专利。从"中国院子"的十年磨一剑，到院子系产品的进化和繁衍，形成"二十二城四十四院"的产品布局，助力泰禾迅速发展成为房企的黑马并在行业内成功进行品牌输出，这得益于在实践中形成的可复制和可推广的经验。"门头、院落、坊巷"三大造院体系和与之相应的注册专利，对应"建筑观、邻里观、园林观"的中国式居住文化，形成了一脉相承的建筑形制、独树一帜的文化基因。

（3）泰禾因地制宜地匹配当地文化基因并不断进行创新。泰禾形成了自己的产品标准和专利，这有助于各地项目能够在一定标准的基础上，根据地方特色快速进行方案调整。但泰禾院子绝不简单复制产品，而是因地制宜将院子系的中式神韵和匠心品质融入当地的文化特色，根据不同城市地理文脉、风土人情、居住习惯等情况和不同项目地块形态、规划条件和交通区位等条件，在建筑设计、园林设计、空间布局等细节上不断创新，坚持"为当地创造作品，为时代奉献精品"的理念。

（4）泰禾立志打造百年宅邸的匠心和对产品品质的极致追求。泰禾有极强的社会责任感，不跟潮流，只问初心，不惜重金在全国各地甚至全球选用好的石材木材，传承中式园林的元素和理念；不惜时间对产品细节进行不断地改良创新，匠心设计属于中国人自己的院子；不惜人力精心打造能传承百年的建筑，致力于营造中国式美好生活。泰禾的专注、踏实、创新、精益求精体现在其产品设计上，凭借着对产品细节的痴迷，精心雕琢出门头体系、坊巷格局以及一园山水，复兴了中国传统建筑中的深邃魅力。

（5）泰禾完备的管理体系和专业的人才团队。泰禾形成了研发设计、工程施工、全球采买、质量把控、过程养护等专业管理体系，并且每一个体系都储备了大量的专门人才，特别是研发设计团队汇集了大量国内外知名设计师，完备的管理体系和专业的人才团队成为泰禾在新中式住宅领域拥有可持续竞争力的源泉。

思考题

1. 如何理解泰禾打造"新中式院落"中的"新"字？

2. 泰禾院子包含哪些重要的传统文化元素？举一个例子，说明设计师如何融入中国传统文化要素。

3. 你认为泰禾打造新中式住宅的成功经验，对房地产企业有何借鉴意义？

3 红星·金义天铂项目：
"质量为先"

美好的东西在质不在量。

——伊索

案例导读

  新的历史时代背景下，房地产企业开发项目需要"质量为先"。质量的定义是"一组固有特性满足要求的程度"。"一组固有特性"即为品质；房地产项目质量是房地产项目品质满足要求的程度。房地产项目属于小范围的"人居环境"，本文拟从"人居环境"所包含的自然环境、人工环境、人文环境等方面的品质来分析房地产项目的质量。

  本节所选的案例是"红星·金义天铂"项目。它是房地产行业后起之秀，红星地产，在浙中金华开发打造的高品质项目。红星地产是一家重视品牌建设，善于品牌推广，特别用心打造优质房地产产品的房地产综合开发企业。

  红星·金义天铂的高质量，源于红星地产对美学的追求、源于全员的质量意识和匠心精神，也源于红星地产对于房地产项目的全员、全面、全过程的质量控制。具体地讲，红星地产通过严苛且利于操作的项目选址；通过融古贯今且接地气的美学设计；通过标准规范的施工质量控制；通过"专注"、不放过细节的"工匠精神"，最终实现了项目的高质量，向社会兑现了自己的质量承诺。

引言：

中华人民共和国成立，尤其是改革开放以来，我国经济社会全面发展，建成了门类齐全、独立完整的产业体系。然而，与世界先进国家相比，我国在自主创新能力、资源利用效率、产业结构水平、信息化程度、质量效益等方面差距明显。

2014年5月，习近平总书记在河南考察时指出，适应经济发展新常态，根本出路在于"推动中国制造向中国创造转变、中国速度向中国质量转变、中国产品向中国品牌转变"。同年9月，李克强总理在中国质量大会上指出，提升质量是中国发展之基、兴国之道、强国之策。质量是打造中国经济升级版的关键。中国经济要保持中高速增长，向中高端水平迈进，必须推动各方把促进发展的立足点转到提高经济质量效益上来，把注意力放在提高产品和服务质量上来，牢固确立质量是生命、质量决定发展效益和价值的理念，把经济社会发展推向质量时代。

为推动中国制造向"微笑曲线"的两端转移，国务院于2015年5月印发了《中国制造2025》，《中国制造2025》列出了创新驱动、质量为先、绿色发展、结构优化和人才为本五条发展指导基本方针。"质量为先"虽然列第二位，但是质量比创新更重要，没有高质量，创新也就成了沙滩上的高楼。21世纪是质量制胜的世纪。

质量是企业的生命，质量管理是企业管理的核心。房地产行业中，房地产企业虽然不是制造企业，但它是房地产项目生产全过程中，相关设计、建造、制造单位总的组织者和协调者，它的质量态度和质量行为直接决定着房地产项目的最终质量。另外，在房地产行业产品短缺经济时代，房地产企业可能不是特别关心产品质量，因为只要房子建造出来，就立马能被市场所消化。但是，房地产行业即将进入产品相对饱和时代，市场竞争逐渐激烈，为了适应新时代的要求，房地产企业须向市场提供"优质"产品，才能避免被淘汰。房地产企业也需要"质量先行"。

3.1 房地产项目质量的概念及内容

3.1.1 房地产项目质量的概念

质量是指一组固有特性满足要求的程度。房地产项目质量即房地产项目的一组固有特性满足要求的程度。这里的"一组固有特性"包括安全、可靠、适用、美观、品质、经济等，即"品质"；"要求"是指人的要求、社会的要求及自然的要求等。因为在人类社会中，社会的要求和自然的要求，本质上是人或一群人的要求。所以，广义地说，"要求"既是人的要求。就房地产项目而言，人的要求可以用"舒适"来概括。综上所述，房地产项目质量即房地产项目的"品质"满足人对舒适要求的程度，即房地产项目质量是房地产项目品质的舒适度。

"舒适度"是人由外及里的感觉，"外"即外部环境。就房地产项目而言，外部环境即"人居环境"。相对于"房地产项目"，"人居环境"是更加宏观的概念。人居是指发生有组织人类活动的地方，环境是相对于一定主体而言的，一般是围绕某个中心事物的外部客观存在的总和。人居环境，顾名思义，是人类聚居生活的地方，是与人类生存活动密切相关的地表空间，它是人类在大自然中赖以生存的基地，是人类利用自然，改造自然的主要场所。

3.1.2 房地产项目质量的内容

为使得房地产项目具有很好的质量，我们需得将房地产项目打造成优异品质的"人居环境"。"人居环境"是一个综合的概念。就房地产项目而言，人居环境主要包括自然环境、人工环境、人文环境。本文的人居环境特指住宅类项目的人居环境。本文拟从"人居环境"所包含的自然

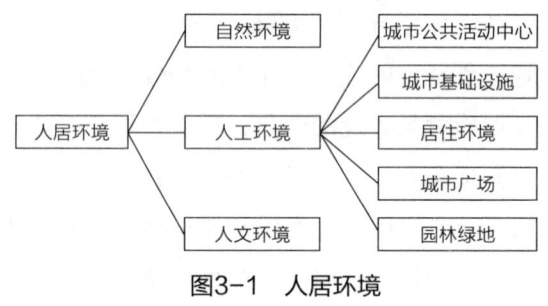

图3-1 人居环境

环境、人工环境、人文环境等方面的品质来分析房地产项目的质量（图3-1）。

1. 自然环境

自然环境是指房地产项目所处的地理位置。其地貌、植被、气候以及自然景观等相对固定，是影响房地产项目舒适度的地理基底。房地产项目是典型的人工系统，是通过人的行为修饰或改变了自然环境而建设的人居环境。因此，因势就势，充分利用自然地理条件，就成为决定一个房地产项目环境舒适与否的首要条件。一般而言，地貌、地质、气候、山水等与房地产项目环境舒适度密切相关。

2. 人工环境

（1）居住环境

居住环境是人居环境中最核心的物质部分，与人的关系也最为密切。住，自古以来就和衣、食、行并列，是人类生存和发展所不可缺少的重要物质条件。居住环境优劣与否，

已成为居民确定环境舒适与否的第一要素。随着人们生活水平的提高，对周围环境的要求也日益提高，优美的居住环境、悦目住宅设计等也逐步提上居民生活日程。

从总体上讲，居住环境包括以下内容：

1）住宅：满足居民的生理需求，具有充足的阳光、良好的通风，能够避免噪声干扰。空间宽敞，住宅设计能够满足居民的审美需求。

2）交通：有方便而安全的交通系统。居住区道路系统功能分级明确、主次分明。居住区、居住小区、住宅组团及宅前小路合理配合，功能明确，过境交通不能穿越居住区，以保持居民安静和老人、儿童走路安全。道路应形成系统，具有相对独立性和封闭性，避免城市干道的汽车交通在小区内穿行。

3）生活服务设施：满足居民物质生活和文化生活的需要，具有合理的服务半径，方便日常生活和活动。一般来讲，居住区级主要包括专业性服务设施，俱乐部、医院、影剧院、银行、邮电局和居住区级行政机构，合理服务半径为800~1000m。居住小区级包括菜场、综合商店、饮食、油粮、幼托、小学、中学等，合理服务半径为400~500m。居住组团包括小商店、活动室、卫生站、居委会等，合理服务半径为150~200m。

4）绿地：应满足居住区环境的需求、美化的需求、游憩的需求以及防灾避难、隐蔽建筑等需求。居住区绿地一般包括：居住区公园，为全居住区居民就近使用，相当于小型公园，设施丰富，步行路程以10min左右，距离为800~1000m为宜。居住小区中心游园位于居住小区中心，服务半径以400~500m为宜。居住组团绿地以住宅组团内居民为服务对象，特别满足老年人和儿童的活动要求，离住宅入口最大步行距离在100m左右为宜。

（2）房地产项目配套的城市基础设施

城市基础设施是城市环境舒适的物质载体，是城市生产、流通、消费等经济活动和其他社会活动得以运行的一般性共同物质条件，是城市存在和发展的物质前提。房地产项目配套的城市基础设施，其水平和完善程度直接影响到居民生活的方方面面，从日常供水、排水到燃气、电源等能源供应设施，从信息化的联系方式到道路交通式的联系方式，城市基础设施在城市居民生活中的角色一日不可或缺，直接关系到居民生活水平的改善和提高。

我国城市基础设施是指城市赖以生存和发展的一般条件，是为城市物质生产和人民生活提供公共服务的行业总体。其内容包括如下六大系统。

1）能源动力设施：包括由城市集中统一进行的电、热、气的生产、输送、供应、管理设备和设施。

2）交通运输设施：包括用于城市内部以及联系城市外部交通的道路、桥梁，火车的站点设施，机场、码头及附属设施和设备，交通管理设施和各类公共客运车辆。

3）邮电通信设施：包括城市内部及与外部信息传递所需的电信设施和邮政设施。

4）给水排水设施：包括水资源的开发、利用和管理设施，工业和民用自来水的生产供应设施、污水、雨水排放设施等。

5）环境保护设施：主要包括环境卫生、三废治理等方面的设施。

6）安全防灾设施：包括防洪、防风、防震、防寒等自然灾害的设施和防火、防空袭等人为灾害的设施。

房地产项目的人工环境除了居住环境和配套的城市基础设施外，还包括房地产项目周围的城市公共活动中心、城市广场以及园林绿地等。这些设施等有利于满足人们的精神物质需求，并最终提高人居舒适度。例如：城市公共活动中心是城市居民活动频繁的地方，这里有城市的重要建筑物、建筑群以及街道和公园等，是集中表现城市风貌的重要场所；城市广场是市民社会生活的中心，起着当地市民"起居室"、外来旅游者"客厅"的作用，是最能反映现代都市文明的开放空间等。对房地产项目而言，除居住环境需要房地产企业认真打造外，其他的环境要素是由房地产项目地块位置决定，城市自动提供。

3．人文环境

物质环境是人们生活的空间载体，是表征，那么，文化就是人们生活在观念形态上的反映，是深层结构。物质环境和文化，表里糅合，相辅相成，共同塑造了人居环境。

著名城市规划学家伊利尔·沙里宁说："让我看看你的城市，我就说出这个城市居民在文化追求的是什么"。城市文化存在于城市整体环境中。存在于建筑中；存在于城市的山水中；存在于城市历史中，在古墟中，在遗址中，在城市传乘古今的文化传统中。

总的来说，"以人为本"是人居环境建设的最高纲领，人居环境的建设，要求以自然为底蕴，使之不仅成为人们生息的场所，而且也是人们精神的家园。

3.2 红星天铂的源起与现状

3.2.1 红星地产的发展

1．发展历程

红星地产全称上海红星美凯龙房地产集团有限公司，成立于2009年，主营业务范围涵盖商业运营管理、不动产开发、商业资产管理输出。是一家"地产+商业+资产管理"三大业务协同经营的综合性地产开发房地产企业。

总体上，公司以打造中华民族世界商业品牌，跻身国际一流的商业地产开发商为愿景。其中，在地产开发领域，公司目标是以匠心筑品质，创造多层次项目品牌，并最终形成"一流综合性地产品牌"；在商业运营领域，做大做强"爱琴海"消费品牌；在资产管理领域，力争打造投融一体的资产管理品牌。

企业发展如图3-2所示。

图3-2 企业发展

2018年中国房地产开发企业500强第37名；

2018年中国房地产开发企业商业地产综合实力50强第2名；

2018年中国房地产开发企业运营效率10强TOP4；

2018年中国房地产开发企业品牌价值50强。

（数据来源：国务院发展研究中心企业研究所、清华大学房地产研究所和中国指数研究院"中国房地产百强企业研究"报告）

2．发展理念

红星地产秉承32年红星美凯龙品牌精华，从未停止对于生活之美、对于艺术与创造的追求，并始终致力于为每一座中国城市带来更为美好的高品质生活。

红星地产业务范围涵盖不动产开发、商业运营管理等领域，以全球运营城市的眼界与理想，让城市价值再升级。红星地产土地储备质量较高，多集中在经济较为发达的优质高潜力城市，制定了"深耕城市、深入区域"战略。凭借优质地块、精细化管理、多产品线策略，立体化开发全业态不动产。

在价值理念方面，红星地产追求"亲近自然"，例如：红星国际广场创造性的利用屋顶空间，特设近万平方米的屋顶花园与室外运动平台，与社区园林形成多层次感的立体园景，让人们充分享受到多维度购物体验与乐趣，景随眼动，一步一景，自然风光触手可及（图3-3）。

追求"亲近自然"的同时，做到"出则繁华，入则宁静"。为此，项目整体规划时，

图3-3　概念图

图3-4　外立面

采用商业、住宅独立分布，不仅让商业提供充足而丰富的生活配套，同时人车分流、动静相宜，塑造出繁华中的"桃花源"，让居住其间的住户既能享受现代都市生活提供的种种便利又避免了对居家生活的干扰，形成独立私密的生活环境。这种回归城市中心的居住理念，符合中国人的居住习惯，逐渐成为目前的发展趋势（图3-4）。

3．产品线

（1）红星商业

"爱琴海购物公园"是红星地产在商业方面打造的中高端体验式购物中心。目前，爱琴海品牌占据着各个重点城市新兴商圈，呈现着最高水准的"体验式"商业（图3-5、图3-6）。

图3-5　新华·红星国际广场"上海之眼"

图3-6　高端体验式商业

（2）TOP系天铂

红星天铂，是红星地产推出的TOP系美学高品质住宅。融入前沿的设计理念，能工巧匠的精心雕琢，使天铂从产品外观、建筑选材、景观层次、户型设计等各个细节都彰显着艺术品的质感，营造生活的尊崇享受与品质体验。天铂系产品以"复兴东方人居美学"为理念，从每座城市的文化脉络出发，将千年土地的气质底蕴与时代交融，追溯传统辩证美学，构建出了不可复制的美学作品。TOP系天铂往往是红星进入一座城市的标志住宅产品，紧随其后的同城作品往往命名为"天悦"。

（3）文旅开发系列"源筑"、"悠隐南山"

为了将其对生活之美的理念带给更多的人，红星地产近年来开始布局文旅地产，在全国选择符合红星品牌美学的宝地，挖掘并延展当地历史文化的资源，构筑人与自然良性循环的人居模式。目前，红星地产文旅地产板块中的"源筑"系列已经在乌鲁木齐、南昌、西双版纳落地（图3-7）；"悠隐南山"系列则将落在西施故里"诸暨"。

图3-7 "源筑"

（4）红星物业

红星物业是红星地产旗下品牌，肩负着"聚焦红星美凯龙地产战略，打造红星核心竞争优势，矢志成为让客户满意、最具竞争特色的城市综合体物业服务集成商"的使命与责任。

目前，红星物业旗下拥有一级资质物业公司一家、二级资质物业公司两家、三级资质物业公司两家，20余家物业分公司，以及员工团队逾1000人。

在追求品质提升与服务创新的探索中，红星物业逐步建立了"精细化管理、专业化服务"的品牌理念，以高品质的示范区服务为客户留下美好的第一印象，以高效专业的物业管理让客户感知温馨舒适的人居体验。

3.2.2 红星天铂系列产品简介

"天铂"者，即："天"生不凡，"铂"金尊享。

1."天铂"产品的定位标准

红星天铂系列产品最大的特点是其有明确的、可量化的定位标准。一般而言，项目申请命名为"天铂"，需满足以下四个条件：

（1）战略布局

成为"天铂"的第一要义，是该项目必须承载集团布局重点城市的战略意图。一旦命名，即昭示了红星地产对该城市的重视，以及深耕该城市的强烈意图。同时也意味着，大量的红星资源将陆续入驻该城市。

（2）严苛择址

"天铂"项目地块必须稀缺，且位于城市核心位置，距离城市或者片区中心区域不能超过3公里。同时，地块应方正规整，体量成规模，自身质素好，便于规划高端产品，能够承载红星美学设计的理念。稀缺优质地块，是"天铂"的基础条件。

（3）美学设计

好的建筑应该有更多的美学融入。在推崇住宅产业化强调快速周转的时代里，"天铂"反其道行之，摒弃流水线式的建造模式，每座"天铂"都如同一份独一无二的艺术品，追求"自然之美、传统之美、和谐之美"。其设计中对传统文化回归的坚持，对新亚洲、现代中式等元素的和谐融入，成为"天铂"内在的通性。同时，每座"天铂"更从其所在城市的人文脉络出发，构建出不可复制的美学理念。

（4）品质生活

项目一旦命名为"天铂"，红星地产即从业主品质生活的需求出发，绝不吝啬高配置的投入——从建筑立面的选择、小区智能化管理、艺术入户大堂、地下车库的配置，至入户门材质及锁具的选用等——都极尽所能，精益求精。"天铂"系列产品的配置规格整体领先于时代，如此，才使得"天铂"产品品质鹤立鸡群，得到社会的认可。

2."天铂"产品的升级

承袭"天铂"一贯的"城市美学"设计与绝不放弃的细节匠造，继1.0时代苏州湾·天铂，2.0金华·红星天铂之后，红星·金义天铂开启天铂系列3.0时代。3.0时代的天铂除了拥有天铂产品高规格配置和邻里关怀品质外，特别增加了私人会所功能：配备多功能休闲娱乐设施，如阅读区、琴房、棋牌室、桌球室、瑜伽房、健身房、室内游泳池等。

（1）苏州湾·天铂（图3-8）

红星地产首座天铂系。项目位于苏州湾十字轴心上，集萃政府、金融、商业等苏州地标群。明星级示范区，让苏州重新想象。

（2）昆明·红星天铂（图3-9）

精选广福路核心地带，三大城市级商圈中心围绕，昆明市极为罕见的纯居住品质社区。

（3）柳州·红星天铂（图3-10）

坐拥便利的立体交通，配套资源鼎立在旁，是河东公园旁综合体上墅级华宅。

（4）太原·红星天铂（图3-11）

太榆双城核心，五大公园环绕，学府林立，韵养书香世家，是定鼎太原的封面力作。

图3-8 苏州湾·天铂

图3-9 红星天铂

图3-10　柳州·红星天铂

图3-11　太原·红星天铂

图3-12　西宁·红星天铂

图3-13　金华·红星天铂

（5）西宁·红星天铂（图3-12）

打造中央公园，以超高绿化率建造城市中央景观线，筑百万级阔景城邦，创西宁人居新标。

（6）金华·红星天铂（图3-13）

金华精炼品质豪宅、顶配人居地标。城市中心地段，稀缺江景公园旁，采用新亚洲建筑风格，被誉为金华住宅项目美学代表作。

3.3　红星·金义天铂人居环境品质分析

3.3.1　红星·金义天铂项目简介

1．项目基本信息

2018年，红星地产"天铂"系列产品落于金义都市新区，名曰"金义天铂"。红星·金义天铂项目位于金义都市核心区域，毗邻金满湖。项目占地面积196966m²，产权年限70年，建筑面积690000m²，容积率2.30，绿化率30%，楼栋总数55栋，规划户数1742

户，性质上属于普通住宅，建筑结构形式为板楼，由小高层和高层组成，交房条件为清水房。

2．项目定位

红星·金义天铂定位为"高品质、自住型高端奢宅"。

红星·金义天铂是严格遵循"天铂"标准，本着工匠精神打造富有地域特色、充满美学的人居作品。项目的开发过程中，专注于产品的质量，坚持房子是用来住的，配置合理且规格领先于时代，致力于让每一位居者安枕享受更好生活。

图3-14　铂金品质，热销根本

3．项目的销售业绩

2018年6月30日，红星·金义天铂首次开盘。当天有3000多组客户进行了线上选房，630套房源最终被抢购一空，现场没有买到房的市民更是大呼遗憾。红星·金义天铂的开盘热销从侧面见证了红星·金义天铂产品的品质（图3-14）。

3.3.2　红星·金义天铂自然环境、人文环境等之品质分析

1．历史名城，人文荟萃

红星·金义天铂项目所在地位于金义都市新区，且正处于金华与义乌县级市中间位置，金义都市新区隶属金华市。

婺江蜿蜒穿城过，碧水蓝天绿金华。金华位于浙江中部、婺水江畔，山灵水秀，呈现出"三面环山夹一川，盆地错落涵三江"地貌特色：九峰山丹霞地貌挺拔隽秀；婺江、兰江风光迷人；金华北山山林景观郁郁葱葱等。丰富的生态资源之上，金华市森林覆盖率高达60%以上，是中国十佳宜居城市之一和优秀旅游城市。

对此，南宋著名词人李清照留下了"水通南国三千里，气压江城十四州"的豪言壮语，更有刘仲卿、李白、王安石、苏轼、陆游、徐霞客、郁达夫等文人墨客，争相以诗文颂之，有迹可循的便有2000余篇。不仅如此，金华名家辈出。南宋有名儒吕祖谦、陈亮；"初唐四杰"的骆宾王文惊朝野，创作了"渔歌体"的张志和誉满词坛，李渔的戏曲更是代代流传；当代有诗人艾青，文豪吴晗，大画家黄宾虹等人，是"国家级历史文化名城"。

如今，金华已然发展成为工业强市和市场大市，是浙江极具发展活力和潜力的地区，有"浙中之心"的美誉，并且县域经济错位发展，各具特色（图3-15）。例如：义乌（金华下辖县级市）是全球最大的小商品制造中心和集散交易中心，也是国务院批准的国际

贸易综合改革试点城市。义乌不仅市场繁荣，而且制造了全球特有的第三种贸易方式——市场直接采购。

从2012年开始，政府规划了金华未来五年的发展蓝图，并围绕浙中崛起，精准发力于交通环境的改善：重点规划5条高标准铁路和5条高速公路，并加快城际间交通干线建设，将金华打造成全国性枢纽城市，同时提升金华市区的集聚辐射能力（图3-16）。

图3-15　金华鸟瞰

产业的转型升级上，金华开发区高新局规划以"金华互联网乐乐小镇"为孵化载体。乐乐小镇是依托开发区、互联网和区块人文优势，通过对"产、城、人、景"统筹，推进产业集聚、创新和升级创新创业示范小镇，并被列入省级特色小镇培育名单。对于其他区域产业，也将在继承自身优势的基础上实现再升级：如购物天堂义乌市、木雕之都东阳市、五金之都永康市、织造名城兰溪、温泉名城武义等（图3-17）。

2．区域核心，交通便利

红星·金义天铂选址浙中少有的价值洼地金义都市新区核心，与2000亩的城市稀缺湿地公园为邻，城市基础设施齐备。

金义都市新区位于浙江中部，地处长三角经济圈和海西协作区交汇点。根据国务院

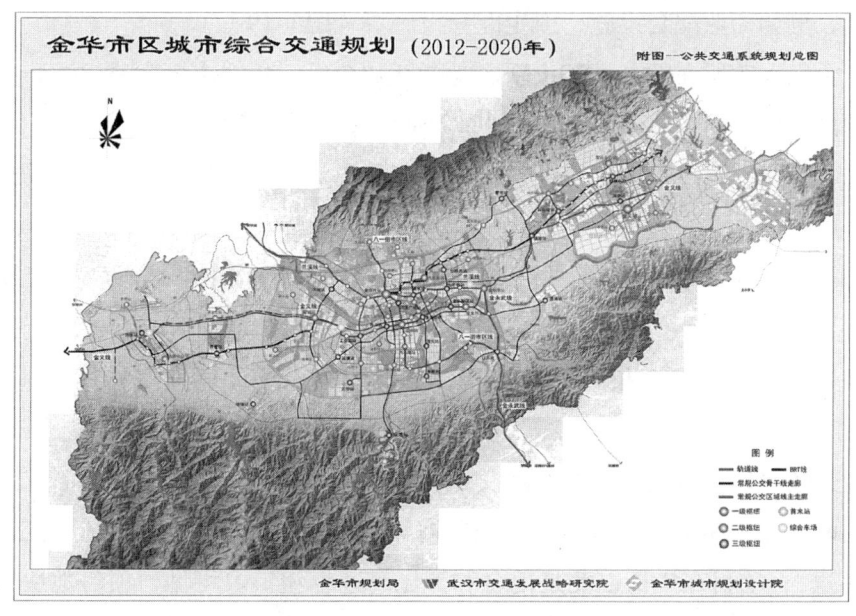

图3-16　金华市公共交通规划

图3-17　金华信息经济产业园效果

图3-18　金义都市新区效果图示意

批准的《浙江省城镇体系规划（2010—2020年）》，新区未来将与金华和义乌市区共同形成浙中城市群核心区，成为浙江省第四大都市区，和带动浙江中西部地区经济社会发展的重要增长极（图3-18）。

新区近期规划面积50km²，远期规划面积275km²，未来的金义都市区（包括金华和义乌市区）将建成300万～500万人口规模的城市。居于金义都市新区中心地带的红星·金义天铂可以安享新区发展带来

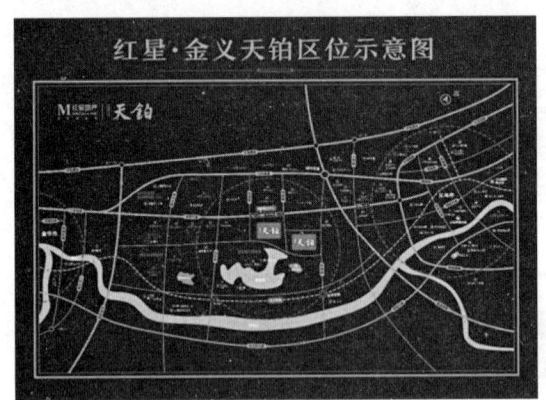

图3-19　金义天铂区位

的各种红利，例如商业配套设施、卫生配套设施等（图3-19）。

红星·金义天铂所在的金义都市新区是浙江乃至长三角的主要交通枢纽：

（1）沪昆（杭金衢）、金甬以及规划中的临金高速在此交汇；

（2）浙赣铁路、建设中的杭州至长沙、金华至温州客运专线以及规划中的杭金衢城际铁路穿越其中；

（3）03省道、金义快速通道、金义南线以及规划中的城市群城际轨道交通线网横贯而过；

（4）新区赴义乌机场、杭州萧山机场、上海浦东机场分别只需车程20min、80min和180min；

（5）金义还可以借道婺江进行水运交通。

与此同时，义乌至金华主干线快速路四海大道，已全线开通BRT高速公交车；金义轻轨中线（在建）；项目东华街以北是甬金和沪昆高速枢纽口。可见，项目地块的交通十分方便（图3-20、图3-21）。

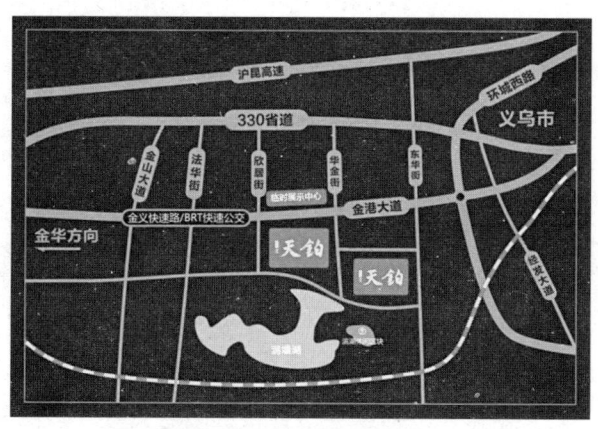

图3-20 项目交通示意

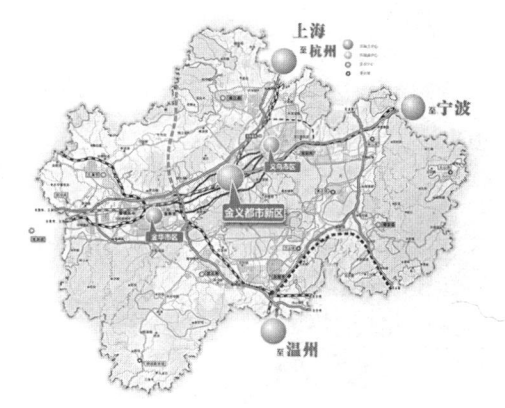

图3-21 金义交通示意

3. 环境之美，湖光景致（图3-22）

金义都市新区的金满湖省级湿地公园，位于金义都市新区核心区中心位置，美丽的环湖景观带好比新区核心区的眼睛。红星·金义天铂，雍居2000亩的金满湖湿地公园之侧，举步即可享湖光景致，成就金义天铂人居的天然优势。

图3-22 金满湖公园实景

3.3.3 红星·金义天铂人工环境品质分析

1. 设计之美，融古贯今

红星·金义天铂的整体方案提取了著名画家黄宾虹先生晚年画作《山居烟雨图》的山水元素，通过精炼、演绎和变化，古为今用，将传统的诗画山水，融入现代时尚简约的建筑、园林设计中，设计出贴合金华人生活习惯，具有"城市写意山水"意境的新中式风格作品（图3-23）。

不同于传统的新亚洲风，红星·金义天铂的设计植入了中式的诗画田园。取其意而不破其形，做到了"出则繁华，入则宁静"（图3-24）。

园林景观是消费者最能切身体验到的房地产项目品质要素。高品质的房地产项目都不吝打造美好的园林景观。红星·金义天铂特别重视园林景观设计，景观设计采用三重规制布局——"一环、四区、六山"，体现古代建筑形制的典雅，及现代园林艺术的精巧与诗意（图3-25）。项目主大门北临黄金城市道路东华街，布置有建筑景墙、岗亭、业主进出车道。

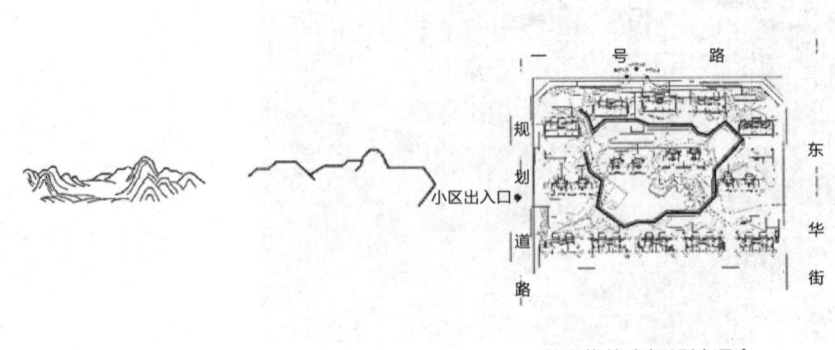

黄宾虹·山居烟雨　　　山水元素提取　　　形态演绎　　　以现代的空间设计理念，重新演绎传统美学思想

图3-23　山水元素抽取、精炼、演绎、变化过程

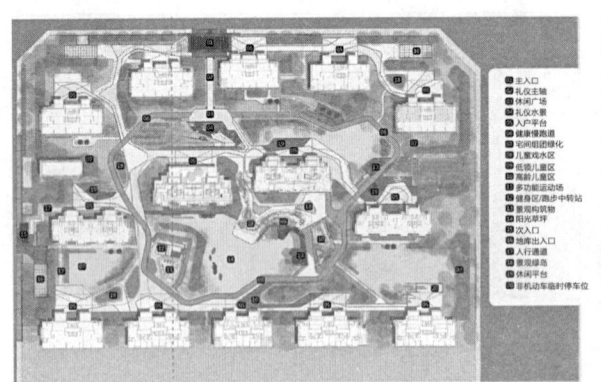
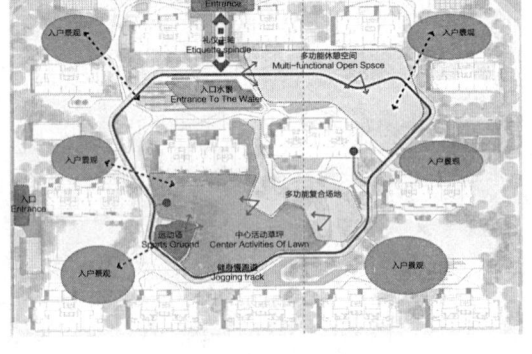

图3-24　项目平面总体方案　　　　　图3-25　三重规制布局

红星·金义天铂匠心打造六大高品质功能性景观：

（1）尊崇门厅礼仪，尊荣归家礼遇（图3-26）

（2）活力特色水景，舒适惬意人居（图3-27）

（3）生命后期配套，定制健康生活（图3-28）

（4）开阔阳光草坪，共享四季时光（图3-29）

（5）时空四重绿植设计，自由雅趣邻里花园（图3-30）

（6）三重入户礼仪，归家无限尊荣（图3-31）

红星·金义天铂在建筑的一楼大量设置四周无围护结构的架空层，形成了涵盖社区公共客厅、业主精神家园、儿童艺术课堂、邻里情感连廊等具有多个功能区的公园式活动空间。架空层安全、隔潮且通风，同时给社区带来较大的通透性和趣味性，成为社区的"第二活动空间"。其架空层有效延展家人的生活内容，让邻里情长有了空间载体，让生活品

I 尊崇门庭礼序·尊荣归家礼遇

入口大门忠于新亚洲风格设计，采用横平竖直设计样式，将中式韵味的格栅花纹运用其上，以米黄色的石材和咖啡色的金属顶棚打造，立面丰富而不繁琐，典雅而显尊贵。人行入口和车行闸机分开，确保人车分流，西边次入口，与正大门风格一致，舒适宜居感跃然眼前。

MILLENNIUM RIVERSIDE

图3-26 尊崇门厅

III 全生命周期配套·定制健康生活

根据业主家人不同年龄段，设置全生命周期生活配套，灵活布置低龄儿童游乐区、高龄儿童游乐区、青年运动场地、老龄人休憩空间以及环氧跑道，让每一个业主都能在社区找到舒适的生活方式。

■ 低龄儿童游乐区，内设科学游乐项目，小黄人沙滩、细腻柔软的沙子，让小孩感受夏日浓浓的趣味；儿童图画墙、攀爬墙，让孩子在玩耍过程中，快乐与健康同享。

II 活力特色水景·舒适惬意人居

镜面水景结合艺术雕塑，经过现代手法的演绎后，既能体现品质感，便于维护历久弥新，又能提高人与自然的参与性、互动性。

平湖秋月：借用古典礼序格局，引水入园，彰显山水相映的韵味。
塘水花溪：匠造溪间交错环伺，返璞归真，还原自然意境格调之美。

■ 高龄儿童游乐区，设置草坪、阶台、沙地等多样化活动设施，不仅可以给予高龄儿童足够的玩乐空间，且方便大人观望照顾到孩子。

图3-27 活力水景　　　　　　　　　　图3-28 生命周期

开阔阳光草坪 ▪ 共享四季时光

MILLENNIUM RIVERSIDE

开阔的阳光草坪,透着安静惬意的生活氛围,同时也可以做为户外聚会的极佳场地,传导着全新的现代生活方式。

图3-29　阳光草坪

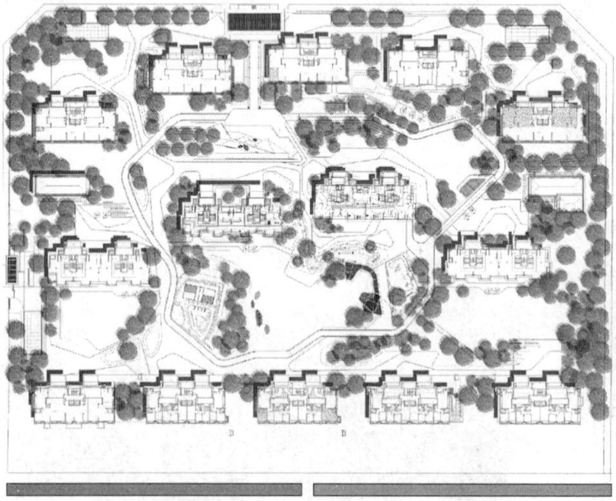

落叶树种

朴树

银杏

常绿树种　　落叶树种

香樟 　　桂树 　　广玉兰

时空四重绿植设计 ▪ 自由雅趣邻里花园

MILLENNIUM RIVERSIDE

时间上落叶和常绿树种的结合,保证一年四季都有不同的风景、空间上是乔木灌木等高低配保证层次感和小区私密性。

图3-30　绿植设计

质得到升级。

红星·金义天铂在营销过程中，同样关注设计，特别是访客接待大厅的设计。并匠心打造了九景（图3-32）。

2．施工之品，精工优质

红星·金义天铂在建筑工程质量方面实现了"精工优质"。为实现这一目标，红星地产与承建商配合，针对项目的质量，制订并实施了完备的工程质量保证措施。

（1）思想保证措施方面，树立了"全员、全过程、全面质量管理"、"质量第一"、"一切为用户服务"的质量控制思想；

（2）组织保证措施方面：建立了以项目部总工为施工质量责任人的质量管理领

三重入户礼仪 Ⅵ 归家无限尊崇
MILLENNIUM RIVERSIDE
从入户花园，半室内泛大堂，精装修入户大堂，构建三重入户礼仪层次，为居者营造极其尊贵的舒适体验，带给生活满满的幸福感和尊崇感。

图3-31　入户设计

NO.1入口门户：云之深，入口玄关

NO.2屏风廊架：屏之隐，屏风廊架

NO.3禅意庭院：庭之意，禅意庭院

NO.4中庭虹桥：虹之势，中庭虹桥

NO.5中庭水景：山之深，中庭水景

NO.6曲径游廊：帘不卷，曲径游廊

NO.7商业区入口：潮之涌，东入口商业街

NO.8下沉庭院：谷之幽，下沉庭院

NO.9屋顶花园：台之高，屋顶花园

图3-32　营销九景

导小组；调集有经验、技术能力强的施工队伍进行施工；建立了质量管理分工责任制，实行领导分片管理责任制；设定了工程的质量控制目标等。

（3）技术保证措施方面：对现场的进场原材料及时进行检验，做到不合格不验收、不适用；确立可靠地检测方案及检测单位，监理严密的检测制度；严格测量放样；施工中严格实行"三检制"；严格执行技术复核制度、隐蔽工程验收制度；做好成品保护；严格工作程序，规范操作方法等。

具体表现在：

（1）现场规范有序，工地高效管理

红星·金义天铂工地现场所到之处规范、整洁，这说明了红星地产对施工团队和细节的管理到位，将对业主的质量承诺时刻放在心上（图3-33）。

（2）数据实时监控，质量动态控制

工地入口处，项目信息的展示，工程扬尘在线监测、PM值各项指标、风噪声温湿度监测，实时掌握对施工质量有影响的各项数据，随时调整施工，保证工程的施工质量（图3-34）。

（3）实测实量管控，数据精益求精

质量控制，成品实测，过程监察等，每一项指标都要求做到精确的管控，每一处设计和施工细节都反复推敲，彰显红星·金义天铂的精工与细致（图3-35）。

（4）砌筑工艺展示，规范标准施工

在砌筑工艺工法展示区，一砖一瓦毫无保留呈现。优质的材料质量、完美的施工过程一目了然（图3-36）。

3．会所配套，雅奢精致

会所旨在为具有共同圈层的人提供具有私密性、归属感和自由的社交空间。红星·金义天铂精心雕琢、细心研磨，为业主们提供一系列雅奢的精致会所。

图3-33　施工现场

图3-34　施工质量

图3-35 放线现场

图3-36 现场施工

雅奢,是一种生活态度,低调、舒适却无伤高贵与雅致;它讲究品质、健康及细节,对产品、服务的品质均有所追求。

位于地下一层的天铂会所,建筑面积约1500m^2,配备多功能休闲娱乐设施,如阅读区、琴房、棋牌室、桌球室、瑜伽房、健身房、室内游泳池,将娱乐、休闲、运动、健身等多功能设施融为一体,不仅是时尚、自在的精致会所,也是业主与亲朋好友消磨时光、增进感情的绝妙场所(图3-37)。

红星·金义项目打造雅奢精致会所,除完善会所功能配套外,也特别关注会所的装修细节。

会客厅,选用具有金属点缀,极具东方神韵的家具,营造出舒适的洽谈空间。

图3-37 雅奢会所

水吧台采用纯天然石材，吧台上空灯具装饰，恰如其分的平衡有序。层层影漫，贵气盈门。

4．教育配套，就学无忧

金义都市新区目前规划10所以上中小学、幼儿园，除此之外还将对公办学校进行扩建，全面提升硬件设施。红星·金义天铂自建社区幼儿园，业主子女可近享优质学前教育。红星·金义天铂附近，金华一流的君华国际学校（金华外国语学校金义分校）已经开始招生。居于此，让孩子在满城书香的温养中智慧成长（图3-38）。

图3-38　幼儿园示意

5．顶级物业，特色服务

红星·金义天铂的物业管理是具有国家一级物业资质的红星物业。其首创"星管家"特色服务体系：一对一24小时专属管家服务；5重智能安防系统，无死角捍卫居家安全；标准化"5341"快速服务反应机制：5分钟内反馈到位、30分钟内解决日常问题、4小时内力求解决、1日内协调外部资源解决困难问题（图3-39）。

图3-39　"星管家"红星物业

3.4　案例总结

通过以上案例的分析，红星·金义天铂实现了自然环境、人工环境和人文环境的舒适性，从而赢得了项目整体的高质量。红星·金义天铂成功的原因可以归纳为以下三方面：

1．红星地产一贯的美学追求

红星"天铂"产品追求"自然之美、传统之美、和谐之美"。红星·金义天铂严格遵循"天铂"标准，是富有地域特色、充满传统美学的人居作品。随着时间的流逝，人们越来越意识到"美"并不仅限于"西方标准之美"，立足自身传统、立足足下、和谐之"美"，将更具亲切感、自主性、自觉性和自信。

2. 全员的质量意识和匠心精神

质量意识是人们对质量和质量工作的认识和理解。打造红星·金义天铂的全体人员，专注于产品的质量，坚持房子是用来住的，通过质量工作，打造优质产品，致力于让每一位居者安享美好生活。"匠心"即为"专注"，"匠心"也是质量态度。具备"匠心精神"者，爱岗敬业、精益求精，耐得住寂寞，不放过细节，舍得下功夫，能守初心。

3. 全员、全面、全过程的质量控制

优质的产品目标的实现，需要进行质量控制。房地产项目是一个复杂的系统工程，其优质质量目标的实现，更需要系统的全员、全面、全过程的质量控制。红星·金义天铂项目中，从严苛选址到美学设计、从美学设计到精工建造、从精工建造到特色服务等，全体员工都积极地参与到了项目的工程质量和工作质量全面控制中来，最终实现了项目的优质质量目标。

思考题

1. 请阐述"质量""房地产项目质量"的含义。
2. 房地产项目的"人居环境"都包含哪些方面的内容？
3. 红星·金义天铂定位标准明确。就房地产项目，你还能提出哪些明确的定位标准？
4. 请谈谈你对"匠心"的理解。

4 广州远洋天骄：
中国健康社区的创领者

健康是这样一个东西，它使你感到现在是一年中最好的时光。

——亚当斯

案例导读

　　自工业革命解放生产力以来，随着科学技术的不断进步，人类对于资源的利用已经很少依赖自身在自然环境中的直接劳作和享用，不管是工作、还是休息、抑或是外出消费，这些行为大多都在建筑内部进行，我们对此习以为常，但最初却很少有人思考这些人为建造的内部环境与自然环境相比对健康的影响有何不同。随着人们对身心健康的重视和对健康产品的消费逐步增加，特别是健康中国战略提出以来，健康建筑特别是健康住宅及其构成的健康社区越来越受到人们关注。那么，建筑和社区的哪些方面会影响人体健康，具备哪些特征的建筑和社区能够称之为健康，以及如何打造健康住宅和社区呢？随之而来的一系列问题亟待回答。创建于1993年的远洋集团一直以为中高端城市居民创造高品质环境为使命，作为国内绿色建筑探索的先行者，近年来开始全方位地转型成为国内健康建筑的创领者，本案例以远洋集团及其广州远洋天骄项目为例，探寻上述问题的答案。

4.1 健康中国战略下住宅产品的变革需求

4.1.1 人们追求健康生活的内在需求

世界卫生组织提出"健康不仅是躯体没有疾病,还要具备心理健康、社会适应良好和有道德"。从生理健康上来看,我国血脂异常人数超过4.3亿人,高血压患者人数接近3亿人,平均每30s就有一个人罹患癌症、糖尿病或死于心脑血管疾病,并且各种疾病年轻化趋势十分明显;从心理健康上来看,现代人自伤以及很多伤害他人的行为频频发生。尽管随着温饱问题的解决和医疗水平的提高,我国人均预期寿命正逐步增加,但上述事实无不表明,当前我国居民的身心健康状况并不乐观。

根据《小康》杂志进行的"2017中国幸福小康指数"调查显示,我国有86.9%的人认为身体健康是幸福的根本,全球知名市场研究公司GfK发布的《2017全球幸福生活调查报告》显示,78%的受访者认为健康是影响幸福的最重要因素。阿里健康发布的《2017年度健康消费报告》也显示,2017年我国线上健康消费比2016年同比增长54%,增幅超过美容和服装行业;针对健身群体的"塑性","增肌"保健食品销量同比增长了137%;医疗美容体验人群成倍增加,而且愈加年轻化。这些变化显示了我国居民对健康关注度的增加,健康理念越来越深入,也愿意在自身健康上进行投资(图4-1)。

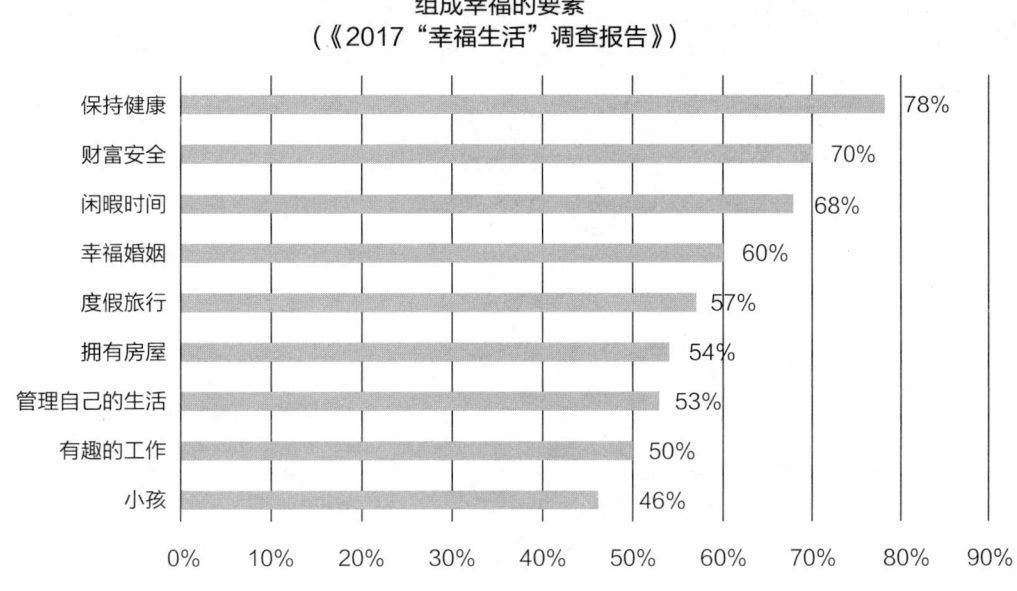

图4-1 人们认为影响健康的主要因素

目前，损害人们健康或造成疾病的危险因素很多，比如环境因素、心理因素、行为因素、生物遗传因素，医疗服务水平也会对人们健康和寿命产生影响。其中居住环境是最常见的环境危险因素，主要体现有设计不当引发健康问题、建筑选材不严造成装修污染问题、住宅周边环境不良引发疾病、施工质量降低导致产生隐患等，这些隐患在日常生活中悄然发酵，自然对人体生理及心理健康问题产生重大影响。由于人们大多数的时间都是在室内度过的，而其中大部分时间都是在住宅中度过，不健康的住宅对人体健康的影响是持续却看不见的，从居住环境着手，提早预防健康问题的产生对人们是极为重要的。因此，人们越发青睐，也越发需要有利于自身健康的住宅和社区。

4.1.2 国家实施健康战略的时代要求

健康是促进人全面发展的必然要求，是经济社会发展的基础条件，是民族昌盛及国家富强的重要标志，是实现健康中国的必然要求。推进健康中国建设，是全面建成小康社会、基本实现社会主义现代化的重要基础，是全面提升中华民族健康素质、实现人民健康与经济社会协调发展的国家重要举措。

为推进健康中国建设，提升人民健康水平，中共中央、国务院于2016年10月25日印发了《"健康中国2030"规划纲要》，其中总体战略目标指出，到2030年，我国应做到促进全民健康的制度体系更加完善，健康领域发展更加协调，健康生活方式得到普及，健康服务质量和健康保障水平不断提高，健康产业繁荣发展，基本实现健康公平，主要健康指标进入高收入国家行列（图4-2）。

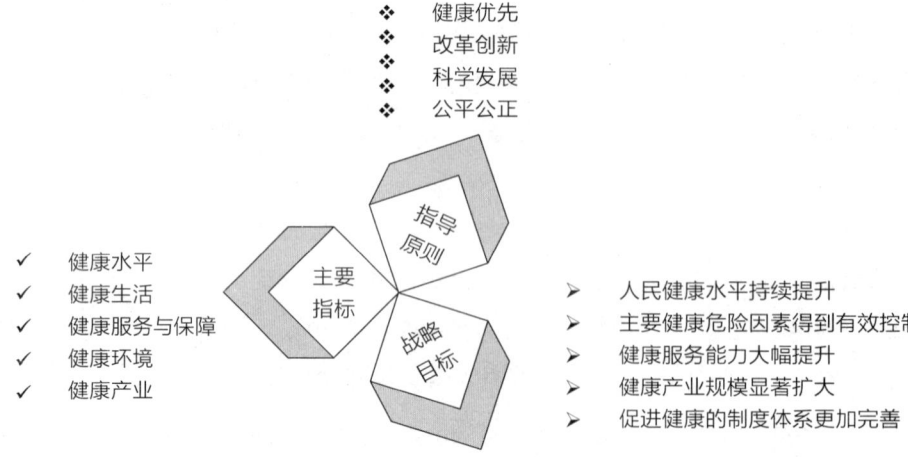

图4-2 《"健康中国2030"规划纲要》概览

2017年10月，十九大报告再次强调了实施健康中国战略，为人民群众提供全方位全周期健康服务，倡导健康文明生活方式，发展健康产业。显然，房地产行业与人民的居住环境健康、生活方式健康以及健康服务保障均有关联，在健康中国战略下作为新型健康产业必然受到关注和重视，从这个角度说健康社区和健康住宅的出现是时代要求，是顺势而为，应运而生。

4.1.3 健康住宅发展迎来重要契机

现代人们的健康状况不容乐观，人们自身对健康的关注逐步提高，越发愿意对健康进行投资，也越发倾向于选择生活中更健康的产品。我国提出的战略要求也多次鼓励、强调发展健康产业，实现国民健康长寿是国家富强、民族振兴的重要标志，也是全体人民共同追求的愿望。住宅及其形成的社区作为与人们息息相关的用于生产、生活、学习的重要场所，它与人们的联系密切且持久，建筑环境的优劣直接影响人们的身心健康。在这样的背景下，健康住宅和健康社区的发展迎来了重要契机。

4.2 远洋健康建筑的探索之路

4.2.1 从绿色建筑向健康建筑的探索转变

1. 远洋对绿色建筑的前期探索

远洋集团控股有限公司创立于1993年，目前是一家以中高端住宅开发、城市综合体和写字楼开发投资运营和物业服务等房地产相关业务为核心的大型上市企业。一直以来，远洋集团便以为中高端城市居民及高端商务客户创造高品质环境为使命，很早就开始关注到建筑环境对人的影响，是国内房地产行业践行绿色建筑的先行者。

2006年7月，远洋拉开针对全社会老旧小区的"老社区，新绿色"大型环保公益行动的序幕，以"老社区，新绿色；小投入，大环保；不浪费，可持续；全社会，一心意"为口号，已经在全国17个省市超过120个老旧社区建立了环保改善示范项目，超过3000万人受益。这些改善措施主要包括雨水和空调冷凝水的回收利用、铺设透水砖、自助绿化、推广种植乡土植物、堆肥栏、推动垃圾分类、楼门文化、推广使用太阳能照明和节能灯、喷雾系统和绿荫停车场等。其中最具影响力的是远洋主动参与北京四合院的改造工作，将现代建筑理念和技术融入传统历史和文化沉淀的一砖一瓦和一草一木之中，让这些古朴沧桑的老社区焕发出绿色宜居和文化传承的全新魅力（表4-1）。

北京四合院低碳宜居改造的具体措施　　　　　　表4-1

恢复古建筑本貌	"一麻五灰"传统工艺上漆
促进通风	屋内增加栓皮栎树第一次树皮制成的软木吊顶 在山墙开启古典风格的百叶通气口
提高保温和节能	墙体内加设保温层 双层中空玻璃加断桥铝窗替换单层玻璃 窗户外加装外遮阳竹帘 FSC认证的架空地板替换瓷砖 LED灯替代传统节能灯和白炽灯 照壁设棚架安装太阳能光伏发电组件
增加资源回收利用	设置雨水导流槽、地下收集池和手压取水装置 安置收集桶回收空调冷凝水 设置分别回收纸和塑料品的专项回收箱
加强绿化	充分利用乡土植物加强垂直绿化
推行健身	太阳能电池板棚架下摆放发电健身车

远洋不仅在具有一定社会公益性质的老旧社区低碳宜居改造中发挥积极作用，在办公和商业等经营性场所的绿色建筑探索中也取得了突出的成绩，获得超过10次LEED认证（LEED为国际认可的绿色建筑评价体系，即美国绿色建筑协会的能源与环境设计先锋评级），其中北京颐堤港就是获得LEED认证的绿色建筑典型代表。北京颐堤港位于朝阳区，是一处由远洋商业及太古地产协力打造的以零售为主导的综合商业项目。该项目商场内面积达2400m^2、挑高33m的冬季花园设计独特使颐堤港在北京零售项目中一枝独秀；充满动感的巨型玻璃屋顶，将室内空间与17hm^2的户外公园无缝连接在一起，让自然光线倾洒而入；冬季花园以地中海山边小镇为设计原型，其创意餐饮区让人们即使置身室内仍能享受"户外"就餐的乐趣（图4-3）。

2．远洋向健康建筑的探索转变

2014年，中国房地产市场迎来重大转折，粗放、高利润的房地产黄金时代落下帷幕，市场格局逐步从卖方市场转向买方市场。从2015年起，远洋开始制定并实施第四步发展战略，转变战略视角。

图4-3 北京颐堤港

行业已经开始发生重大变革,中国的建筑,无论是住宅,还是写字楼、商业,经过这么多年的发展,已经告别了短缺的时代,行业和产品需要一定分化。这时,远洋开始思考,下一步要把什么作为企业的核心竞争力。所谓的核心竞争力,无非有两个特征,一是要跟公司的核心业务相关,二是要对核心业务发展起到关键性作用。拿住宅为例,通常情况下,以前消费者购房的时候,关注的首要点是房子的位置,此外还关注面积多大、配套怎么样、产权多少年、物业怎么样、有没有学区房、有没有升值潜力等。但当住房慢慢满足人们结婚生子、安家创业这些基本需求以后,人们对房子的需求和关注点就慢慢发生变化了。

过去讲建筑所提到的绿色、环保、节能,这些概念基本上都是针对建筑本身,很少注意到与建筑所联系的人,没有公司或者项目从关心健康的角度来考虑怎么样去打造建筑产品。而对于房子真正的使用者来讲,他关注的越来越多的却是对自己健康的影响,与自己生命周期的关联。于是远洋决定要把健康与自身产品联系在一起,正好远洋在绿色建筑探索过程中掌握的技术和积累的经验为其向健康建筑的转型提供了良好的基础与支撑。2016年6月,远洋在北京举办"品牌焕新"新闻发布会上,第一次向公众郑重宣布:要做"建筑健康"的企业,"健康"将成为远洋新的标签(图4-4)。

图4-4 2016年6月远洋品牌焕新发布会

4.2.2 对WELL健康建筑认证体系的关注与研究

1. 远洋对WELL体系人本精神的认同

远洋决定将"健康"作为产品标签后，便开始思考怎样能从使用者的健康角度对他们的建筑做一些研究和实践。然而远洋通过研究发现，各类绿色健康标准都是围绕着"建筑体"展开的，这时另辟蹊径的WELL健康建筑认证体系吸引了远洋的关注（图4-5）。

WELL建筑标准起源于美国，最初是由Delos Living LLC公司发起的，立足于医学研究机构，探索建筑与其使用者的健康和福祉之间的关系，重塑建筑标准，全方位解决使用者健康问题，是一个真正可持续的基于性能的健康系统。它认为，由于人们绝大多数的时间都是在室内度过的，因此需要以"人"为核心构建评价体系，从建筑中人的存在方式和健康体验出发制定认证标准，而远洋所看重的恰恰是附着在WELL标准上的人本精神。WELL标准强调环境对人的影响，是一个综合考量建筑与其使用者健康之间关系的动态评价体系，也是世界上首部体系较为完整的、着重关注建筑使用者健康与保健的标准。

也许就是本着"以人为本"的共同理念，远洋开始接触WELL，对WELL进行了详细研究，发现这个标准好用且实用，可以推动健康在住宅和非住宅等领域落地。相关负责人将远洋对WELL的深入研究、探索应用和持续推广，称作是一个"事业"，从这个意义上

各类标准	BREEAM	LEED	Green Mark	绿建三星	DGNB	WELL
发布时间	1990	1998	2005	2006	2007	2014
制定国家	英国	美国	新加坡	中国	德国	美国
应用情况	最早研发,全球使用	全球广泛使用	主要新加坡使用	主要中国使用	全球应用	全球应用
关注领域	关注建筑在能源、管理、交通、水、材料、垃圾等方面对环境的影响	可持续发展 水源节约 能源效能 材料选择 室内环境	节能 节水 环保 室内环境质量 其他绿色特征与创新	室外环境 能源利用 水资源利用 材料资源利用 室内环境质量和运营管理 全生命周期综合性能	生态质量 经济质量 社会文化及功能质量 技术质量 过程质量 基地质量	空气品质、水质、光、热舒适、噪声控制、健身、精神
	←——————————— 关注建筑本身 ———————————→					←关注"人"→

图4-5 常用建筑标准对比

讲，远洋正在选择做健康建筑的"先行者"，希望通过对社会更有价值的方式，探寻自己广阔的大有可为的蓝海空间。

（1）WELL认证体系的源起与发展

WELL建筑标准由Delos公司发起，是一家从事与健康建筑相关事务的推广、咨询和研究等工作的综合性企业，目前包括美国前总统比尔·克林顿（WELL推广人）、微软创始人比尔·盖茨（WELL投资人）以及好莱坞著名影星莱昂纳多（WELL合伙人）在内的多名政、商及演艺界名人正担任Delos的顾问团成员，致力于WELL建筑标准的推广（图4-6）。

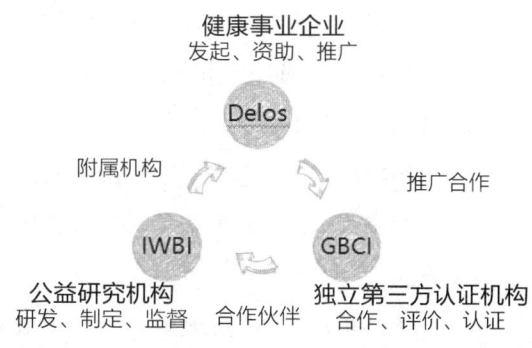

图4-6　WELL体系三方关系图

WELL建筑标准虽然由Delos公司发起，但却并不直接由Delos制定。Delos发起并成立了专门用于健康建筑研究的公益性机构——国际健康建筑研究院（International WELL Building Institute，IWBI）以确保标准的中立性和权威性。IWBI提供先进的WELL建筑标准和社区标准，都是基于性能的系统，用于衡量、认证和监测建筑物和社区的特征对于生活、工作和学习的人们在健康和福祉方面的影响，在促进世界各地建筑和社区健康的运动中发挥领头作用。另外，WELL标准的认证又是由绿色事业认证公司（GBCI）这家独立的第三方机构负责，保障认证工作的公正性。

2014年10月，WELL健康建筑标准诞生之初只适用于商业和办公建筑，此后对标准不断进行完善，以满足多户住宅、零售店和餐厅、锻炼设施、大型公共建筑和医疗保健设施的特定要求。截至2018年10月，WELL建筑标准已经被39个国家认可并进行建筑认证，已注册项目930个，已认证项目130个，面积超1200万m^2。

WELL标准体系发展的时间表

2007年5月，克林顿宣布创立全球绿色建筑基金会，对WELL标准的诞生起到了极大的推动作用。

2012年7月，经美国绿色人居委员会和哥伦比亚大学医学院耗时7年的严谨研究，WELL健康建筑标准诞生。

2013年，美国Delos企业发起并成立了专门用于健康建筑研究的公益性机构——国际健康建筑研究院（International WELL Building Institute，IWBI）。

2013年11月，CBRE（世邦魏理仕）洛杉矶总部成为全球第一个通过WELL认证的项目（图4-7），11街66号东（纽约百老汇附近）——全球第一座WELL健康的住宅（图4-8）。

2014年10月，IWBI发布了世界上第一部健康建筑评价标准——WELL V1.0。

2015年3月，远洋集团将WELL标准引入中国，并在广州远洋天骄项目落地实施。

2015年7月，广州远洋天骄项目在WELL官网注册，成为全球首例进行WELL标准实践的大型复合住区。

2018年5月，国际WELL建筑研究院（IWBI）在北京、纽约、伦敦和悉尼同步宣布，晋级版的WELL建筑标准（即WELL V2.0）正式向全球市场推出。

图4-7　全球首个WELL认证项目——CBRE　　图4-8　全球首座WELL健康住宅

（2）WELL健康建筑标准的内容概要

WELL建筑标准每章分为背景、目的、评价条款列表和条款详解四部分内容，条理清晰、内容丰富、解读容易，目前运用最广的是2014年10月正式发布的WELL V1.0健康建筑标准。WELL V1.0包含空气、水、营养、光、健身、舒适和精神等七大健康指标体系，并充分考虑了每个体系对以下11项人体系统的影响：心血管系统、消化系统、内分泌系统、免疫系统、皮肤系统、肌肉系统、神经系统、生殖系统、呼吸系统、骨骼系统和泌尿系统（图4-9）。

七大健康指标体系共有105个评价指标[1]，这些指标又可分为先决指标和优化指标。建

---

[1] 注：2014年10月，WELL健康建筑标准第一版中共有102个指标，2016年5月调整为105个指标。

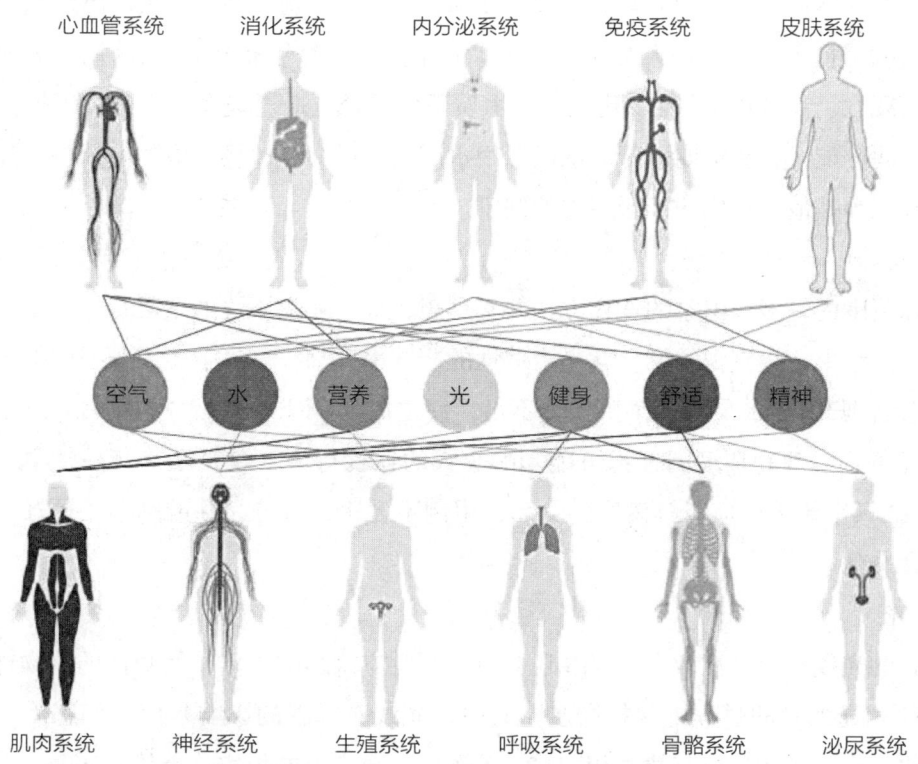

图4-9 七大体系与人体系统间的联系

筑项目要获得WELL认证必须满足所有适用的先决指标，再根据目标认证等级满足相应的优化指标数量，然后根据完成的优化指标数量计算得分，依据一定标准分别授予银级、金级和铂金级认证。具体的105项指标可以通过IWBI的官方网站查阅，这里就不再赘述，真正值得关注的是WELL标准为何从空气、水、营养、光、健身、舒适和精神等方面去评价建筑或社区对人体健康的影响。

1）空气

干净的空气对人体健康是极为关键的，世界上每年约有七百万人因空气污染而过早死亡。由于交通运输、施工、农业活动、燃烧及颗粒物引起的污染，导致室外空气质量不断恶化，这些室外空气污染源连同室内燃烧源、建筑材料和废气排放等也会降低室内空气质量。WELL标准要求通过推动室内空气清洁计划，如最大程度控制主要空气污染物的停留时间与浓度、定期对目标区域进行消毒处理、新风系统净化控制、材料设备的使用限制、全面禁烟等，为住户提供健康的室内空气质量。

2）水

人体70%以上是由水组成的，清洁的饮用水是人体达到最佳健康状况的先决条件。美国医学研究所建议，女性每日应摄取约2.7L水，男性每日应摄取3.7L水，但根据世界卫生组织的数据，世界上约10亿人接触的饮用水并不安全，每年有200万人因用水的卫生、安全问题而死亡。WELL标准要求建立一个水质评估系统，通过该系统水源可以根据不同用途进行过滤分配，并能定期进行测试确保用水质量，最终在保护资源的前提下提高人类饮用水的健康和其他所有皮肤接触用水的健康。

3）营养

全球范围内，多数国家的饮食方式并不理想，加之运动锻炼的缺乏，导致了多种有损身体健康的结果，最直观的变化就是全球性的肥胖率升高。世界卫生组织报告指出，全球270万例死亡归因于水果和蔬菜摄入量不足，使之成为全球10大死亡危险因素之一。各种社会、经济、心理和环境因素都可能影响个人的饮食行为，建筑环境就是其中之一。对此，WELL标准要求供应新鲜健康的食品，限制不健康的成分，并鼓励形成更好的饮食习惯和饮食文化。

4）光

适合的光线会促进视敏度，光线还会以非视觉方式影响人体，使身体的生物钟在称为昼夜节律和光诱导的过程中保持同步。其中，光线对睡眠的影响是使人们感受最为深刻的，照明不当可导致昼夜节律时相偏移，美国医学研究所的报告称，约有5000万～7000万的美国成年人患有不同程度的失眠问题，由此带来诸多健康隐患。因此，WELL标准提供了照明指南，旨在尽量减少对身体昼夜节律系统的干扰、提高工作效率、帮助获得良好的睡眠质量，并根据需要提高相应的视敏度。

5）健身

美国运动医学会等机构推荐，所有身体健康的成人应保持每周至少五天和每天至少30分钟的中等强度的有氧运动，以及每周至少两天的肌肉强化运动。事实证明，步行、跑步、骑自行车、游泳和抗阻训练等多种类型的体育锻炼都对身体健康有所裨益，如果能进行较高强度或者较长时间的这类活动，效果就越明显。为此，WELL标准要求设置室外和室内的运动设施并配置可供引用的水源，要求为至少5%的用户提供自行车泊车位，要求楼梯设计要方便使用等。

6）舒适

建筑环境内的噪声分散人的注意力、产生不适感，影响人的学习、工作效率，甚至影响人的情绪。热舒适性是另一个影响舒适感受的重要因素，但不同的人对热舒适度的感知和要求不尽相同，所以对于建筑热舒适性的处理更加需要多样化的技术。WELL标准要求关注所有常规使用空间的冷热舒适性，包括人需要持续停留超过一个小时的常规公共区域，要配置带有反射性的环境，要求对室内的噪声和味道进行控制，特别对室外噪声和室内设备进行隔声处理，要求各个公共空间要设置无障碍通道，并设置符合人体工学的桌椅等。

7）精神

人体健康是指一个人生理上、心理上和社会上的完好状态，所以在考虑健康建筑的性能时，理应把心理精神健康考虑进去。一个良好的精神状态对心理和生理方面都会起到显著的积极影响，如放松心情和修复精神或情绪创伤，可以改善睡眠，对生活充满激情从而愿意参与到更多社会活动中。基于此，WELL标准提倡通过美学与设计来愉悦和丰富人们的精神，要求在设计上融入当地文化并引入自然元素，室外绿化面积不能低于25%，70%的植物要有树冠，并要求配备一定比例的图书馆。

2．远洋健康建筑体系的建立与运用

从2015年开始，远洋作为建筑健康的引领者，不仅将世界上第一个关注人类健康福祉的WELL健康标准带到中国，通过25个项目、138万m^2的WELL建筑标准项目的不断实践、总结和研发，还参考了很多中国当地的建筑、医学和生活标准，结合中国人特点增添了更多的人文关怀，打造出符合中国特有国情与人居需求的远洋健康人居标准，形成了远洋健康建筑体系1.0版。在健康标准方面，远洋自主研发了17项健康主张、5H景观、W.E.R室内精装、4S+W智能化等4项研发成果，有效地支持远洋健康建筑体系的落地。

远洋健康建筑体系是一个完备的健康体系，兼顾生理健康与心理健康，总共包含园区规划、建筑单体、室内装饰和健康文化4个维度，共计71项健康要点（图4-10），比如疗愈植物、全龄儿童乐园、有氧跑道、净水系统、隔音设计、装修环保选材等，并且每个要点背后都有理论基础、用户需求、实践积累和数据支撑。

以园区规划这一维度为例，为满足业主对舒适、健身、营养和精神需求等各方面的需

特色——中国人自己的身心健康建筑体系。

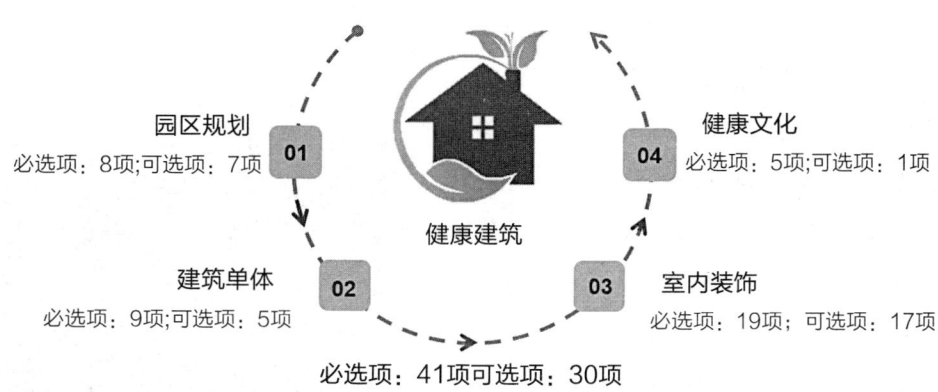

图4-10 远洋健康建筑体系总览

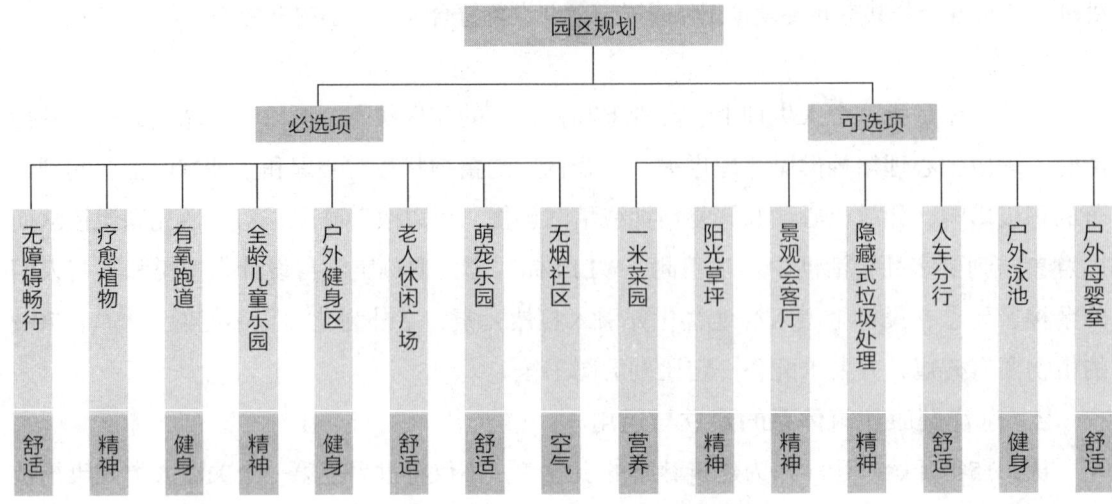

图4-11 园区规划维度下的健康要点

求远洋提出了8项必须完成的任务和7项根据实际情况尽量完成的目标,为的就是小区环境能达到提神醒脑、增强体质和邻里交流的作用,给业主带来潜移默化的影响(图4-11)。现在远洋健康建筑体系已全面在远洋各项目落地实施,截至2018年10月,已遍布全国29个城市、52个项目、总计400余万m²,并覆盖远洋各个产品线,其中住宅产品包括了如南京远洋万和四季、武汉远洋万和四季、厦门国贸远洋天和等。

4.3 远洋健康住区的标杆作品:广州远洋天骄项目

4.3.1 广州远洋天骄项目概况

广州远洋天骄项目地处广州市天河区,占地9.4万m²,总建筑面积约33万m²,由10栋19层的住宅和1组商业综合体组成。这是远洋集团倾力打造的健康住宅示范项目,在立项之初就定位于争取成为国内第一个通过WELL认证的品质健康住区(图4-12)。

然而,项目在运用2014年发布的WELL V1.0标准时却发现了一些问题:WELL标准

图4-12 远洋天骄项目效果图

是来自美国的舶来品,主要以美国的风土习惯为主,有些标准并不见得完全适合于国内,国内不同地域在对于该标准的适应性上也有区别;同时,WELL V1.0建筑标准定位于办公楼项目,但运用到我国普遍存在的多用户住宅等办公楼以外的建筑类型时,就需要对原标准做一些调整。

> ### WELL V1.0标准本土化的问题
>
> - WELL标准对湿度的优化标准是保持在30%~50%,因为美国人觉得在这个范围内比较舒适,而且认为湿度降低会减少滋生霉菌的情况。但以广州为例,常年平均湿度都在70%以上,身体已经习惯了这个湿度,若把湿度降低到30%~50%,人体难以接受。
> - 美国住宅很多都是独栋的住宅,WELL标准也会在此基础上制定相应条目,但我国社区住宅以多栋、群居式为主,建筑的设计、施工与管理模式都会与美国建筑项目有差异,相应条例规定因此需要加以改进。
> - WELL多用户住宅在健身方面鼓励人爬楼梯,对楼梯的宽度、坡度,对光照、通风、艺术品的放置,包括楼梯间的环境都有规定,有点像健身房的感觉。但是,国内的高层楼梯间一般是作为消防疏散用的,平时高层住户基本是不会走楼梯的,这点与美国标准也会有出入。

WELL标准有先决指标和优选指标两类,作为中国的本土建筑,并不一定要完全照搬WELL的所有标准,对于先决指标和优选指标都有必要进行本土化调整,包括删减、增加或修改,因此远洋集团在推动广州远洋天骄项目的过程中实际上一直与WELL标准的发起方和制定方不断沟通,最终IWBI于2015年9月发布了WELL多用户住宅标准(WELL Multifamily Residential Pilot,简称WELL MFR)。WELL MFR标准发布后,远洋仍然持续地和IWBI沟通,在双方共同的努力下,这一标准后续仍在不断优化调整。

截至2018年7月,广州远洋天骄10栋住宅均已取得了WELL MFR金级认证(图4-13),是国内首个WELL标准健康社区,也是全球首例获得该多用户健康住宅系列金级认证的项目(图4-14)。2018年2月,广州远洋天骄在第九届联合国世界城市大会期间举办的"生态园林与宜居城市国际论坛"中斩获"亚洲宜居住区奖",引发国内外关注。

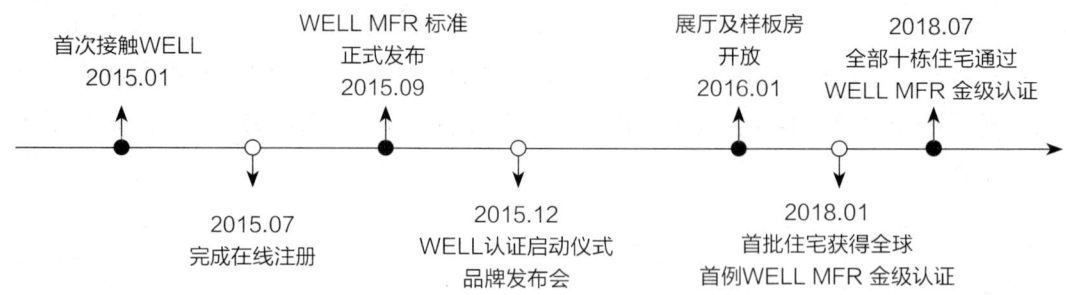

图4-13 远洋天骄WELL认证进展时间表

图4-14 广州远洋天骄WELL MFR金级认证证书

4.3.2 对多用户健康住宅标准的满足

为了达到WELL MFR认证标准，远洋天骄项目在空气、水、营养、光、健身、舒适和精神等七大方面都严格把控，具体方面体现如下。

1. 空气

为了保证交付业主使用之日起室内空气满足健康要求，室内装修材料的品质尤为重要，否则将直接影响空气中有害污染物的水平和入住者的身心健康。为此，远洋天骄用更苛刻的标准要求自己，对装修材料的要求比国家标准和WELL标准的要求更高，为此制订了非常严格的材料选控流程：从材料供应商的海选，到产品检测报告的比选，再到选定供应商后施工过程中每一批次产品的抽检，每一步都严格控制，保证房屋交付给业主使用之初就没有异味，得到了客户的一致好评。

除此之外，项目通过过滤器去除室内和室外空气中的污染物。在室内空间，天骄项目全面采用正压新风系统，提供100%全新风，同时利用MERV13的3级过滤系统来提高室内空气品质，全面净化空气中的有毒有害物质（图4-15）。除了安装分户式正压除霾除湿新风系统，在电梯厅这种容易忽视的位置，远洋天骄也提供了新风系统，全面保障了户内、楼内公区甚至是全楼内的空气品质。而且，项目在园区内设立小型气象站实时检测空气质量，安置怠速时长控制标识引导驾车人，从而保障社区范围的室外空气品质，间接降低对室内空气品质的影响。

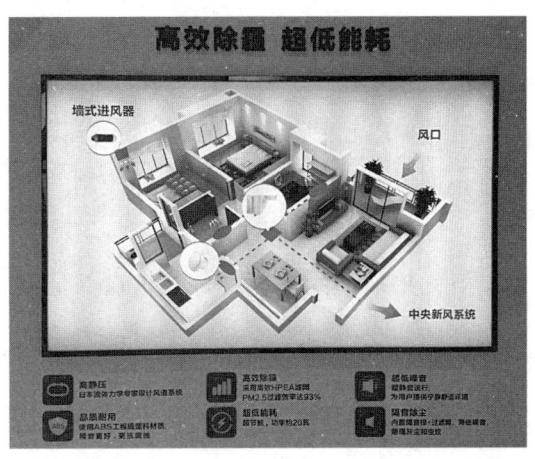

图4-15 分户式正压除霾新风系统

2. 水

饮用水污染是一个重要的公共卫生问题，饮用水中存在微生物、化学和矿物污

图4-16 入户水净化（左）和户外直饮水（右）

染物，饮用水的输配系统也是潜在的污染源，可对人体造成严重的健康威胁。

远洋天骄项目对于水的各项元素的含量要求极为严格，为住户提供直饮水，生活用水包括直饮水的净化采用了三级净水体系：前置紫外线自来水预处理+入户端净水处理+终端直饮水三重净水，过滤微生物及余氯，高效去除水中微生物、农残、重金属等，可以直接饮用、洗菜等，为用户提供方便、干净的生活用水和直饮水，其使用的净水器材均通过美国国家卫生基金会（建筑材料NSF）认证。为了提高饮水可达性，小区园林设置有直饮水，在户外休闲、运动、玩耍时，人们也能因此随时喝上健康的水（图4-16）。

3. 营养

天骄项目重视促进住户的健康饮食，除了常见的基本配套商业户便利果蔬商店，园林还设计了四季植物果蔬园，并提供园艺农作工具，为住户提供可直接获取的新鲜果蔬，不仅安全健康，且贴近自然生活、陶冶情操。

推广食品广告促进健康食品消费选择。天骄社区为住户提供多种形式的营养宣传措施，比如应季的饮食海报，社区配备经过专业资格认证的营养师，定期举办现场讲座，通过公告栏、社区网站推送健康饮食知识，潜移默化地影响住户的饮食倾向，促进身体健康。同时，天骄项目制定了物业管理守则，禁止展示、提供不健康的食品，禁止为不健康食品及饮料刊登广告。

4. 光

根据WELL健康认证标准，远洋天骄通过户型设计控制窗墙比，合理控制开窗尺寸，保证室内自然光摄入；对应不同亮度的灯，采取不同角度的灯罩，在保证室内明亮的前提下最大程度减少对视力的损伤（图4-17）。同时，每个房间都设置专业的灯具，所有灯具均为不含汞且显色指数高的LED灯，并且每个主要空间的灯具亮度均可调整，以保证业主按照不同时候不同需求调节室内灯光，使光线更贴近人体生物钟，同时也可极大程度地减少瞬间开灯时对视力的伤害。

图4-17 光照设计

5. 健身

通过免费的室内和周边室外健身活动空间，促进健身活动。天骄项目为住户提供多个健身空间，除了健身中心之外，还专门设置了兼顾安全和美观的乐氧能量跑道，连接着绿化区域和住宅区域，同时悉心设计了内环及外环跑道以提供不同的运动量需求，以此鼓励居民白天或晚上慢跑（图4-18）。位于小区楼下配置的全年龄段乐享泳池，巧妙地将儿童戏水池与成人畅游池分开，配备相应的安全人员，在水中尽情享受自由，成为了放松和运动结合的最佳场所。特色的乐龄健身广场分为4个区域：树阵广场、休闲交流区、活动健身区和休憩区；旁边的河岸绿地升级改造后变身为风情休闲公园，专注于通过对水景、广场和花园的设计，鼓励住户散步欣赏小区风景，享受WELL健康生活方式。

图4-18 室内免费健身房（左）和室外乐氧跑道（右）

6. 舒适

远洋在户型设计方面严格按照人体工程学合理安排每个空间的尺度，尽量减少住户在活动时所受到的空间的约束与干扰。精装修方面，选用双层中空玻璃，增强隔音效果，抑制外界声音的干扰。还有一些其他措施，如控制室内通风情况，创造最佳热舒适；控制洗涤盆与洗手盆的有效深度，使手充分与水进行接触，减少细菌残留；对橱柜功能、厨房动线做精心研究，保证每一处都真正好用、实用；对噪声进行控制，把处理外部噪声侵入控制在50dBA以下，室内机械设备噪声控制在40dBA以内，创造室内安静的生活环境；每个户型均设置可触摸控制面板，居者可以随时对室内的空气品质与温湿度进行监测，并通过新风机除湿设备进行过滤与除湿，确保空气洁净、湿度适宜。

7. 精神

将自然环境纳入室内和室外设计，支持入住者情感和心理幸福。大规模的室外花园、绿地和宠物乐园，提供了人们亲近大自然的机会，当这些融合在社区里，可以明显提升住户的心理幸福感。经过精心设计的四季五感花园，以及专业搭配种植的清新芬芳植物，一同放松人的视觉、嗅觉、味觉、听觉和触觉。作为特色的可食

图4-19　图书室

用植物花园，让年轻老小们体验种植的乐趣，更多地接触自然、学习植物知识。爱宠人士不可错过的萌萌宠物乐园有专门为宠物设置的专属散步道以及供训练欢聚的空间。图书室面积超过300m²、藏书3000册（图4-19）。多功能运动场地兼顾观赛、沟通交流、露天电影院等多种精神需求。

4.3.3　对健康生活方式的引导

一个好的建筑环境，不仅是直接带给居住者健康的物质保障和精神舒适，更是能潜移默化地引导居住者培养更健康的生活方式，只有这样才是一种治本的健康之道，这样的建筑才更能称得上是健康建筑。

远洋天骄项目秉承着这样的理念，除了在建筑本身上严格按照WELL标准执行外，还将标准上升到人的精神层面，采取了多种手段对人的健康生活方式进行积极引导，使人们主动或被动地接受更多健康理念，获取更多健康知识。这不是一项由设计、工程、装修、物业等单一模块团队能够独立完成的事，也不是简单的节能、环保设备拼凑在一起就能实

现的事，需要全地产生态链条中的所有环节，甚至包括居住者自身去做一些生活习惯的改变，大家共同努力才能持续保持健康社区的品质。比如：

（1）从居民入住开始，远洋就会为各业主提供一本健康生活手册，从装修、家电到日常生活都做一个详细的健康指南，方便用户学习和查找相关的健康事宜。

（2）按照住户的比例设定自行车位数量，规定自行车位距入户门不能超过200m，地下也专门设有自行车库，鼓励自行车出行和运动。

（3）在小区里建立健身房、篮球场、乐氧健身跑道等各类健身设施，方便住户随时体验、随时锻炼；而且定期组织开展业主参与的体育活动，将运动健身趣味性地融入生活。

（4）建立社区图书室，住户不仅可以去借阅健康、饮食、营养方面的书籍以深入理解健康理念，也从中培养了阅读习惯。

（5）社区通过室外露天影院，开展观影活动、文化讲座等丰富社区居民的精神生活，使人得以放松。

（6）在多处设立常用报警方式指导和安全警示牌，如泳池的安全警告标识、禁烟标识、禁止发动机长时间空转标识等，使人们更加注重人身安全，促进人们生活方式的改善，并提高人们的健康生活意识。

（7）天骄社区增加营养师的专业认证，不定期举办营养知识讲座，通过公告栏、社区网站推送健康饮食知识，严格审核并制作应季的饮食海报（图4-20）……通过这些方式逐步影响人们的饮食倾向，促进身体健康。

图4-20　公共空间的健康饮食宣传

4.4 远洋打造健康社区的品质保障

4.4.1 理念保障

远洋集团当下的品牌标语为"共同成长·建筑健康",其中"健康"是当前远洋产品最显著的标签,也是远洋的品牌内核和企业文化核心理念。"建筑"一词一语双关,一方面,作为名词,"建筑"代表着远洋所处的行业属性,表示远洋向用户所提供的住宅、商业、写字楼等实体产品是健康的;另一方面,作为动词,"建筑"意为"构建"和"实现",表示远洋正在全方位地开启一个崭新的健康生活时代。

"共同成长"表示远洋愿与员工、客户、股东、合作伙伴、政府等利益相关方共同发展和进步,共同实现"健康"。这里的"健康"则包括三个层次:一是员工与组织,即是说整个远洋公司内部所有成员都会秉持健康的文化理念,公司营造了一个健康的意识氛围;另一个是资源与资产,即是说远洋集团在与其他公司合作来往上都会更加倾向于往绿色健康的方面去进行项目建设;还有一个则是产品与服务,指的是公司所打造出来的、直接与住户接触并切身体会得到的建筑产品与服务都要是绿色健康的。

远洋是中国健康人居理念的首倡者,并立志做中国建筑健康的引领者,以优质的产品、服务、体验为载体,与利益相关者共同实现当下与未来价值的最大化。正是因为公司自上而下全方位地坚秉"健康"这一理念,才使公司顺利开展健康建筑有了前提与基本保障。

4.4.2 组织机构与人力资源保障

组织机构上,远洋集团专门成立了健康建筑工作组,不仅负责与WELL建筑标准研究院合作进行WELL标准的中国本土化落地研发,还负责编撰远洋自身健康建筑标准落地实施的指导以及进行整个集团的健康建筑人才培训工作。在营造平台成立建筑健康发展中心,负责健康建筑工作的落地实施工作。

远洋集团在2016年就表示,要加强对健康生命科学的全面研究,于是跟Delos公司一起,在我国北京建立了一个世界一流的健康人居生活实验室(WELL Living Lab,逸康实验室),采用世界级的研究方法,包括世界级的研究设备、技术最为先进的多传感器环境、容量强大的安全云平台以及实时数据分析处理系统,在多元、演进的实际环境生活中,透过感知、雏形、验证、改善各类复杂的解决方案,将实验室实验环境带入使用者真实生活环境进行验证，寻找创造更健康的室内环境的可行办法（图4-21）。

为有效推动WELL标准和远洋健康建筑体系在各项目落地应用与推广、把控项目交付风险、保证经营节点顺利达成，远洋各项目均成立健康专项工作组。如广州远洋天骄项目专门设立WELL工作组，并分设了研发管理小组、现场检测小组……

除了上述组织机构上的保障外，人力资源的保障也是远洋集团的特色保障。

图4-21　2017年2月WELL Living Lab在远洋盈创健康产业园奠基

截止到2018年8月，中国国内通过WELL AP（WELL专业资格认证人员）考试的人数为1340，其中远洋集团超过160人，占到全国通过考试人数的12%。强大的建筑健康专家团队，为远洋集团推行建筑健康理念保驾护航。

4.4.3　管理体系保障

集团利用强大的研发团队为健康建筑的打造建立了数个管理体系，有效地指导了远洋各项目规划设计与施工过程，保证健康理念和措施实施落地。

1. 健康精装W.E.R.体系

W、E、R分别是三个英语单词的首字母，含义分别为：W——Well，意为"健康"；E——Exquisite，意为"精细"；R——Renovation，意为"装修"，故而Well Exquisite Renovation即为"健康精细化装修"之意，是一个专业综合性非常强的体系，并非传统认识中的"环保材料+装修"的概念，而是从设计的整体流程、方法、关注点对传统室内设计惯性思维进行颠覆的一种体系。它包含了WELL健康建筑标准的主体内容但并不囿于WELL标准，并以精装专业角度对"健康室内空间"进行新的诠释，主要由七个基本原则组成，分别是健康选材、健康工法、健康智能、健康空间、健康物理、健康设备和健康美学。这七大原则从不同维度、不同层面、不同专业对健康精装修从方案设计、施工图绘制、施工组织、验收标准等各阶段，实现了贯穿健康精装修全过程的体系化建设。

例如，在健康工法的原则下，精装修工艺采用了诸如干法施工取代湿作业、金属龙骨取代木龙骨、减少细木工板及各类木质合成基层板的使用等措施（图4-22）；在健康设备原则的要求下，对室内空间中主要设备设施进行健康优选并进行功能化细分、对设备设施提出有利于人体健康的明确要求，比如采用可以实时对人的基本健康情况进行了解的浴室

"魔镜"系统。

2. 健康智能化4S+W体系

远洋集团围绕安全防范、物业管理服务、通信/信息、智能家居、超级社区五个领域以及这些领域所对应的客户价值理念，制定出远洋集团分产品线"4S+W"理念的智能化配置标准。"4S+W"的内容包括Safety（安全）、Service（服务）、Smart（智能）、SuperCommunity（超级社区）以及（well）建筑健康。

图4-22 干法施工（左）和干挂工艺（右）

3. 健康景观5H体系

通过了解客户痛点，结合健康人居理论和先进的规划理念，对健康人居景观进行了系统分析、归类和概括，提出了健康景观5H体系（图4-23）。5H（H代表Healthy）健康景观体系融合"健康"为

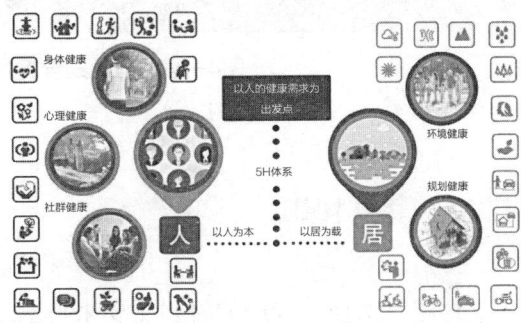

图4-23 5H健康维度

主题，通过医学和科学手段营造出适合全龄段人的宜居环境空间，从五个维度体现景观环境健康，这五个维度分别是环境健康、规划健康、身体健康、心理健康、社群健康。另外，"全龄化"的景观体系，也充分考量了居者全家需求，打造满足全龄段人的景观社区。

4. SCS建造体系

SCS（Sinoocean Construction System）是基于健康建筑体系制定的成套施工技术工法，以打造健康建筑为目标，以设计产品力提升为核心，强化营造业务协同，在项目中落实"开放、共享、绿色、健康、可持续发展"理念。该工法包括十余项新工艺与新技术，从各方面提升提高建筑品质。整套体系以BIM技术引领前端策划，铝模、全混外墙、爬架作为基础（图4-24），实现全专业快速穿插作为体系核心，引入高精砌块、免（薄）抹灰、止水节、成品电箱、内保温等高效工艺，配以楼层截水系统、安全文明标准化配置、信息化系统等强化管理，科学有效地解决项目的进度与品质两大问题。目前在建的深圳远洋新天地水岸花园项目，总建筑面积为31.5万m²，是集现代化商务、办公、住宅、公寓、别墅多种业态于一体的高端城市综合体项目，是SCS建造体系的首个落地项目，也是深圳市首个通过WELL金级预认证的健康住区。

图4-24 附着式全钢爬架（左）和铝合金模板（右）

4.4.4 材料保障

远洋集团项目选用的材料主要来自三个方面：项目积累实际运用经过检验的材料、逸康实验室探索检测的前沿产品、市场上高端认证的产品。集团建立了自己的健康材料库，关注各品牌材料本身的健康属性，严格控制建材的根源性污染并制定了规范的材料选控流程，为项目健康体系实际落地提供更多选择，从选材阶段提供更有意义的参考性数据。如通过对60余种精装材料品牌进行研究，追寻甲醛和TVOC的来源，并深入研究材料污染根源。重要装修材料符合绿色、环保要求，例如涂料、木地板、户内门、收纳柜等。室内设计选材也尽量做到兼顾环保、艺术性及经济性（图4-25）。

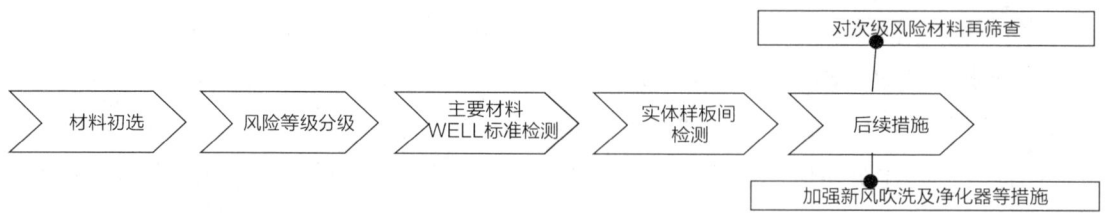

图4-25 WELL项目材料选控流程图

4.4.5 施工过程保障

工程的施工质量直接影响到项目的成败、公司的信誉，因此远洋集团在项目施工过程中采取了多种措施进行保障。从工地环境说起，远洋集团的健康建筑项目工地告别人们印象中脏乱差的现象，以绿色为主题进行布局与管理。绿色、健康的施工工地管理，既是满足健康要求的施工标准，也凸显了公司的人性化关怀。如广州远洋天骄项目，采用了包括用绿化取代硬化场地以节能省材，采用自动喷淋、降尘环保，设置混凝土污水排污管道，工地现场上每隔几层就设置临时移动厕所，设置"休息亭"以方便工人饮水及休息等措施（图4-26）。

图4-26 绿色、健康和以人为本的施工现场环境

当然，光是环境好是不够的，健康产品的质量问题也是业主关注的重要点。为实现精细化管理，项目采取"先样板，后大面"的准则，在工地推行了工法样板区、材料展示区、实体样板层管理等做法，并且对施工数据进行实时测量公示，对关键节点、角落进行拍照留存以备后期查验。以远洋天骄项目现场设置的工法样板展示区为例。从地下室防水，钢筋绑扎，楼板支模，内砖墙砌筑、抹灰，外墙贴砖，屋面施工到水电安装，项目所涉及的大部分工艺展露无遗。据介绍，工法样板区不是为了工地开放而设置的，而是项目工地本来就设置这样的工法样板区，施工人员在施工前必须学习，通过考核后，严格以此标准施工，以保证工程质量。远洋集团对高品质的追求，对施工质量的严格把关，是高品质建筑建成的重要保障。

4.4.6 物业保障

健康的社区环境不光重在打造，更要持续维护。物业运营管控措施是否到位，直接影响远洋健康建筑项目在实际运营中的效果和客户入住后的体验。远洋把物业参与过程前置，在交房之前就开始加入物业管理的工作。

公司针对项目成立专门的物业管理小组并对物业人员进行相关培训，制订物业管理操作手册，进行预检测阶段的保安保洁与最终检测之前的工具采购工作，并建立、完善物业管理信息平台，方便后期随时管理与提供服务。在施工完毕后，物业派专人对室内每一个部位、每一个角落进行专项、多次高精保洁，确保交付业主后即可安心拎包入住。用户入住后，物业也会对业主会进行长期持续服务，提供各项帮助，如由物业人员定期进行墙面霉菌检测、饮用水质检测并记录数据；如由物业制定楼内清洁计划、园区杀虫计划并将维护清洗协议和清洗日志发给所有用户；又如管控与更新小区内健康食品广告、定期或不定期举办社区文化活动、定期或不定期举办健康讲座、提供自行车存放点及维修工具等一系列生活服务。通过将健康目标与物业保障紧密结合，形成了远洋专属的健康物业运营管理实施体系，将健康理念真正落实到项目后期运营中的方方面面。

4.5　案例总结

建筑环境的优劣直接影响人们的身心健康，面对人们追求健康生活的内在需求和国家实施健康战略的时代要求，健康住宅和健康社区的发展迎来了重要契机。远洋集团自创立以来一直以为中高端城市居民及高端商务客户创造高品质环境为使命，是国内探索绿色建筑的先行者，近年来开始全方位地转型成为国内健康建筑的创领者，为房地产行业探索健康住宅和健康社区积累了不可多得的宝贵经验。本案例首先对健康建筑的评价标准进行了介绍，特别是WELL认证体系和远洋健康建筑体系下健康社区的核心内涵，然后以广州远洋天骄项目为例对远洋健康社区的细节进行了介绍，最后总结了远洋打造健康社区品质的各项保障。

为了达到健康社区的标准，广州远洋天骄项目做出了一系列精心安排，包括但不限于：安装了分户式和公共室内空间的正压除霾除湿新风系统保障空气品质，提供三级净水体系使室内外用水都可以根据需要达到直饮要求，在园林设计了四季植物果园并配备认证营养师进行健康饮食宣传，通过控制墙体比例和位置保证自然光和智能系统调节室内照明，设置了室外乐氧跑道和室内免费健身房，对空间尺度、隔音效果和厨房细节等进行精细打磨满足居民的舒适需求，还设置了免费图书室、多功能运用场、宠物乐园等满足居民的多种精神需求，同时远洋天骄还采取了多种措施引导居民的健康生活方式。

目前，远洋集团不仅有多个项目达到WELL标准认证，并全面推行远洋集团健康建筑体系，为广大远洋业主提供了高品质的健康建筑环境，这些成果的取得离不开整个集团专注"建筑健康"的理念保障，有赖于远洋健康建筑工作组、逸康人居生活实验室、建筑健康发展中心等组织机构以及超过全国总数12%的建筑健康专家团队，同样也得益于远洋多年对绿色健康建筑的探索和沉淀，最后建筑和社区的健康更多依靠的是持续管理与后期维护，远洋自身的专业物业团队为此发挥了重要作用。

随着健康这一概念的持续走热，除了WELL认证体系和远洋健康建筑体系，国际国内也出台了一些其他的标准和体系，其中就包括了中国建筑学会2016年牵头制定的《建筑健康评价标准》。对于当前和未来的战略要求和人民需求而言，建筑和社区的健康品质必然成为房地产产品品质的重要组成部分，对于开发、建造和管理这些产品的企业而言，选取哪种标准可以因地制宜，通过何种认证可以量力而行，但必须铭记：建筑是人使用的环境，而健康则是人使用环境的基础。

思考题

1. 为什么健康住宅的打造是健康中国战略的重要组成部分？
2. 健康住宅与普通住宅相比有哪些具体特征？
3. 为打造健康住宅需要全方位的保障，你觉得最重要的保障措施有哪些？

- 中篇 -
专于域，拓于野

万达武汉中央文化区
文旅导向大型区域开发项目的创领者

中铁国际生态城
从荒野到综合性生态新城的蜕变

上海大宁金茂府
逆势而生，匠心而立

赛得健康养生小镇
用特色小镇打通养老产业链

5 万达武汉中央文化区：
文旅导向大型区域开发项目的创领者

19世纪的城市繁荣于一个工厂享有生产优势的地方，与此不同的是，21世纪的城市通常更可能繁荣于一个居民享有消费优势的地方。

——EDWARD GLAESER

案例导读

目前，中国政府正积极主动地通过政策制定和引导推动新经济在中国的持续发展，中国经济将从追求速度增长逐渐过渡到质量增长，中国将逐渐进入一个以技术发展为主导，以创新为动力的新经济时代。新经济的背景下，包括房地产在内的主要经济领域将迎来重塑。且在"限购、限贷、限外、限价"为特点的房地产宏观调控背景下，房地产市场发展进入阶段性低迷期，房地产行业必须进行转型和创新，才能实现稳定持续发展。目前，房地产行业已经逐渐开始融合各种新兴产业，并形成新的价值链，产业间相互促进，共同增长。

世界旅游组织预测，到2020年，我国将成为世界第一旅游目的地和第四大客源市场。地产和文旅"联姻"，也许就是房地产下一个方向和目标。万达武汉中央文化区是万达的第四代产品，是将地产行业与文化、旅游产业融合发展的典范，是传统房地产行业创新的一个成功案例。先行者的成功经验，也许可以为后续企业的发展提供很好的经验借鉴。

5.1 时代背景与行业转型孕育大型文化旅游项目

5.1.1 新经济与文化旅游产业的发展

1. 新经济

中国经济已经进入了一个以技术发展为主导,以创新为动力的新经济时代,中国政府正积极主动地通过政策制定和引导推动新经济的持续发展。2016年2月3日国务院常务会议上,李克强总理在强调"加快新旧动能转换"时,首次明确提及"新经济":"过去我们的政策主要扶持企业的技术改造和就地扩能,现在要提升政策的'边际效益',让政策向新动能、新产业、新业态倾斜,大力发展'新经济'。"

政策推动中国经济发生根本性变化和转型,这一巨大变革使得包括房地产在内的主要经济领域将迎来重塑。企业越来越注重价值从有形资产到无形资产的转移。企业扩张的活动越来越频繁,与旧经济时代相比,更加注重对无形资产的利用和控制,同时也更加关注无形资产所带来的价值。房地产业在投资、消费者需求、劳动力需求、空间需求、能源消耗或资源使用等方面与整体经济都有着众多的联系,其在新经济的背景下已经逐渐开始融合各种新兴产业,并形成新的价值链,产业间相互促进,共同增长。

2. 文旅产业的发展

新经济时代,文化和旅游两大产业逐渐成为世界主要国家优先发展的"绿色朝阳产业"。中央提出"要推动文化产业与旅游、体育、信息、物流、建筑等产业融合发展"(图5-1)。作为我国大力扶持发展的第三产业新模式,文化与旅游两大产业的融合发展对促进整个国民经济的发展升级和结构转型有着重要意义。近年来,我国旅游市场发展迅猛,世界旅游组织预测,到2020年,我国将成为世界第一旅游目的地和第四大客源市场。中国文化产业占经济总量的比重约6.2%,在世界前十大经济体中领先(图5-2)。《国务院关于加快发展旅游业的意见》提出把旅游业培育成国民经济的战略性支柱产业和人民群众更加满意的现代服务业;国务院办公厅出台的《关于进一步促进旅游投资和消费的若干意见》提出,要进一步加大对旅游投资的支持力度,引导新的旅游消费需求。文化是旅游的灵魂,旅游是文化发展的重要途径。文化产业作为"国民经济支柱性产业",与同样作为"战略性支柱产业"的旅游业将有越来越多的融合发展,其中,文化旅游产业将是挖掘地方文化、完善旅游产业、促进经济结构调整、推动地方经济腾飞的重要发展方向。文化旅游产业是以旅游文化的地域差异性为诱因,以文化的碰撞与互动为过程,以文化的相互融洽为结果的,它具有民族性、艺术性、神秘性、多样性、互动性等特征。文化旅游产业是一种

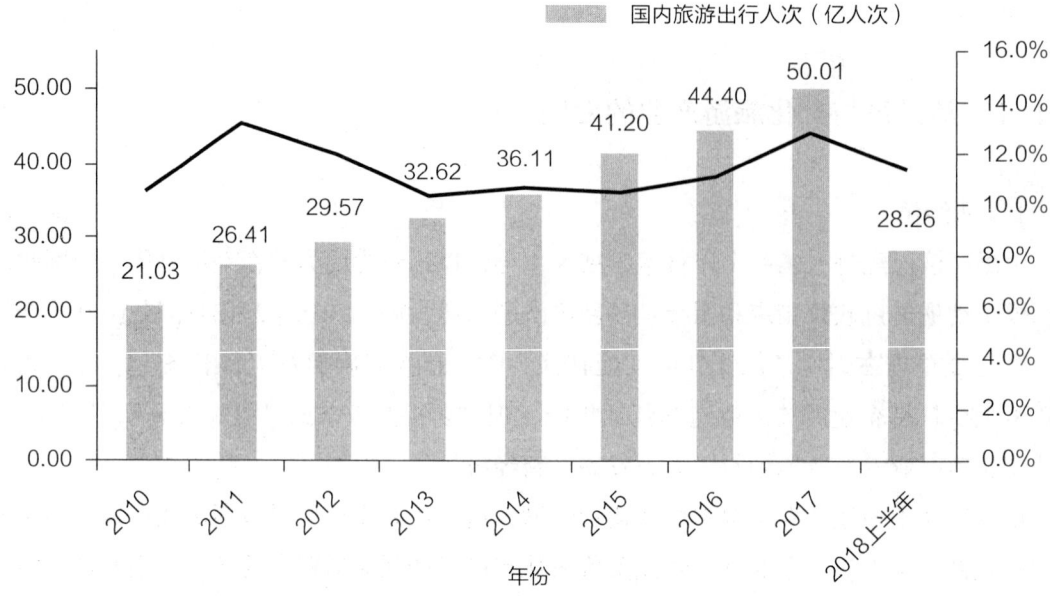

数据来源：国家旅游局

图5-1 我国国内旅游出行人次与增幅

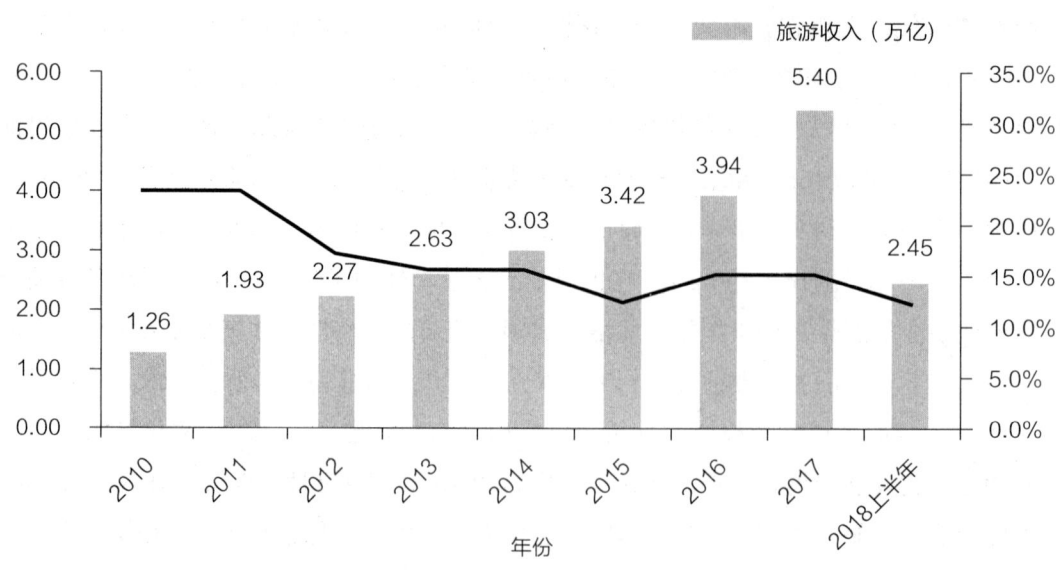

数据来源：国家旅游局

图5-2 我国国内旅游收入与增幅

特殊的综合性产业，因其关联性高、涉及面广、辐射性强、带动性强而成为新世纪经济社会发展中最具有活力的新兴产业。

伴随着技术创新的蓬勃发展，文化旅游产业的价值链不断被打破，重新组合成新的价值链，这些新的价值链将跨越原本各自独立的产业界限，形成新的价值网，从而实现产业的融合。文化旅游产业融合发展能够充分发挥其对其他产业的推动支撑作用，不断拓展新领域，发展新业态，培育新热点，带动居民消费。

5.1.2 文旅导向的大型区域开发项目的产生原因

1. 房地产行业的创新——企业开始寻求转型与产品升级

自1998年实行"房改"以来，中国的房地产业经历了接近20年黄金和白银时期，随着宏观经济、人口结构与政策导向的变化，中国经济将从追求速度增长逐渐过渡到质量增长，房子逐渐回归居住属性。另一方面，房地产业快速发展所带来的风险，导致房地产调控愈演愈烈。因此，中国房地产行业的市场背景与增长基础发生了重大变化，房地产行业必须进行转型和创新，才能实现稳定持续发展。

未来若干年，随着房地产热的退潮，房地产业作为国民经济的支柱地位将逐渐退化，以智能制造、物联网、移动互联网以及大数据等为代表的新经济未来将接棒房地产业，当前新经济是创新性知识占主导、创意产业成为龙头产业的智慧经济形态。在各地大数据、物联网以及互联网、人工智能等产业集群蓬勃兴起的同时，衍生出以新产业集聚为基础的房地产开发机遇，因此，与新经济和新产业深度融合才是房地产行业可持续发展的关键。在此背景下，作为各产业集群聚集的重要载体，房地产行业与新经济的耦合将成为一个值得讨论的重要课题，房地产行业的自我创新也势在必行。其中，文化旅游地产是房地产行业转型发展的一个重要方向，万达武汉中央文化区项目就是传统房地产行业创新的一个成功案例。

2. 文旅导向大型复杂区域开发项目产生的宏观背景与微观原因

（1）宏观背景——政策、产业、消费层面因素

1）政策推动——大型文化旅游项目是顺应国家新兴产业导向，符合政策扶持范围的重要城市开发类型。近年来，随着国家文化产业振兴计划提出，国民经济的迅猛发展，文化产业爆发出强劲的生命力，已经成为中国经济发展的新的增长极。国家明确将文化产业发展作为国民经济支柱产业。在这一宏观背景下，各地各级政府对于文化产业载体开发的支持热情空前高涨。大型文化旅游项目的建设顺应了这一机会，为项目的拿地、开发、销售与运营创造良好的政策环境。

2）产业转型——大型文化旅游项目是构建城市文化核心和现代服务业发展载体的重要抓手。文化产业作为新兴、新型的现代服务业，大型文化旅游项目有文化这个灵魂，可以形成城市文化资源共享共荣，从而提高、增强城市的影响力、集聚力、辐射力及竞争力。同时，文化综合体作为承载文化旅游产业的载体，能为当地现代服务业的繁荣创造良好的物质条件。

3）消费升级——大型文化旅游项目是满足政府、市民、企业和投资者诉求的重要载体。大型文化旅游项目与多种主体的诉求存在交集，其中包括了政府对城市形象、城市精神、土地经营、产业平台、税收就业的诉求，包括了市民追求文化服务与文化消费的诉求，包括了文化企业追求创意环境、资源要素、发展机会、配套扶持的诉求，以及包括了投资者在对投资效益、投资模式的诉求，这些诉求都可以在大型文化旅游项目中获得同时实现的机会。

（2）微观原因

1）开发与投资主体群体增加

各类文化企业都参与到大型文化旅游项目的开发与研究中，而不是以往仅由开发商主导的地产开发，由于文化经营能力突出，加上资金积累与扶持跟进，很多企业都参与到该类项目中，未来以文化为主题的项目开发会越来越多。随着金融资本逐步开始对接文化产业，进一步对文化类地产项目形成利好。

2）开发商资源整合能力加强

现在越来越多开发商资源已经不限于一次性开发物业，更多开发商具备了商业资源整合能力、运营能力与资金能力，追求拥有更多长期经营价值的物业。而文化的概念吸引力，文化内容的长期经营力让开发商加大这方面资源整合能力。

3）项目本身功能多元性需求

区别于单一功能项目，综合体的多功能组合可以扩大消费者群体，提供多样化产品及服务，使消费链、服务链拉长，对各种功能物业带来价值提升机会。同时，文化类项目更符合了未来人们不断增加文化类消费的潮流。

4）政府鼓励文化消费性项目

纯粹文化经营项目对资本与能力要求很长，相应项目回报周期长，因此为了鼓励这类项目发展，政府鼓励开发商以综合体方式平衡资本，参与开发文化内容，使开发商获得发展信心。此外政府开始关注文化项目对城市形象的提升作用，也纷纷主动参与公共文化设施的项目开发。

5）土地集约开发与综合商务成本考虑

因为城市本身就是一个聚集体，当人口聚集、用地紧张到一定程度的时候，在这个区域的核心部分就会出现这样一种综合物业。在城市核心区域为了降低综合商务成本而为之，大型文化旅游项目就是综合了诸多功能的城市综合体。

5.1.3 大型文化旅游项目开发的主体

文化旅游项目开发的主体主要包括以下三个阵营：第一阵营为商业主流开发商，它们包办了85%的综合体开发，主要企业有万达、宝龙、华润、中粮和新进的龙湖、万科、绿城，其中大部分开发商开始有意向或动作将文化作为核心亮点进行综合体开发。第二阵营为旅游项目开发商，主要有华侨城、港中旅、恒大等大型开发商以及地方开发商，其中华侨城、港中旅、恒大的项目开发进程较慢，反而是各地依托旅游资源开发成立的中小开发商是这个阵营的先锋。但是这个阵营的很多项目也称为旅游综合体，与大型文化旅游项目有些交叉。第三阵营为政府相关部门。政府的公共服务设施建设近些年开始提速，尤其是这几年围绕CCD建设带动了大量多类型的公共服务设施集中建设，使大型文化旅游项目与公共文化设施紧密相连。

5.2 万达武汉中央文化区的缘起、开发历程与功能体系

5.2.1 缘起：万达集团核心产品的发展脉络

1. 万达集团简介

万达集团创立于1988年，目前已形成商管、文化、地产、金融四大产业集团。2017年企业资产7000亿元，收入2273亿元，位列财富世界500强第380位。万达商管集团是全球领先的商业物业持有及管理运营企业。截至2017年底，已在全国开业北京CBD、上海五角场、成都金牛、昆明西山等235座万达广场，持有物业面积3151万m²，年客流31.9亿人次。2018年计划开业52个万达广场。万达文化集团是中国领先的文化企业，2017年收入637亿元。旗下包括影视集团、宝贝王集团、文旅集团、体育集团，已成为万达新的支柱产业。万达地产集团是中国领先的城市综合体、住宅开发企业。万达地产集团拥有30年房地产开发经验，已开发数百个万达广场、万达酒店、万达城、万达mall和住宅项目。万达金融集团旗下拥有保险、投资、资管、网络小贷、私募基金等业务板块，通过普惠金融支持实体经济和社会民生。

2. 万达地产核心产品发展脉络

万达地产集团的核心产品是城市综合体，其历经10年发展，从第一代的单店、第二代的组合店，第三代的城市综合体，而今，万达集团已实现第四代产品的研发和布局。第一代产品为单店，是一个单层面积5000~10000m²不等的"商业大盒子"，一般为地上4层，总规模3万~5万m²不等。第二代产品为组合店，从原来的"主力店驱动型的单体商业"进化为"主力店驱动型的多个单体商业"，总规模在12万~15万m²。第三代产品为城市综合体，通过住宅、公寓、写字楼、商业外街等可售物业的回笼资金，总规模在40万~80万m²。而第四代产品便是本案例要重点阐述的万达文化旅游城，其比第三代规模更大，投资更大，增加旅游文化等主题。

万达城（万达文化旅游城）作为万达城市综合体的第四代产品，是一个集室内外主题公园、秀场、酒店群、购物中心等复杂业态为一体，融合了文化、旅游、商业以及高科技的文化旅游综合体。在基于核心竞争力的"订单商业地产"模式的基础上，整合包括商业地产、酒店、旅游、电影院线以及连锁百货在内的几大业务板块。形成由五大核心板块：15万m²左右的单体万达购物中心、10万m²的创意休闲街区、10万m²体验型娱乐中心（大剧院+会展中心+2个电影院+大型单体娱乐项目+影视主题公园）、10万m²1000间以上客房的酒店集群（2家星级酒店和3家以上经济型酒店）、20万m²以上写字楼，四大功能板块：万达茂、室外主题乐园、酒店区、销售物业构成的四代万达文旅产品。

如此大规模的产品不再是简单的商业运营，而将成为一种城市运营。以旅游地产为载体，承接旗下商业、酒店、影视、百货和旅游度假业务，依托万达在地产行业的优势地位，谋划文化旅游全产业链模式。

3. 万达文化旅游城的产品特征

（1）规模大、以建筑群组合的方式存在

从单体建筑、到简单组合体、到多样组合体，目前城市综合体的规模已经上升到百万平方米的量级。但是，万达城更多是以建筑群组合的方式构成，通过文化、旅游、商业、商务、居住等功能建筑群的组合，开发企业将规模开发的优势，运用到了新的高度。

（2）资金需求量大、投资门槛高

项目的投资门槛较以往大幅提升。从竞争的角度来看，万达城将会是未来综合体的发展方向，这对于参与者而言，门槛要求无疑是大幅提升了，对项目操盘者的融资能力、资金管理能力的要求也大幅提升。

（3）以文旅体验为核心

在过去的城市综合体项目中，一切规划和设计都是围绕购物中心进行的，购物中心为整个项目带来了人流，聚集了人气，是整个综合体项目的灵魂。而在万达城项目规划中，购物中心的地位已经弱化了，更加强调的是"文化体验"的核心效应。万达在整个项目中，规划了秀场、电影乐园、主题乐园等文化旅游项目，万达广场只是其中的要素之一。通过文化、旅游的参与性和体验性，万达文化旅游城有效对冲了电子商务的发展对传统购物方式的冲击（表5-1）。

万达文化旅游城项目特征表 表5-1

拿地	土地成本低廉，资源和拿地具有稀缺性，且不具可复制性	经营模式	采用租售并举的方式平衡现金流
区位	地处近郊区或新区，目前配套不足	开发周期	开发销售周期长（8~10年），分多期开发
规模	几百万平方米、几百亿总销金额的超级大盘	物业组合	万达城是文化旅游项目，住宅是项目的配套部分
建筑形态	文化、旅游、商业、酒店等内容，以室内为主，避免季节和天气对游乐的影响	业态	万达城中轴设有9万~10万m^2的商业，百货、电器，零售比例大幅下降，餐饮占比提高至50%，以满足万达城中其他文化旅游项目的游客需求

5.2.2 万达武汉中央文化区的开发历程

2009年，武汉市开始编织大东湖生态水网，东沙连通成为开题之作。根据规划，东湖、沙湖、杨春湖、严西湖、严东湖、北湖等6个主要湖泊，以及青潭湖、竹子湖等湖泊通过开挖水渠、隧洞等相互连通，再引进长江水，六湖连通后将形成436km^2的"大东湖水系"并与长江连通，实现江城水系"一脉贯通"的生态构想，通过清淤截污、引江济湖、水网连通、生态修复，将成为国内规模最大的城市湖泊生态湿地群。其中东沙连通工程，即万达"武汉中央文化区"项目，是六湖连通工程的启动项目。楚河汉街不仅是商业，更是城市历史文化和生态景观工程，社会经济综合效应十分显著。

武汉中央文化区一期楚河汉街是整个项目的重要内容，也是武汉市大东湖生态水网构建工程的启动工程、纪念辛亥革命100周年的核心项目。2011年初，武汉中央文化区土地交付至万达集团手上时，仍是一片废旧工厂、垃圾回填场与城中村的集合体。2011年9月30日，楚河汉街开业，项目总建筑面积21万m^2，从开工到开业仅用8个月时间，建设速度创造业内纪录，而且建筑品质、招商品牌全国领先，受到湖北省、武汉市各级领导高度赞扬，获得社会各界广泛认可，在全国产生轰动效应。楚河汉街开业后，国庆假期吸引客流超过200万人，成为全国假期人流排名前三的热点区域。

此后，七星级酒店万达瑞华酒店、汉街万达广场、杜莎夫人蜡像馆、汉街大戏台、5

个以湖北地区历史名人命名的广场、A级写字楼、御湖系豪宅产品等陆续面世。直至2014年12月20日，在汉街两头遥遥相望的汉秀、电影乐园建设完成，万达武汉中央文化区自持物业全部建成。仅仅四年时间，一个脏乱差的地方变身为武汉城市名片，对外展示的重要窗口区域。

5.2.3 万达武汉中央文化区项目的功能体系与产品构成

1．万达武汉中央文化区项目的功能体系设置的基本原理（表5-2）

万达武汉中央文化区功能体系　　　　　　　　　　　　　表5-2

功能类型	作用	与其他功能的联系
居住（住宅、产权式公寓）	产生项目现金流的，为后期项目运作提供资金，同时也存在着巨大的升值空间	为商业提供住户消费人流
商业（万达广场、汉街商业）	承担项目的明星标杆的角色，从而实现各部分的价值互补，提升综合体的整体价值	提供旅游租客
文旅（楚河汉街、电影公园、汉秀剧场）	通过特意打造的标签成为城市综合体的文化内核支撑，时常举办大量活动来吸引大量人流	吸引人流
商务（酒店、写字楼、SOHO）	树立了项目高端形象，且它们设计独特醒目的外形易成为城市的地标式建筑	资源平台，提升品质 为商业提供商务消费人流

在既定的开发目标和限制条件下，需要结合不同物业所承担的功能来确定项目的功能组合和规模配比。各区域构成一个互融互补、相互依存、相互助益的多功能关系，形成生活舒适、高效率运作的整体。

2．万达武汉中央文化区的功能体系

万达武汉中央文化区项目规划总用地约1.8km²，净规划用地面积约65hm²，规划总建筑面积约340万m²，地上建筑面积约265万m²，地下建筑面积约67万m²。其用地由13个地块组成，各地块的情况及规划要求如图5-3所示。

该项目规划的整体定位为中央文化区（CCD，即Central Culture District），以文化为核心，兼具旅游、商业、商务、居住功

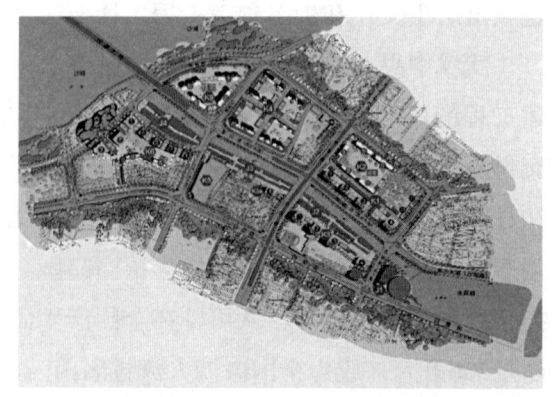

图5-3　万达武汉中央文化区项目用地分布图

能为一体的世界级水准的城市中央文化区,其项目目标设定为:"中国第一、世界一流、业内朝拜之地"。

该项目功能划分为文化、旅游、商业、商务、居住五大功能体系,如图5-4所示,其空间布局如图5-5所示。

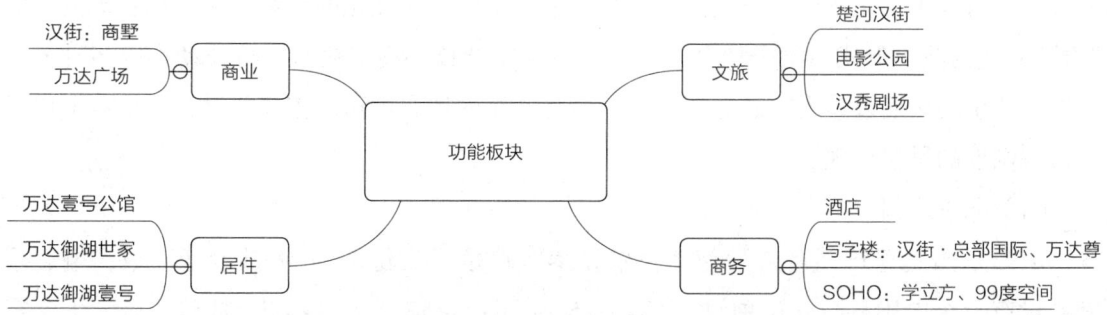

图5-4　万达武汉中央文化区功能体系设置

图5-5　万达武汉中央文化区功能体系空间布局

各部分功能简介如下:

(1)楚河汉街

"楚河汉街"商业步行街,汉街全长约1500m,总建筑面积约21万m²。功能包括商业、美食、休闲、娱乐等多种业态,是中国唯一集合全球所有顶尖时尚流行大牌商家的商业步行街。汉街以民国风格建筑为主体,极具时尚元素的现代建筑和欧式建筑穿插其中,表达对历史的尊重和对未来的憧憬。楚河汉街这一城市名片极大地丰富了武汉城市旅游资源,提升了武汉文化旅游水平。

(2)汉街万达广场

汉街万达广场购物中心总建筑面积达13.45万m²,广场内设有万达各大商业业态的全国主力店。汉街万达广场,作为武汉中央文化区最独特的地标建筑之一,其造价是普通万达广场的3倍。同时开创了中国单体造价最高、中国外观立面最华丽、中国夜景效果最绚丽、中国最大IMAX影城等中国之最。

（3）汉秀

"汉秀"剧场，这是万达集团与世界著名的美国弗兰克公司合作、投资25亿元打造的舞台节目。剧场由全球顶尖建筑大师，北京奥运会、广州亚运会、伦敦奥运会开、闭幕式艺术总监马克菲舍尔设计。灵感来自中国传统红灯笼造型的"汉秀"剧场，其以中西合并的方式，对娱乐文化作出最新的演绎，既传承了中国楚汉文化的精髓，又借助全球流行的"秀"文化为演出形式。汉秀糅合了音乐、舞蹈、杂技、高空跳水、特技动作等多种表演形式，整个剧场通过声光电的运用，辅以量身定制的拥有可移动座椅的舞台建筑，形成了非常戏剧性的科技呈现。

（4）电影乐园

电影乐园是建筑创意由马克菲舍尔先生取自楚汉文化精髓–编钟设计而成，电影乐园共设有七个电影科技娱乐项目，有4D、5D、飞行影院、互动影院、体验影院、太空影院、魔幻餐厅。该乐园汇集顶尖电影娱乐科技，堪称"室内环球影城"。

（5）星级酒店集群

包括万达瑞华和武汉嘉华酒店在内的酒店集群。

（6）写字楼集群

包括汉街·总部国际在内的写字楼集群，是按照低碳、智能的标准设计的甲级写字楼，以及各类SOHO办公物业，使武汉市商务楼宇水准提升到一流水平。

（7）住宅集群

截至2018年，武汉中央文化区开发建设了汉街壹号公馆，御湖世家、御湖壹号三大豪宅组团产品，凭借其沙湖稀缺自然景观，拥有全国万达广场旗舰店、汉秀、电影乐园、七星级酒店、总部国际等世界一流的商业、文化、商务配套，贴合现代人居高端需求的产品品质，打动了很多高端圈层客户。凭借其良好的品牌和口碑，以及合理的产品定位和定价，造就了豪宅整体高达80%占比的老带新成交结构。

5.3　万达武汉中央文化区的产品探索与运营特色

5.3.1　自持物业产品特色

万达武汉中央文化区项目自持物业产品有汉街、万达广场、汉秀剧场、电影乐园及酒店等。其中楚河汉街总建筑面积21万m^2，自持部分8万m^2，万达广场15万m^2，酒店20万m², 汉秀剧场8.6万m², 电影乐园10万m², 自持部分总建筑面积共61.8万m²（表5-3）。

自持物业产品开业时间及规模　　　　　　　　　　　　　　　表5-3

物业组合	开业时间	建筑面积（m²）
楚河汉街（商业街）	一期2011年9月	21万
万达广场	一期2011年9月	15万
酒店	部分在建部分开业	20万（6星级2座、5星级1座、4星级1座）
汉秀剧场	2014年12月	8.6万
电影乐园	2014年12月	10万

1．楚河汉街

（1）地理位置

楚河汉街是武汉中央文化区一期项目，位于武汉市武昌区东湖与沙湖连通之间，东临东湖，西抵沙湖，南至公正路白鹭街，北到武汉重型机床厂，规划面积约1.8km²，东沙连通成为武汉市编织大东湖生态水网的开题之作。汉街总长1.5km，是目前中国最长的城市商业步行街。

项目通达性好较好，武昌区主干道中北路垂直穿过汉街上方，为达到汉街的主要干道。东湖路紧挨汉街西端入口，是省政府、武大方向车流导入的主要干道。

（2）设计特色

1）建筑设计特色

商业街的特色首先取决于街道及建筑特色，汉街采用了民国建筑风格，红灰相间的清水砖墙、精致的砖线脚、乌漆大门、铜制门环、石库门头、青砖小道、老旧的木漆窗户，置身其中，仿佛时光倒流。同时，汉街将具有时尚元素的现代建筑和欧式建筑穿插在民国风格建筑中，实现传统与现代的融合。

2）地方历史文化特色

汉街设有5个以湖北地方历史名人命名的大型广场，分别为"屈原广场"，"昭君广场"，"知音广场"（俞伯牙、钟子期），"医圣广场"（李时珍），"太极广场"（张三丰），每个广场按照广场主题布置一处整石雕刻的名人雕塑。汉街的小吃餐饮方面还穿插了武汉热干面等地方特色小吃，景观的布置以及地面的铺设都很好地体现了地方的文化特色。

3）景观设计特色

"楚河"贯穿武汉中央文化区东西，是文化区的灵魂。楚河全长2.2km，连通东湖和沙湖，滨河景观绿化带设计颇具特色，驳岸的处理古朴自然，整体景观设计与建筑设计交响互应。夜景的灯光设计极具绚烂，照亮了楚河的景观带和汉街的建筑群，成为城市夜景旅游胜地。

4）公共设施设计特色

公共设施是一个商业街规划中不可或缺的一部分。汉街的小品设计极具历史文化品位，每一段主题广场的小品设计例如路灯、路边指示牌都呼应了每个广场的主题思想，垃圾桶及其座椅的设计也同样融入了每个主题广场的文化氛围。

5）商业规划

临楚河汉街外铺、写字楼底商、住宅底商为出售商业，内街铺、购物中心为自持商业。为了实现商业定位目标，汉街大部分商业均为持有经营，以保证商业能统筹运营。

汉街以中北路、沙湖大道垂直贯穿处分割为三大街区，即"品味生活"街区、"国际时尚"街区及"个性潮流"街区。

"品味生活"街区，以餐饮、零售业态为主，比例约为1∶1，餐饮中有一半为简餐快销食品，零售业态以珠宝首饰、服饰为主，品牌属中高档次。其业态比例如图5-6所示。

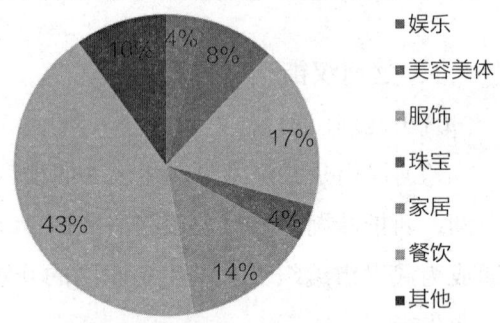

图5-6 "品味生活"街区的业态比例

"国际时尚"街区主要业态为服饰零售，且基本上为国际知名时尚品牌，档次较高。餐饮为颇受小资群体喜爱的较高消费业态，与此街区零售业态吸所引客群档次一致。其业态比例如图5-7所示。

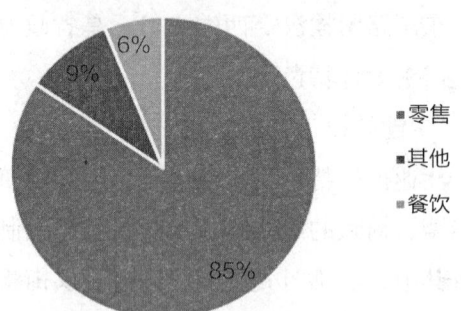

图5-7 "国际时尚"街区的业态比例

"个性潮流"街区以零售、餐饮业态为主，零售以服饰、珠宝饰品为主，各占总业态的35%、12%，餐饮占比32%，主要为中式正餐业态。此街区基本上为大众快消品牌，属中等档次。其业态比例如图5-8所示。

2. 万达广场

汉街万达广场位于中央文化区东湖汉街中部，汇聚了国内外近200个知名品牌，集国内外知名箱包手袋、服装服饰、珠宝手表、精品超市、精品家电、高级餐饮、高端KTV、超级玩家游乐场、IMAX影院等为一

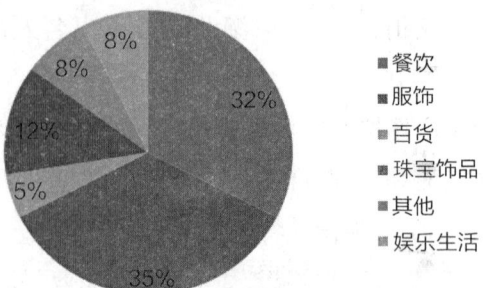

图5-8 "个性潮流"街区的业态比例

体,是单体建筑业态最全、购物体验最具文化气息的高端购物中心,是全国万达广场中的一号旗舰店(表5-4)。项目总建筑面积15万m^2,外幕墙面积3.3万m^2,幕墙造价过亿。

汉街万达广场基本情况　　　　　　　　　　　表5-4

开发商	大连万达集团股份有限公司
建筑面积	15万m^2
商业项目类型	集大型百货、品牌超市、星级影院、数码家电、家居家饰、美食餐饮、休闲娱乐为一体的大型都市综合体
商业定位	高端
项目地址	武汉武昌区沙湖路
停车位	2000个
开业时间	2013年9月

作为区域内最独特的地标建筑之一,汉街万达广场位于武汉中央文化区中心地段,被誉为"皇冠上的明珠"。其以4项"中国之最"——单体造价最高、外立面最华丽、夜景灯光最绚丽、拥有中国最大万达影城的购物中心,全力提档武汉中央文化区商业能级。

武汉汉街万达广场由国际知名的荷兰UN Studio设计公司担纲建筑及室内设计。设计理念讲求流动线流畅贯穿于整个建筑,通过流畅的线条、模数化的设计手法、新颖大胆的一体流线式的中庭采光顶和观光电梯设计,营造出时尚、现代、梦幻的国际超一流商业购物中心的购物氛围。汉街万达广场作为武汉中央文化区地标性建筑,在建筑表面的概念上实现两个主要特质,用水滴的形式使项目整体融入环境特质,用带有手工艺感的高贵而简约的材料来彰显奢华。项目立面运用现代材料不锈钢和传统高档材质雪花石制作出4万多个球体,在整体立面上营造出类似于丝绸般动感的反射效果,成就中国最华丽外立面的购物中心。

汉街万达广场的外观立面第一个采用外立面和泛光一体化设计和实施,是中国第一个真正意义上的"媒体幕墙"商业建筑。每个球体内都内嵌定制LED、形成全立面的多媒体幕墙,同时,在灯光处理上,为了实现前所未有的视觉效果,在结构设计单位采用先进的模型受力计算,经过反复测试,使得立面在日光和灯光下都能够显现璀璨的效果,在灯光深化设计中加入了灯光秀场的概念,让空间更具有娱乐性,也给人巨大的视觉冲击力,成为汉街万达广场的亮点之一,造就了中国夜景效果最绚丽的购物中心。

3. 室内多厅电影乐园

电影乐园位于汉街西端，是由万达集团投资35亿元建造总建筑面积约10.1万m²全球唯一的室内电影乐园。电影文化主题公园是由誉满全球的加拿大FORREC（福莱克）设计公司进行的创意设计。

电影文化主题公园设有4D影院、5D影院、互动影院、体验影院、飞行影院、太空影院等六个电影科技娱乐项目，汇集全球最新顶尖电影娱乐科技，是以电影文化体验为主，集旅游、娱乐、商业、餐饮与一体的科技梦幻世界。主题公园内融合世界领先电影技术，在充满动感和神奇体验的世界中，将中国古典文化和世界先进电影理念完美结合，让游人身临其境、感受由电影传递的全球文化相融合。

整个电影文化主题公园分为地上三层、一个餐饮夹层、地下两层。其中电影乐园一层设有飞行影院（两个厅），和一个太空影院（三个厅）。每个飞行影院一次能容纳72个游客观影，太空影院一次能容纳90个游客观影。一层还设有主题商店，和自助餐饮区。主题公园二层设有一个4D影院和一个互动影院。4D影院一次能容纳400个游客观影，互动影院一次能容纳114个游客观影。2层及餐饮夹层还配有快餐店，供游客休息及提供餐饮服务。主题公园三层设有一个5D影院和一个体验影院。5D影院一次能容纳500个游客观影，体验影院一次能容纳96个游客观影。主题公园还设有地下两层停车库，可停车1000辆左右。

主题公园建筑造型灵感来自于楚汉文化精髓——"编钟"。造型主体采用金色的铜合金幕墙，复合亮面和哑光材质表面，以不同的方式捕捉光线。底部采用两个楼层高度的玻璃幕墙，令建筑室内拥有朝向沙湖公园的良好视野，同时也为内部餐饮、购物等功能提供明亮通透的商业氛围。夜晚，整个建筑物的夜景照明烘托了外立面幕墙暖金色的色调，每隔5m左右的水平向红色勾边光带沿着整个外立面延展，将"编钟"的造型描绘在城市夜空中。

图5-9 万达电影乐园

武汉万达电影乐园汇集全球最新顶尖电影娱乐科技，堪称"室内环球影城"。已于2014年12月20日和汉秀剧场同步震撼亮相，吸引了全国乃至全世界的游客观光游览（图5-9、图5-10）。

图5-10 汉秀剧场

4. "汉秀"剧场

汉街东端建有"汉秀"剧场，"汉秀"是与著名的美国弗兰克公司合作、投资25亿元打造的超越目前世界所有演艺水平的舞台节目。演出节目由世界舞台艺术大师Franco Dragone执导，全球多个顶级舞台演出节目均由其策划和导演，如美国拉斯维加斯O秀、Le Reve、我国澳门水舞间等。武汉秀场演出内容将融合中国楚汉文化的精华，并用全新高科技手段进行诠释。秀场建筑由国际设计大师Mark Fisher先生主持设计（北京奥运会、广州亚运会、伦敦奥运会开闭幕式均由其担任艺术总监）。秀场建筑及舞台设备顾问分别由美国TPC和SAI公司承担，TPC公司曾担任澳门水舞间水秀剧场及全球很多家知名剧场的顾问工作。

秀场建筑设计经过多轮的研讨和巧妙的构思，在极为紧张的用地情况下做出了完整的圆形平面。秀场建筑设计源自中国传统红灯笼造型，并采用现代手法与技术手段进行表现，以达到传统元素与现代技术的高度融合。红灯笼造型轻盈剔透的结构美可以通过三层挑高的大堂向上一览无遗，还能结合夜景照明完美展示。红灯笼与裙房屋顶衔接处处理手法神似中国传统建筑屋顶，裙房柱廊墙壁上装饰有中国传统纹样雕刻。秀场主入口处设有广场，观众厅大堂为三层，在地上及地下均设有独立的VIP入口。

"汉秀"已于2014年12月20日正式开演，以中西合并的方式，对娱乐文化作出最新的演绎，既传承了中国楚汉文化的精髓，又借助全球流行的"秀"文化为演出形式。糅合了音乐、舞蹈、杂技、高空跳水、特技动作等多种表演形式，整个剧场通过声光电的运用，辅以量身定制的拥有可移动座椅的舞台建筑，形成了非常戏剧性的科技呈现。它的建成与开业，是中国文化产业的里程碑事件。

"汉秀"已创下多项世界文化之最：世界投资额最大的演艺剧场；世界首个可结合剧情升降、移动、倾斜、错落无限变化的梦幻舞台；世界首个能移动、旋转、升降的观众座席；世界首台可飞行移动的LED巨型屏幕；世界上最大的舞台表演水池，长58m，宽32m，深10m；世界上难度最高的舞台节目，包括24m的高台跳水表演。"汉秀"糅合了舞台剧、杂技、水上芭蕾、跳水等多种表演形式，运用水幕、独一无二的大型飞行屏幕及高科技的舞台机械等，并通过声光电，辅以有可移动座椅的舞台建筑，形成非常戏剧性的科技呈现。

汉秀剧场拥有2000个可移动座席，是世界上第一座采用移动升降座椅的水秀剧场。在演出开始时，前区旋转座椅处于闭合状态，在演出过程中旋转座椅转动打开、后区升降座椅垂直降下，整体座椅呈现开启状态，围合在座席中间的区域是演出水池。汉秀剧场演出水池储水量相当于4个奥运会标准游泳池，可以完成水面与陆地的瞬时转换。水池中设有极为复杂的水下升降机及舞台特效设备，舞台上空设有吊挂系统及其他舞台设备，可完成演员从空中马道或棚顶飞行降落等动作；舞台机械及设备在控制系统的整体调控下做到协调一致，在空中、水池及地面上全方位地展现水秀演出节目。

5. 酒店

万达瑞华酒店，依东湖而建，是万达集团投资30亿元，打造的中国唯一七星级酒店，采用全球名贵石材装修，"一对一式"全层行政管家服务，为每位入住的高端人士全方位贴心服务，为武汉提供世界级商务会务空间。

武汉中央文化区万达瑞华酒店从设计之初就定位为全中国最好的酒店，创造6项中国之最。它是中国外观立面建造最华丽的酒店，创意灵感源于"钻石"，建成

图5-11　万达瑞华酒店

后成为武汉又一璀璨夺目的城市地标建筑（图5-11）。它是中国最具文化特色的酒店，萃取现代ArtDeco、法式贵族、中东皇式风格精华，同时植入武汉楚文化精髓，既体现出异域情调的奢华风格，又不乏中国文化韵味，体现出独特的文化魅力。它是中国空间尺度最阔绰的酒店，酒店大堂采用纵横30m大跨度结构，中间无支撑柱，面积850m^2，层高达到15m，酒店房间及其他功能间相比六星级酒店都要多出10%以上的面积空间，均创下全国酒店之最。它是中国唯一采用全行政楼层服务的酒店，将普通高端酒店仅在行政楼层配备的服务在全酒店各楼层实施，单独为每一楼层提供行政管家服务，一对一为客人提供入住、就餐、商务、离店等全程服务，为每位入住的高端人士营造温馨宜人的住宿环境。它是中国商务功能最全的酒店，拥有全日餐厅、日式餐厅、中餐厅、宴会厅、空中泳池、行政酒廊、名仕会会所、高档KTV包房等众商务娱乐配套，是全中国目前商务功能最全的酒店。

武汉嘉华酒店，位于瑞华酒店正对面。酒店总建筑面积4.80万m^2。酒店建筑层数为23层，地上21层，地下2层，建筑高度93.60m，拥有客房409间。设有中西式餐厅、游泳池、健身中心、商务中心、会议室、宴会厅、水疗中心、美容美发沙龙、停车场等设施，是商务、政府接待、休闲旅游最佳之地。

5.3.2　销售物业产品特色

1. 写字楼产品

（1）汉街·总部国际

汉街·总部国际写字楼是武汉中央文化区商务功能板块的载体，该项目位于武汉几

何中心，是万达集团按照低碳、智能的标准设计的8栋世界级的5A级写字楼（表5-5）。项目位于双地铁交汇位置，城市交通资源便捷，15分钟到达高铁站，50分钟可到达机场。地上建筑面积约50万m^2，由4栋24层及4栋40层写字楼组成。整层面积1700m^2，均价为2.3万元/m^2。万达持有2栋40层，目前国家开发银行、建行已经获得一栋，在售四栋。客户定位为世界500强企业、跨国企业，70%以上为整层或半层购买，主要为大型企业提供水准统一的、更高档的商务环境。入驻企业有新华保险、湖北银行总行、农村商业银行总行、鄂旅投、英国签证等多家银行总部、上市公司及外资企业。

汉街·总部国际写字楼项目基本情况　　　　　　　　　　表5-5

物业类别	标准甲级写字楼
产权年限	40年
开发商	武汉万达东湖置业有限公司
投资商	大连万达集团股份有限公司
占地面积	822000m^2
建筑面积	500000m^2
开间面积	120~1700m^2
开工时间	2010-07-01
竣工时间	2013-06-01

万达写字楼产品项目以产业为依托，地产为载体，打造武汉中央文化区产业集群区域，对提升区域竞争力也起到了极大的作用，其写字楼产品已成为世界级企业总部中部战略布局的新选择。项目的建筑设计师为加拿大B+H公司亚洲区总裁David Stavros 施岱珞，建筑外形取自中国灯笼，结合LOW-E玻璃幕墙，项目还设有千平水景星级大堂，并配备10部三菱高速电梯。写字楼的公共空间装修高端，符合大型公司和跨国公司客群定位。万达汉街总部国际写字楼项目的完成，使武汉市商务楼宇水准提升到世界一流水平。

（2）乙写——学立方与99°空间

万达推出了学立方和99°空间者两种乙写产品：学立方户型面积约105~202m^2，是万达与国内一流教育机构合作打造的全学龄一站式精英培训教育基地。99°空间户型面积42~72m^2，是万达打造的热门创业产品，定位为全民创业平台、汉街最低门槛投资品，使广大的中小创业主题，也可以在成熟的汉街配套上，充分利用武汉内环优越的位置和资源。这些产品可以吸引中小型公司创业者的聚集，丰富武汉中央文化区的产业结构（图5-12）。

2. 住宅产品：万达御湖世家

万达御湖世家项目是武汉中央文化区居住功能板块的载体，该项目位于武汉市武昌区中北路，武汉中央文化区内。产品包揽了东湖、沙湖等湖景，且与武汉中央文化区配套紧紧簇拥，人们在步行范围内就可以完成居住、办公、娱乐、学习、休憩等日常功能。万达御湖世家是万达集团打造的高水平豪宅区，定位客户为高端客群，因此其在建筑、园林和产品方面的打造上都精雕细琢，其中建筑风格吸取了装饰建筑艺术，特别在建筑第五立面的顶部的处理上，设计了12道阶梯状收缩，呈现出强烈的视觉冲击力。园林上汲取法式皇家宫苑的设计精髓，采用水景元素，与外部沙湖公园交相辉映，同时选择了80多种乔灌木，全冠移植，打造出独特的万达御湖世家私家园林。在产品本身上，采用石材精装、全进口地板和壁纸、世界一流品牌厨卫设备，同时为了贴合现代人居的高端需求，增设了众多智能化配置，如一卡通、地暖、户式中央空调、智能马桶、新风、暖浴等系统。万达御湖世家面向武汉高端客群，通过在建筑、园林和产品层面的全面品质提升，为客户打造一种全新的生活式样（表5-6、图5-13）。

图5-12　99°空间效果图

图5-13　万达御湖世家效果图

万达御湖世家项目基本信息　　　　　　　　　　　表5-6

项目地址	武昌区中北路171号（4号线青鱼嘴站下）
开盘时间	2013年8月24日
总套数	1152
楼层状况	48～52层
车位	1800
容积率	7.07
绿化率	37%

3. 创新产品：商墅

值得一提的是，万达集团在武汉中央文化区项目中创新性地利用社区商铺基础，提出并实践了"商墅"这一全新产品类别。宜商宜住的别墅型商铺，通过创新设计和功能的优化，大大提升了得房率，集中了住宅和商业的双重优势，多功能、超赠送的创新让人眼前一亮。

武汉万达的商墅产品，规划布局与豪宅底部的独立街区位置，项目初期规划为独立商铺，武汉万达在商铺热销的时候，提前预判传统社区底商会遭受来自电商兴盛的冲击，积极谋划新的出路。

传统的商墅源于Office Park，即低密度、花园式办公产品，其一般位于交通便利的郊区。受地段和配套的限制，这类产品基本只能作为商务办公使用，而远郊的别墅产品在兴盛了一段时期后，入住期间的人们也发现了诸多不便，终极置业变成了周末度假居所。同时在城市中心区域，受地价和政府规划的限制，低容积率的别墅类产品很早就销声匿迹。

武汉万达洞察高端客群对未来居所社交功能和居住功能融合统一的心理需求，创新性地规划出城市中心的商墅产品，结合地段高端客流、交通、配套这些优势，颠覆了传统商铺和别墅的价值体系，将商业、居住、办公等多功能融合，真正实现产品的创新价值，业主可根据实际情况，规划商铺、办公室、居住、甚至下面商铺，上面居住等多重功能，灵活多变空间，随意变换；而且目前全国房地产市场中商墅开发量少，以稀缺性、独特性成为市场众多投资品的不二之选，受到社会各界尤其是投资客的热捧。

图5-14 商墅外立面

武汉中央文化区商墅产品规划为地面2层，地下1层，每层层高达6m，地面2层可变4层，加上顶层阁楼，实得空间5层，地下1层可分割为2层，一层专属停车，一层规划为相对私密的夹层空间。配合前庭、中庭和后院的规划，真正实现城市中心的有天有地墅级生活（图5-14、图5-15）。

万达商墅相对于传统的商墅具有以下优势：

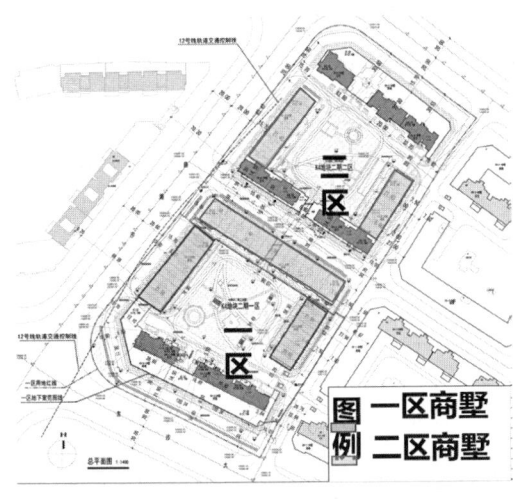

图5-15 万达商墅区位

首先，区位条件优良。由于是源于社区商铺，因此其通常分布于主要的居住区地块范围之内，可以享受到居住区相应的配套资源，相较分布于郊区的传统商墅，更适宜企业业务的开展以及员工的通勤与生活；第二，综合成本相对较低，郊区的传统商墅容积率较低，且其地块通常为商业用地，综合成本较高，因此售价高昂，而万达商墅的价格与相应区域的社区商铺相似，综合成本相对较低；第三，前庭后院的设置，更像别墅，万达商墅区别于其他商铺的最大特点是，加入了前庭后院的设计，赋予产品更多别墅属性，赠送的实用前庭和宽阔后院，可打造成露天茶室，阳光房等专属空间；第四，配有车库以及其他地下空间，传统的商铺通常不带地库，而商墅则突破常规，赠送地下空间，除去双车位后，剩余多功能空间，可用作家庭KTV、棋牌室、健身室等；第五，空间组合灵活，随意变换，满足多元化需求，如若用于居家，则可以在相应楼层设置客厅、厨房及卧室等，用于投资，可以隔出多间单身公寓，用于商业，则可以改造为一层商铺，二层办公，用于办公，则可以将一层、二层作为办公或会所空间。

商墅产品不仅仅是解决了社区底商需求萎靡的社会性问题，更是契合了高端人群的对社交功能和居所功能融合的需求趋势，基于项目地段、配套、纯粹高端富人区的产品规划和城市规划条件的不可复制性，开创出来的，独一无二的产品品类，颠覆了传统产品价值体系，是高端人居的变革之作。

5.4 万达武汉中央文化区的体系营销

万达武汉中央文化区营销面临两个难题，一个是销售量大且均价高；另一个是运营期长，较长的运营期使得营销效果处于不断的边际递减过程中，各类产品的开发、销售、入伙、新品加推交织进行，前面的口碑会直接影响后面的销售。

但是，从2011年开始销售，截止到2018年，武汉中央文化区连续7年的销售业绩都在集团名列前茅。这归功于万达武汉中央文化区成功的体系营销，其使得武汉中央文化区城市品牌影响力日益增加，在业主圈层塑造良好口碑，保证了良好的销售业绩。

5.4.1 产品赢得口碑

房地产开发商的市场营销活动是基于满足消费者对房地产产品的需求而实现的，离开产品谈市场营销组合中的其他因素都是没有任何意义的。因此，房地产产品成为房地产市场营销组合中最基础的要素，也最能体现开发商的核心竞争力。

武汉项目始终保持产品创新的热情,依靠强大的设计能力,连续打造商墅、汉街总部国际、御湖、次汉街四大销售物业IP,用自带营销功能的产品设计,持续保持项目领先的市场竞争力。

1. 商墅——思想就是最大的效益,直接增值3亿

武汉万达在中国首次提出商墅产品概念,将第一代单价3万元/m²但无人问津的社区商铺卖到6万元/m²还哄抢一空,K6K7汉街别家小院作为商墅的升级产品,将再一次超越客户期望,获取超额利润。商墅2.0升级可归纳为品牌、立面、尺度、空间、灰空间、停车系统六大体系和得房率、赠送率两大卖点(图5-16)。

(1)品牌升级:全新升级商墅2.0产品,再次超越客户期望,赢得市场口碑。

(2)立面升级:一期商墅外立面为类似楚河汉街的民国风,二期商墅外立面为新亚洲风格,以直线条为主,立面更为干净利落,符合当下审美趋势(图5-17)。

(3)尺度升级:大面宽短进深,宽适尺度全优户型。一期商墅轴线尺寸面宽为6.2m,进深20.2m;二期商墅轴线尺寸面宽为7.8m,进深16.4m;二期面宽进深比更合理,尺度阔绰实用性更好(图5-18)。

传统社区底商　　　　　　第一代产品:商墅　　　　　　第二代产品:商墅2.0

图5-16　商墅变革历程

图5-17　商墅分期外立面

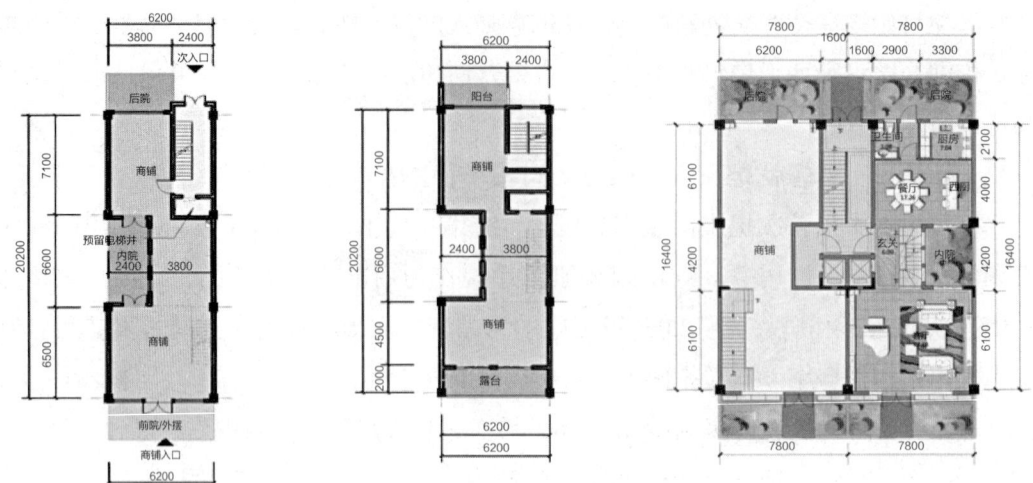

图5-18　商墅分期外户型

（4）空间升级：由四层到"四+一"，空间功能更丰富。户外楼梯，一期没有条件上屋面，二期可以上屋面，可以设置露台，茶室等休闲功能空间（图5-19）。

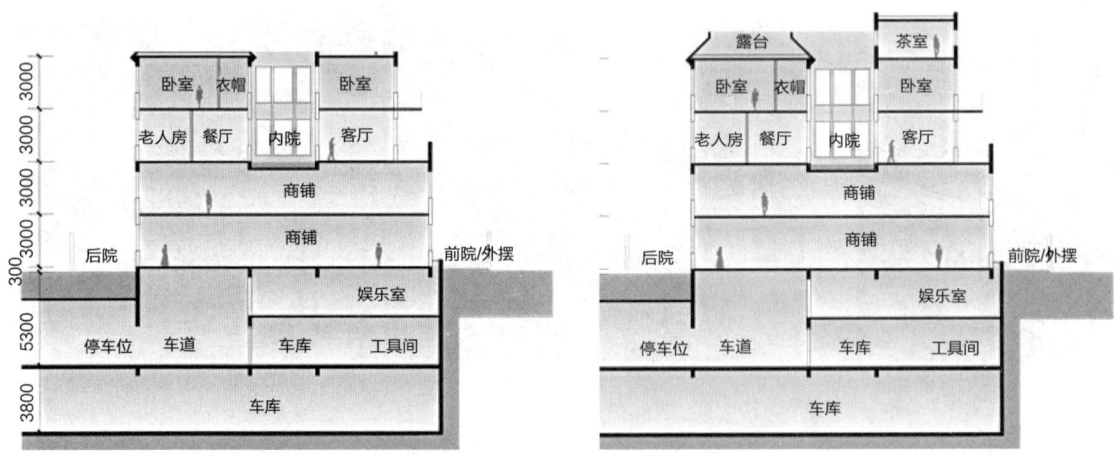

图5-19　商墅分期空间利用

（5）灰空间升级：扩大室外过渡空间，丰富室内外情景层次。面宽增加，前庭后院随之增加，无论是作为底商的外摆区域还是别墅的花园区域，这些增加的灰空间部分都可以用来营造特殊的空间氛围，创造更多的生活可能性，作为室内空间的有效补充（图5-20）。

（6）停车系统升级：车位集中布置，停车安全便利（图5-21）。一期商墅地下室夹层空间被车道一分为二，使用不便（上下都需要预留楼梯出入口）；二期商墅地下室停车位集中设置（为子母车位）。

图5-20　商墅灰空间升级

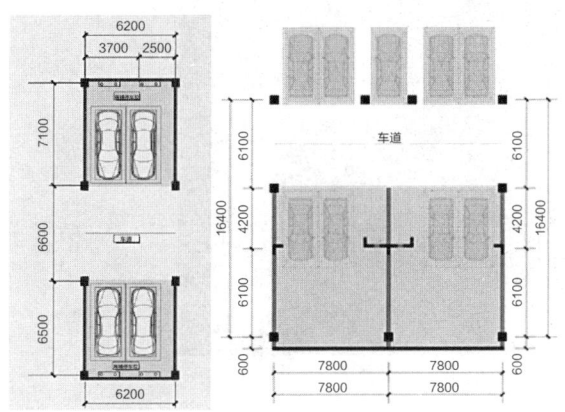

图5-21　商墅灰空间停车系统

图5-22　商墅分期得房率

（7）得房率再提升：优化公共区域，减小公摊。一期商墅每户设置一部封闭楼梯间及一部开敞楼梯；二期商墅两户共用一部封闭楼梯间，商户内设置一部开敞楼梯，公共区域减少，得房率增加，室内使用面积扩大（图5-22）。

（8）赠送率再提升：超大面积赠送，买1套送1.5套。开间变大，阳台、露台随之变大，加上顶层空间的自由利用，相当于买2层送7层，赠送率超高。

2．写字楼——从最终使用者的需求出发，提高客户满意度

（1）改变是痛苦的，不改变更痛苦，甚至死亡。

基于客户需求，万达大胆调整写字楼产品，开发协调重新报批，为销售扫除障碍（图5-23）。

（2）强势昭示自己的存在，为企业形象加冕（图5-24）。

调整写字楼泛光表现，灯光采用素简单色，表现"胜利"首字母"V"的组合造型，

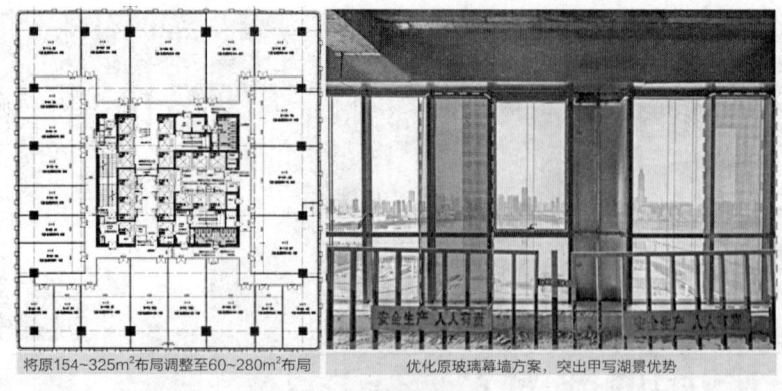

图5-23 写字楼设计调整

图5-24 写字楼灯光效果

将功率由70W调增至125W，和汉街总部国际共同组成城市里最耀眼的写字楼办公集群。

（3）将K6底商从无人问津打造成现在的车水马龙的次汉街品牌，人气就是信心。

（4）引入戴德梁行物业管理，通过国际五大行的品牌服务提升产品形象。

（5）与武昌招商局合作，在K7-1顶层打造国际企业加速器，服务入驻企业。

（6）在大堂增设茶室、便利店等方便企业会谈、购物的商务配套。

（7）追加投入升级已交付写字楼地下停车场，提高入驻企业满意度。

3．豪宅产品——从口碑极差到一买再买

武汉中央文化区首发豪宅御湖世家由于遭遇楼体沉降，口碑极差，从面临被炸掉的命运到成为现在华中王牌豪宅产品，从最开始1.5万/m²到4万/m²，从万达公馆质量粗糙的产品口碑到御湖业主口口相传、一买再买。

（1）极致的资源占有，城市公园为我所用

万达提前为沙湖公园捐赠、栽种数千棵树苗，为项目预备了大面积景观资源（图5-25）。

（2）施工组织要从营销角度倒推，而非考虑施工便利

2012年，重新调整现场施工部署，将工程单位迁移出去，腾出地方种植绿植，为住宅项目配备了大量园林绿化（图5-26）。

图5-25　住宅景观资源

图5-26　小区绿植

（3）尊重市场客观规律，敢于担当是对企业和客户的最大负责

御湖世家首批入市252平户型，仅为三房，当时销售抗性极大，由于本来就是补桩的楼栋，反对的声音很多，公司大胆改为四房，避免该户型陷入滞销的境地（图5-27）。

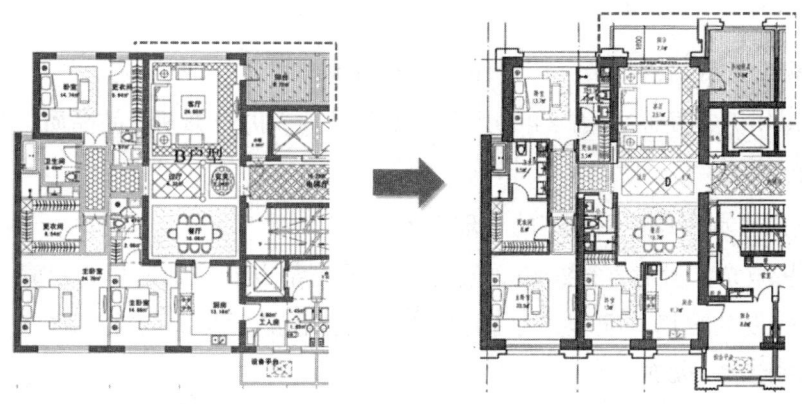

图5-27　户型设计调整

（4）不能用八年前的设计，应对八年后的市场

将传统户型十字中轴结构，改为横厅设计，更受市场欢迎，90%的客户看过样板间后直接产生购买欲望（图5-28）。

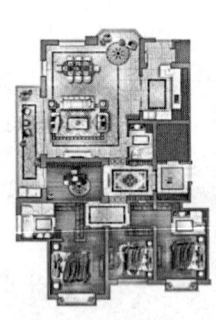

图5-28　户型设计

（5）预判客户审美趋势，让客户为喜欢而买单

从最开始的欧式、简欧、轻奢、奢简到现在的素简，武汉万达豪宅产品始终预判风格变化趋势，持续改变。

（6）认清智能化配套的本质：让品质生活更简单

智能家居系统全面升级，一键开关，远程控制，操作简单，一目了然，下一步智能设计要更加简单，内容更加丰富。

（7）在客户的敏感点上重点投入，实现口碑的事半功倍传播

高端客户尤其关注家人健康问题，有针对性的增设光触媒、静电吸尘、新风系统等设施，对PM2.5和甲醛等污染问题予以全面解决。

（8）从细节处入手

万达地下车库一直是各类产品的盲区，武汉万达形成自己的规范和标准，将盲点转变为卖点。

（9）重视交房后口碑打造，用责任和服务赢得口碑

交房后每年仍然投资300万~400万元，不断维护、提升御湖产品品质，为项目积累品牌口碑。

（10）挖掘高端客户购买豪宅的心理需求

楼顶加装激光，覆盖直径20km，让每一位业主都以能住到这里为自豪。武汉万达始终保持产品研发的热情，配合连续3次荣获集团工程品质第一的施工质量保障，积累口碑，实现了圈层的一买再买。

5.4.2 体系铸就品牌

万达武汉中央文化区体量大、业态复杂,包含多个不同功能的产品,为保证整个项目的现金流,在营销方面进行了诸多尝试与创新,形成了项目独有的体系营销。

1. 写字楼甲写营销

近年来,写字楼市场推广及产品打造日趋同质化,武汉项目主动赋予产品全新的高科技概念,并展开新媒体推广。

(1) 高科技概念加持,销售道具全面革新

借助集团万仔品牌发布契机,将万仔进行科技化包装,通过全息投影技术,将其打造成"钢铁侠"形象,讲解写字楼产品信息。夜间,在汉街人流量最大最集中的汉街大戏台,设置投影设备,将万达尊的产品信息以投影的形式投射到广场中,通过动态的变幻形式,迅速引发市民关注,扩大传播效果。另外,项目与奔驰品牌合作,打造奔驰VR看房车,在高端商圈及写字楼附近展示,辐射更多潜在客户,同时在展示中心搭建写字楼VR展区,给客户最直观的产品体验。将万达尊写字楼样板间打造成钢铁侠主题样板间,内含3DMaping、华中最大OLED互动屏等设备,让客户感受未来办公空间。

(2) 事件营销+新媒体渠道

以快递包裹为载体,将万仔投影装置定向投送至城市核心商圈写字楼、话题由渠道终端爆发,在相对精准的圈层进行扩散。在微博端口获得超过5000万的话题阅读量。在市场好奇心正胜时,通过新媒体渠道,以第三方争议新闻顺势出街,借助万达品牌关注度,迅速扩大产品传播效果,实现由话题到产品的落地。在高科技样板间开放阶段,在微博端设置话题进行持续炒作。同时运用本地新闻大号及生活娱乐类大号发文,从影视、动漫、八卦娱乐,办公室装修等角度发文,持续吸引市场关注。

2. 乙写营销

(1) 舆论造势,为推广的种子找到肥沃的土壤

万达武汉中央文化区SOHO项目的营销特点是将市场痛点发掘与产品推广定位相结合。武汉三镇存在教育资源不集中的问题,项目根据这一市场痛点策划"房车大妈当街炒菜"活动,迅速在全国范围内引发关注和讨论。通过第三方撰写文章,表达从万达系列的动作中,大胆猜测万达即将进入教育产业的观点。同时借助万达集团品牌,迅速将市场的注意力转移到教育领域,为教育话题推波助澜。

(2) 概念发布,让舆论聚焦到产品

推广时赋予SOHO产品全学龄、一站式教育基地的概念,配合新闻传播、微信同步推广,将舆论聚焦到产品,并传统媒体直接诉求产品信息。吸引机构和投资客的关注。选择

武汉大学礼堂，以一场大学生迎新典礼的形式包装产品说明会的内容，邀请知名校园歌手助阵，营造浓郁的青春校园情怀，让活动前宣本身成为热议的话题。

3．SOHO营销

SOHO产品围绕"十个一"进行新媒体营销：

一个盒子——策划盒子创业情景秀事件，配合网络大咖炒作，迅速形成99°空间的全城热议，使盒子成为99°空间的创业代言平台，顺利转变为外展点，实现事件活动的关注力向销售力的转化。

一篇文章——策划出"传统媒体已死？武汉万达未投传统媒体，只投'新媒体'"文章；从透明盒子活动到业内争议话题，再到99度空间产品，引发市场广泛关注。

一次论剑——趁热打铁，举办"汉街论剑"新老媒体营销趋势研讨会，邀请百余名媒体代表参加，扩大传播基数。

一个故事——杜撰一个虚拟人物，通过一个创业的故事，成功实现创业主题向投资主题的转化。

一种渠道——通过大数据平台，筛选经常浏览"汽车、财经、奢侈品、投资、股票、SOHO、小户型"等关键词的客户信息渠道，针对这部分投资客户定向投放广告，效果较好。

一万首付——通过将首付付清时间与折扣幅度挂钩，激励客户回款。

一场众筹——配合一万首付，强势推出"9.9元众筹活动"，利用超低投资门槛和100%中奖噱头，快速传播，引发全民参与，营造火爆认筹氛围。

一个社群——建立微信推广群，前期成员主要由媒体，官微粉丝及客户组成。制定相关激励政策，同时组织他们参加项目的营销活动，不断提升粉丝的黏性，配合项目营销节点，加大微信朋友圈的推广效果。

一种体验——产品发布会现场首次采用AR虚拟现实演讲模式为客户展示项目对各种创业业态的全面支持，提升客户直观感受。

一场开盘——均匀定价，减小价差，便于引导客户换房；装户挤压：利用房源对大客户进行相互挤压，同时利用大客户和团购优惠政策，挤压散户拼层去化，避免卖花；收益分档：收益分成高中低三档，对应不同的总价和交房标准，有利于引导不同需求的客户，提高了转筹率。

4．豪宅营销

2012年至今，豪宅产品从"汉街壹号公馆"到"万达御湖壹号"，经历了由"明星扎堆"造势、"广告狂轰滥炸"到现在的用"文化品牌"构筑产品新形象、与"城市对话建立高度"的推广思路蜕变。

（1）"汉街壹号公馆"

营销动作主要遵照万达豪宅标准动作来执行。首次开盘前，品牌导入，树立项目豪宅形象。整版硬广、软文、户外广告等，全线铺开，多频次轮番轰炸，教育市场。用"明星影响力"撬开豪宅市场。案场通过多频次渠道及跨界活动合作，持续累计高端渠道客户资源。示范区开放期，利用大型明星活动，吸引客户到访整版硬广、软文、户外广告等，明星轰炸式出现，多吸引客户到访。维密秀、高尔夫球赛、CASINO派对等，多频次高端圈层活动，持续邀约新老客户及渠道客户上访，扩大行业内影响力。最后精装线下装户，开盘销售。

（2）"万达御湖壹号"

阶段1：2015年，K9-1豪宅由提高装修标准，增设智能化配置，邀请大师定制设计，同时推广及活动配合，持续炒作大师升级噱头，借势K9-1样板间开放，形成2015年豪宅炒作热点，线下调整库存产品折扣体系，突显现房性价比优势，掩护库存产品去化。强化入伙期区产品实景营造，邀约客户通过家宴和试住的形式，提前体验，入伙采用管家式入伙服务方式，提高客户满意度，线上推广配合，加强项目品质宣传，提升客户购买兴趣。

阶段2：2015年，重新树立"万达御湖世家"品牌影响力。

事件线：挖掘城市文化符号，找到项目的契合点，通过线下创意事件，配合线上社群互动，快速引发市场关注；推广线：借势万达御湖世家市场基础，将新品作为子品牌推广，主打湖景及周边成熟大配套优势；活动线：借势演唱会大型活动进行品牌发布造势，密集排布样板间开放、产品说明会、底商开街仪式、中秋节客户答谢等活动，持续保持市场热度。

阶段3：2015年9月，利用三场颠覆传统的大型活动，引爆全城，巩固万达御湖世家豪宅地位。

活动包括："豪门之夜"万达御湖世家·汉峻楼王启幕楼体3D灯光秀："一场全城皆知的楼王新品发布盛典"；万达御湖世家·汉峻产品说明会活动：情怀讲解、名人推介、场景演绎，一场别具一格的楼王产品说明会；"豪门之巅王者盛宴"中秋客户答谢晚宴活动：让客户首次体验华中首个5D感官餐厅的进餐感受。

阶段4：与城市情感共鸣扩大影响。

2016—2017年间，项目活动选址黄鹤楼、知音号等，充分利用地标级的场所，提升武汉中央文化区大IP的分量和调性，同时为"万达御湖壹号"的强势面市，夯实基础。

2016年9月9日，"黄鹤归来观御湖—黄鹤楼艺术盛典"城市级事件活动，用文化的影响力，实现掷地有声的传播。利用民国风体验式场景，唤起一个城市的民国记忆，让产品借助情怀的力量，快速传播。

阶段5：经典内容，实现深入人心的传播。

连续二年在汉秀举办经典音乐会、经典诗歌朗诵会等经典表演艺术，数次邀请金一南将军,为御湖业主讲解国际时政内容,案场结合艺术策展公司持续举办胡安米罗、毕加索、周春芽狗展等系列艺术展览。

作为华中豪宅标杆作品,万达御湖系产品一直以来都在追求给予客户极致的体验。万达御湖是中国第一个在四大名楼之一的黄鹤楼上举办发布会的地产项目,也是长江上首个举办漂移式体验发布会的地产项目,更是唯一登顶我国香港太平山凌云阁发布新品的地产项目。

项目后续的营销基本主要围绕如何为业主树立鲜明的社会标签,强化成员对社群的认同感,让业主更有面子。

项目首先以兴趣为黏合剂,让成员之间形成情感基础,根据家庭不同成员特征设定运动类、亲子类、名媛类、名仕类四大兴趣类社群。社群活动内容完全去地产化,注重参与与互动,让业主在快乐的氛围下互相成为朋友。聘请专业摄影团队,将篮球队拍出时尚大片的感觉;通过"颜值爆表"、"身价堪比NBA"等娱乐性话题,形成新闻价值,扩大传播。24小时内成功登录地方微博热搜,同时被主流媒体官微新闻抓取,新闻登录网易新闻、天天快报、新浪客户端全国头条,今日头条、腾讯新闻、搜狐新闻、凤凰新闻地方头条。此次宣传,对群内起到积极示范效应,对外迅速扩大了万达业主社群社会知名度,打响了御湖社群品牌推广第一枪。针对亲子群,项目联合各类高端儿童赛事机构和组织,打造英才会"星宝贝"造型计划,让小业主们拥有更广阔得展示平台。联合万达体育集团,将集团自持小铁人IP竞赛作为英才会年度赛事。项目联合康菲斯等武汉市高端健身会所,为名仕会社群业主打造专属健身课程。

通过持续不断的城市级别的高规格对话,社群活动的高频次沟通,文化IP的高度品牌认同,让圈层客户由物质推动转变为情感推动,实现了武汉中央文化区高达75%的老带新占比。围绕营销需求,所形成的产品研发、财务成本支持、工程质量保障、物业服务等全维度的体系营销,推动了各业态的持续热销。项目整体销售额预计目标也从619亿调增到目前的714亿,近100亿的指标调增,证明了体系营销的行之有效,是现在和未来武汉项目克敌制胜的核心法宝。

5.5 万达武汉中央文化区项目的开发运作与保障

5.5.1 开发模式

项目成功的开发运作主要是由于土地、产品、客户三个因素。

项目选择符合武汉城市发展方向的地段，属于武汉内环核心，周边有快速通道、地铁出口，且位于旧改城区、两湖连通工程、武昌总部商务区。

项目自持物业产品有楚河汉街、汉秀剧场、电影公园、万达广场、酒店，销售物业产品有写字楼、住宅及金街。楚河汉街、剧场、电影公园作为城市名片，提升项目形象，万达广场及酒店提升项目档次及客群。以15%~20%的自持物业带动销售物业的销售进度，销售物业提供现金流和利润。

城市商业发展成熟有两种路径，一种是先聚"人气"，再聚"商气"，这是需求导向的做法，缺点是发展成熟过程相对缓慢。另一种则是供应导向，先做成商业配套，将城市资源汇聚之后，形成人气鼎盛的城市新中心，这种做法与第一种相比节约了大量时间，但需要的是运营者有非常强大的资金实力和商业运营能力。万达显然是第二种模式的典型代表。

5.5.2 开发时序

项目以万达最熟悉、最擅长操作的商业起步，以万达商铺号召力及中北路长期对商铺的缺乏，快速回笼现金；中南、中北路为传统写字楼聚集区，2011年末国内住宅形势不乐观，商业不限购，适时推出高端写字楼；住宅走大、豪路线，推售较慢，前期商业作为现金流支撑。项目具备高效的开发速度。借助原有标准化工期模块，注重产品合力；从开工建设到2011年9月汉街开业，仅用8个月的时间。

商业地产的开发周期长，在项目开发过程中，会受到市场、金融等众多影响因素。无论是宏观经济、财政政策还是货币政策，都可能影响项目的开发贷、销售回款和经营贷。因此，现金流的动态管理就显得格外重要。

现金流的动态管理需要结合项目的开发计划、成本计划、销售计划和资金计划进行统筹考虑。值得注意的是，住宅地产的"以销定产"不完全适用于商业地产的开发。因为商业地产的利益相关人众多，先招商后建设的模式决定了按期开业的重要性。整个项目的开发过程如图5-29所示。

综上所述，商业地产需要通过确定合理的租售比使资金压力控制在可承受范围之内。由于持有物业的存在，开发速度越慢，企业面临的资金压力越大。因此，商业地产项目必须保持一定的开发速度，快速开发能力是商业地产开发的一项核心能力。

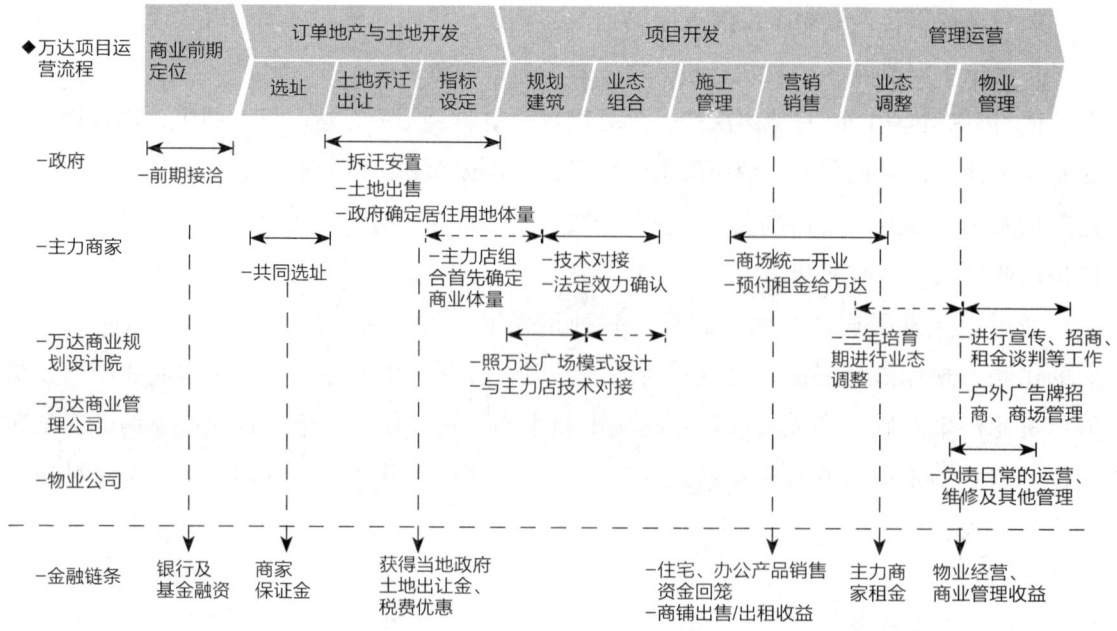

图5-29 项目的开发时序安排

5.5.3 运营策略

万达武汉中央文化区项目成功的原因在于万达充分利用自身优势，以城市名片的塑造能力实现两湖连通，改变城市面貌；以愿意为政府代建市政设施为基础，低地价获得土地，提升利润空间；以商业酒店招商能力保证文化商业的成功运营。

1．统一经营管理

经营管理公司对整个街区进行统一的、专业化的经营管理，统一的商户约束、统一的推广，节假日安排不同的文艺群体进行演出定期的一些大型主题活动，为商家带来不断的繁荣。

早期的商业地产通过销售商铺来收回投资，资金回笼快，投资回收期短；但商铺经营权分散、各自为政、导致后期运营困难，留下很多后患，打官司、退租、退铺等屡见不鲜。商业地产各业态高度依赖，客观上需要统一规划、统一招商和统一运营管理。因此，越来越多的商业地产开发商采取购物中心只租不售的模式。只租不售模式的优势是经营权统一，利于后期项目运营，但前期无回笼资金，资金占用压力大。为了平衡现金流，城市商业地产通常通过销售住宅、公寓等可售资产来平衡自持物业的现金流，借以支撑购物中心的建设。这就是通常所说的"现金流滚资产模式"。该模式很好地吸纳了散售和持有两种单一模式的优势，同时又一定程度上弱化了两种模式的弱点。

2．品牌选择、产品组合拉动客户量与质

业态组合适度创新拔高，蜡像馆、画廊、琴行、茶社等文化静态商业在建筑风格的衬托下更凸显文化意蕴。五大名人广场、世界级文化项目——"汉秀"剧场和电影乐园、杜莎夫人蜡像馆等文化项目在丰富楚河汉街文化内涵的同时也带来了持续的大量客源和不菲的经济收益。餐饮（中餐、西餐、小吃）、银行、便利店等配套也是有力补充。

3．文化与商业融合策略

汉楚文化街以突出地域文化特色为前提，做到商业与文化的结合。开旅游地产、文化地产之先，利用"楚河"、"汉街"的城市名片、文化名片较好地结合到项目本身，将商业地产本身嫁接到旅游地产、文化地产上，取得多品牌成功策略，实现多元化发展模式。

4．先聚商气再聚人气，节约项目发展时间

商业发展模式主要以供应为导向，采用先聚"商气"再聚"人气"的方式，先做商业配套，将城市资源汇聚后，形成人气鼎盛的城市新中心。该做法相对于以需求为导向的做法而言，节约了项目发展时间，但对于资金和运营管理能力要求较高。整个项目以15%～20%的持有物业，带动80%～85%的销售物业，有利于项目的健康发展。

5．社群运营

万达武汉公司坚持四年的社群运营，始终遵循两大关键要素：对外营造出圈层的身份感，用明星般的光环让圈层自豪；对内强调和业主的情感沟通，用文化和经典的内容增进品牌。

根据家庭不同成员特征设定运动类、亲子类、名媛类、名仕类四大兴趣类社群。社群活动内容完全去地产化，注重参与与互动，让业主在快乐的氛围下互相成为朋友。

树立鲜明社会标签，强化成员对社群的认同感，让业主更有面子，并针对各个社群打造更具话题性的子品牌，迅速造大社群社会影响力。以系列经典文化主题活动，如"悦动会"、"英才会"、"名仕会"等，深受客户认可，增进了业主圈层的情感交流和对项目的品牌认同，让圈层客户由物质推动转变为情感推动，实现了武汉中央文化区高达75%的老带新占比。

5.6　案例总结

5.6.1　文旅导向大型区域开发项目的价值植入

大型文化旅游项目是城市空间与功能的一部分，那么其文化价值与竞争力也应与城市文化价值和文化竞争力趋同。对于城市来说，文化竞争力是由四个竞争力因素构成，即"文化资源、文化效率、文化产品、文化市场"。对大型文化旅游项目来说，要体现出自己文化价值与文化竞争力就必须在这四个因素或其中部分因素上做文章。四个文化竞争力因素相互关联，形成一个循环，这样一个循环就是文化产业价值链，文化产业价值链中的所有活动统称为文化产业。文化设施是一个平台载体，承载着各种文化的沉淀、创新、发展、传播。单一文化设施都有其内容、质量的局限性，由于每个人的文化生活需求和消费水平都是不同的，综合化发展不仅可以提供更多文化生活选择，满足多层次人群需求，而且也可以一站式满足人们更多文化生活需求，降低文化生活成本，延长服务链条。绝大多数人无法脱离文化生活、经济生活、社会生活其中任何一个，随着大城市生活节奏的加快，人们对这三者活动的时间需要更好调配和无缝对接，而文化设施综合化发展给了非常好的条件，使文化生活与购物活动、商务活动、社会活动、日常生活联系地更为紧密。

大型文化旅游项目内部各类物业的分工和协作创造了综合体的附加值。区别于单一功能项目，综合体的多功能组合可以扩大消费者群体，提供多样化产品及服务，使消费链、服务链拉长，对各种功能物业带来价值提升机会。同时，文化类项目更符合了未来人们不断增加文化类消费的潮流。

5.6.2 复杂项目的运营

武汉中央文化区是万达集团投资500亿元人民币，倾力打造的以文化为核心，兼具旅游、商业、商务、居住功能为一体的世界级文化旅游项目。其功能复杂、体量巨大，体现了复杂项目的运营难度，万达集团在项目的开发过程中展现了较强的项目开发功力：

（1）企业影响力实现项目良好落地。"大型购物中心+五星级酒店+写字楼+住宅+国际品牌商家"的产品模式受到了地方政府的极大欢迎，其成为政府招商的座上宾，在选址、地价、配套等方面，均享受非常优惠的政策支持。

（2）通过自持的大型文化旅游项目提升普通住宅、写字楼、公寓、社区商铺的价值，通过出售可售物业达到资金快速回笼，从而运转资金流。

（3）以购物旅游板块为中心，融合传统金融商务区，建造大型购物旅游综合体，将区域升级为购物旅游办公一体综合体，重塑区域价值。

（4）围绕政府支持、选址优势、规模优势、商户资源优势、商业模式优势五重优势，万达进行了一系列商业资源整合，使万达的商业地产平台具备了突出的竞争力。

由以上经验可以发现，大型文化旅游项目策划需首先设定好收益目标，公益性、半公益性、商业性，其中的差异会相当大。文化设施基本都需要长期运营，很多设施需要长期投入，因此必须考虑投资及维护成本的控制，了解大型文化旅游项目今后运营者的该方面的考虑，然后提出相应的内容配置建议，以求达到运营者期望。

另外，大型文化旅游项目涉及面广，功能产品可以包括公益性和盈利性的，类型可以包括文化消费元素和与文化产业元素，服务对象则包含了不同职业年龄和需求，产品规模与配套需求条件也各有不同。之前研究表明，项目涉及的内容包括了演艺表演、文化居住、餐饮娱乐、体验购物、时尚活动、社交网络、星级酒店、产业办公、企业服务、旅游等多种内容。因此，项目必须梳理好产品内容，尤其是核心文化设施以及其他重要产品，确定辅助产品的内容设计和组合配置方式，并保证具备一定的弹性可以形成功能可选菜单。

文化设施和其使用者可能多种多样，基本上所有文化设施对建筑空间都有独特要求，即使是同一种文化设施，各地各项目都可能有差异，很难像零售或餐饮业态非常容易使用弹性分割。此外还需要考虑使用人对环境有何要求，力求在文化内容以外，塑造出一个非常有文化氛围和舒适度的场所。

品牌运营也是大型文化旅游项目需重点考虑的问题。大型文化旅游项目对于品牌运营的要求较高，需要有一定的品牌营销推广的策略思考。其次，项目开发模式、盈利模式、团队构建需要提供指导意见。

5.6.3 短期价值与长期收益的关系

综合物业具有开发周期长、盈利点复杂的特点，根据开发商的财务目标体系、项目开发模式以及项目开发的其他约束条件，选择适宜的盈利模式是项目成功的核心。开发商应该根据项目背景和自身实力，结合各类物业市场竞争状况明确各种盈利方式的可实现性，并从财务目标出发安排投入实现盈利。

综合体物业的收益性属性决定其价值最大化首先表现为物业整体价值最优，其次才是最大限度的实现各个物业自身的价值，同时避免各物业之间的负面影响，所以切实可行的盈利模式是影响综合体物业发展的重要问题，在确定盈利模式的基础上，进而可以确定物业组合方案及功能配比均应以此为前提。

本项目用15%～20%的持有物业，带动80%～85%的销售物业，并取得50%以上的销售溢价。销售物业能快速回笼资金，而自持物业能带来长期的现金流。现在，越来越多的开发商选择自持物业，是出于提升企业未来的抗风险能力。只租不售让开发商获得了长线汇报，并通过与品牌店的合作，优化了项目的资产，受行业同期波动的影响小，也更具有抗风险能力。

并且，发展综合性物业的确是开发企业未来重要的盈利增长点，房地产企业不但可以因为有大型配套的商业项目而大幅度提高住宅、公寓项目的销售价格，也可以跟资本市场的各种金融产品进行对接，包括但不限于打包上市、与基金的合作等。

总体来说，商业地产是自持还是销售为主，关键是看开发商的规模和资金实力，看其对回报收益及周期的需求，看团队的经营与维稳能力。租售比例与项目构造、面积等有一定关联。在实际情况中，开发商的确日渐倾向于提高商业地产中的自持物业占比，一些实力较弱的企业，往往选择先租后售的方式，在物业口碑得到业主及社会各界的认可后再抛售，既规避了不少风险，又保证了资金回笼的速度。

思考题

1. 文化旅游产业与房地产项目结合的模式有哪些？
2. 总结万达武汉中央文化区项目的创新点。
3. 万达"商墅"相对于传统的商墅有何创新？
4. 万达在本项目可售物业的营销方面有何特点？

6 中铁国际生态城：
从荒野到综合性生态新城的蜕变

宁要绿水青山，不要金山银山，绿水青山就是金山银山。

——习近平

案例导读

  中铁国际生态城是贵州省与中国中铁于2010年12月在北京人民大会堂正式签约的大型体育旅游休闲产业项目。项目总占地面积30000亩，总投资约人民币505亿元，是贵阳－龙里空间一体化的核心、贵阳东部门户及贵州双龙航空港经济区的引擎项目。作为贵州省、"大贵阳城市群"和黔中经济圈重点项目，生态城于2011年被列为"贵州省十二五旅游发展规划"十大旅游项目之一，2012年列入"贵州省生态文化旅游发展规划"，2013年成为住建部首个"健康养生养老设施规划建设国家标准示范项目"、贵州省重点打造20个重点旅游项目及100个城市综合体示范项目，2016年成为水利部"国家级水利风景区打造项目"，2017年被列为"贵州省100个生态体育公园"。规模巨大、功能多样的超级项目，经历了从一大片石漠化荒地到一座生态新城的蜕变，相较于一般体量和功能项目，其功能定位、规划布局以及开发经营具有显著差异。因此，本章重点剖析多功能生态新城的崛起及发展历程，为感兴趣的同行、学者及学生提供案例参考。

6.1 美丽中国视角下城市发展的新路径

6.1.1 国家政策导向

1. 生态文明建设

改革开放以来,我国主要以资源消耗为代价拉动经济增长,在经济发展方面取得了令人瞩目的成绩,但是资源约束趋紧、环境污染日益严重、生态体系退化等问题凸显,可持续发展之路成为我们必然的选择。生态文明建设在可持续发展过程中处于重要地位,是我国社会主义事业的重要内容。党的十九大报告强调:加快生态文明体制改革,建设美丽中国。

中铁国际生态城(简称生态城)项目立足于生态、文化建设,结合自然、区位特点,贯彻可持续发展目标,助推我国生态文明建设的实施。据不完全统计,三年时间里,生态城完成人工林草植被种植超过100万m^2,累计植树种苗达755万株,恢复植被面积超过6900亩土地,区域内80%的石漠化土地得到了有效治理,同时,为确保水土保持,生态城内修建了一个容量

图6-1 中铁国际生态城开工建设

为70万m^3的人工景观湖,修建提水站2座、蓄水池4座、小山塘5个,改造水源4处,铺设引水管网长约40km。这些措施保证了项目石漠化治理成果的长期保持,也使昔日石漠遍野的山地,发展成为一片绿洲(图6-1)。

2. 精准扶贫

精准扶贫是针对不同的贫困地区和个人采取的科学有效的举措,对扶贫对象实施精确识别、精确帮扶、精确管理。2015年,习近平主席在"减贫与发展高层论坛"上强调,中国扶贫攻坚工作实施精准扶贫方略,增加扶贫投入,出台优惠政策措施,坚持中国制度优势,注重六个精准,坚持分类施策,因人因地施策,因贫困原因施策,因贫困类型施策,通过扶持生产和就业发展一批,通过易地搬迁安置一批,通过生态保护脱贫一批,通过教育扶贫脱贫一批,通过低保政策兜底一批,广泛动员全社会力量参与扶贫(图6-2、图6-3)。

在这样的政策背景下,中国中铁充分履行社会责任,开发中铁国际生态城项目,承担起当地居民的脱贫工作,为当地居民提供就业岗位10000余个,组织失地农民进行不定期

图6-2 中铁国际生态城内村寨及小学危旧房原貌

图6-3 中铁国际生态城安置区及小学实景图

的再就业培训,帮助他们解决好失地后的生计问题,当地农民的人年均收入也由原来的两千多元到现在翻了几番。目前,参与项目服务类工作的村民人均年收入可达2.5万元,参与项目技术类工作的村民人均年收入可达4万元,参与自主创业的村民人均年收入可达到6万元以上,社会效益良好。

3. 幸福产业

李克强总理提出,幸福产业就是精神文化产业,主要是指旅游、体育、健康、教育培训和养老等与人民的生活质量和幸福感相关的产业,与我国十七届五中全会提出的"发展旅游文化产业"的战略一致,涉及生产生活的方方面面。幸福产业重视幸福感受的累积和居民幸福感的提升,是构建和谐社会的重要手段之一。从以人为本的角度来看,人民幸福感的获得更多来自精神文化方面。因此,大力发展幸福产业,对人民幸福感受提升具有事半功倍的效果。中铁国际生态城通过打造旅游、地产、体育、休闲、商务、养生、养老、教育等多种产业集群的综合生态区域,为当地及周边居民提升幸福感。

4. 贵州历史性发展机遇

贵州是我国西部多民族聚居的省份,贫困和落后限制了贵州的发展,加快经济建设是贵州的主要任务。贵州发展既存在着交通基础设施薄弱、工程性缺水严重和生态环境脆弱等瓶颈制约，又拥有区位条件重要、能源矿产资源富集、生物多样性良好、文化旅游开发潜力大等先天优势；既存在着产业结构单一、城乡差距较大、社会事业发展滞后等问题和困难，又面临着深入实施西部大开发战略和加快工业化、城镇化发展的重大机遇；既存在着面广量大程度深的贫困地区，又初步形成了带动能力较强的黔中经济区，具备了加快发展的基础条件和有利因素，正处在实现历史性跨越的关键时期。

《国务院关于进一步促进贵州经济社会又好又快发展的若干意见》（简称国发〔2012〕2号文件）指出：进一步促进贵州经济社会又好又快发展，是加快脱贫致富步伐，实现全面建设小康社会目标的必然要求；是发挥贵州比较优势，推动区域协调发展的战略需要；是增进各族群众福祉，促进民族团结、社会和谐的有力支撑；是加强长江、珠江上游生态建设，提高可持续发展能力的重大举措。

6.1.2 城市发展新路径：超级大盘项目转型升级

1. 超级大盘的发展历程

纵观全国，大盘开发的历史可以追溯到1991年的广州祈福新村，其占地面积6500多亩；1997年下半年，中海怡翠山庄、万科四季花城等大盘接连出现；随后，房地产界大盘运动风起云涌，星河湾、凤凰城等大盘相继开动，大盘时代正式开启。大盘项目的成功开发，必须基于审慎的发展战略、定位以及合适的功能配比、分期规划和启动策略。分析国内一些失败的大盘项目，根源在于盲目开发、随意定位、缺乏市场、缺乏技术支撑以及风险规避不足，最终导致资金链断裂。成功的大盘项目能为城市及区域发展带来增值，为开发商品牌注入新活力，做好大盘项目的开发需要地方政府和开发商共同努力。

截至目前，贵阳建筑面积超千万平方米的超级大盘多达五个，包括花果园城市综合体、中天未来方舟、中铁国际生态城、金融城以及西南国际商贸城。贵阳市常住人口不足500万，却有如此之多的超级大盘，这与贵阳独特的发展历程有关。贵阳作为一个经济欠发达地区的城市，政府财政收入有限，城市公共设施投入严重不足，地方政府无力进行土地整治和市政投资，于是选择让渡土地收入，借助开发商的社会资金为居民提供教育、医疗、道路交通、水电供应等公共服务。这种做法，在政府收入有限的条件下较快地改善了当地的基础设施和公共服务，产生了较为积极的效果。其合理性在实施的前段尤为突出，难以启动的旧城改造获得推动，成片新区动工建设，新学校、新医院等重要配套快速增多，居民住房条件在相对稳定的房价下获得显著提升。因此，贵阳超级大盘的模式相当于政府借助开发商建设城市、运营城市和发展城市，这也是贵阳超级大盘存在及崛起的深刻内涵。

随着越来越多超级大盘的开发，其负面效果逐渐显现。经调查发现，在每个新区周边，人口聚集导致城市交通压力剧增，超大型居住社区与城市其他功能区之间的交通拥堵问题日益严重。此外，各区域水、电、气的需求快速增长与全市整体供应能力不足之间的矛盾凸显，公共服务呈现出系统性问题。这些问题的出现对社区可承受的最大规模提出了边界合理性的思考，也对政府转嫁公共服务产生的社会问题提出了挑战。如何与贵阳城市全方位良性联动，是超大盘规划、开发的重要指向。

2. 超级大盘与产业新城的融合

随着国家新型城镇化建设的不断推进，大盘开发模式也在不断完善和升级，与国家城镇化方向日趋契合，"超级大盘"的认知层面不再停留于楼盘开发建设，而是城市功能、城市品质提升以及可持续发展，"产业新城"概念呼之欲出。升级后的超级大盘在人口集聚、基础设施、服务配套、人文生态环境等方面都会给城市带来很大的影响。

近年来，一方面，房地产业逐步实现制度化、规范化管理，土地和项目资源越来越难以获取；另一方面，国家努力推进产业新城建设。工信部召开2018年产业转移工作座谈会，推进《产业转移指导目录》的修改完善，不断完善线上线下产业转移合作平台，做深做实产业转移工作。为顺应国家发展方向，房地产企业不断在产业新城这一板块进行探索，增加了房地产企业在日后优先获取资源和项目的话语权并且对于房地产企业实现规模突围具有重大意义。

国内很多房地产开发商都在尝试产业新城，如华夏幸福、碧桂园等。产业地产依靠地产获取盈利，以产业为核心，聚焦产业生态的打造。2002年华夏幸福与固安政府进行了PPP市场化运行模式的探索，成为国内较早开始产业新城建设的房地产企业。华夏幸福和固安政府合作开发运营固安产业新城，目前该模式也已拓展到多个城市，华夏幸福的产业地产主要集中在工业板块，即"地产+工业园"模式。前期在工业园区或者其他地方获取工业土地项目，在进行基础设施建设以及配套厂房等房产项目的建造，然后再通过其他方式进行相关设施的管理和经营，比如转让、租赁等，合理的获取地产开发利润。而碧桂园启动产城战略以来的首个产城项目潼湖科技小镇也是产业新城建设，覆盖产业包含八大创新科技行业以及文旅、康养两大新型服务行业，试图打造"地产+N"模式的产业新城。

3. 中铁国际生态城：超大盘＋生态＋幸福产业升级

以往的产业新城开发一般聚焦于工业板块，以服务业为主导产业的产业新城并不多见。中铁国际生态城在综合考虑贵阳的旅游资源及吸取超大盘开发项目的宝贵经验后将"体旅、生态"作为其核心竞争力，以生态人文为依托，主题公园、体育运动为主线，康体休闲、养生养老为支撑，旅游观光、休闲度假为品牌，集旅游、度假、避暑、休闲、运动、娱乐、养生、会议、会展、教育、培训等众多产业为一体，打造贵阳独特的幸福产业。

中铁国际生态城通过具有盈利能力的旅游产业的长期经营提升项目的价值和影响力，保证该项目的持续开发，达到产业与房地产开发双盈的目的。同时，项目还带动了整个贵龙区域投资开发，过去无人问津的土地变成现在的投资"热土"，项目对于区域发展的重要性和自身价值得到了体现（图6-4）。

图6-4　中铁国际生态城总规效果图

6.2　央企中国中铁的转型升级之路

6.2.1　央企中国中铁的战略布局及调整

1. 初始战略布局

中国中铁的前身是1950年3月成立的铁道部工程总局和设计总局，后变更为铁道部基本建设总局。1989年7月，经国务院批准撤销基本建设总局，组建中国铁路工程总公司，在这个阶段中国中铁决定进入房地产行业。公司在第一次党代会上确定企业大发展战略，强调要进一步加快产品结构调整，大力向上游产业、海外工程、房地产和其他利润率较高领域发展，大胆向资源领域、资本领域和建筑业高端扩展。紧接着加快公司房地产企业发展，变成全公司实施企业新的发展战略的一项重大决策，中国中铁为此制定了房地产战略计划：一是实施资源战略，集中优势资源，努力提升房地产业的整体发展能力；二是实施管控战略，提高经济效益，努力增强房地产业的盈利水平；三是实施品牌战略，打造知名品牌，不断提升房地产业的行业地位；四是实施"走出去"战略，积极拓展海外市场，努力提高房地产业国际化经营水平；五是实施人才战略，培养优秀团队，努力发展房地产业的人才基础。

2. 战略调整

中国中铁对房地产业的重视，使其成为16家以房地产为主业的央企之一。在发展传统地产业务同时，中国中铁秉承"生态+治理+创新"的开发模式，依托地产发展最成熟、聚焦度最高的西南板块，大力推进生态新城模式下的一二级地产开发。通过多年的摸索、创新，中国中铁在房地产转型方面取得了重大进展，并于2017年成立中铁文化旅游投资集团有限公司。现如今，中铁文旅集团在体育文化、高端旅游房地产、养生养老、休闲度假等领域总结出一套适合自己的发展模式和发展理念，其发展经验有望助推中国中铁在地产领域的再次突破。

6.2.2 贵阳经济发展的供需匹配

虽然贵阳在区位、能源矿产、生物多样性等方面具有显著优势，但交通基础设施薄弱、面广量大程度深的贫困地区又牢牢遏制了贵阳经济的发展。贵阳的经济市场存在着广泛的"供不应求"现象，贵阳的文化旅游、休闲养老等市场具有很大的开发潜力。

1．需求分析

（1）旅游需求

贵阳位于境内贵山之南，又叫作"森林之城"、"避暑之都"，森林覆盖率达41.12%，属于贵州最大的旅游服务中心和全国优秀旅游城市。良好的生态环境刺激了市区及周边居民周末游的需求，而且"夏无酷暑，冬无严寒"的宜居环境也吸引了大量人群前往贵阳避暑。贵阳已成为国内最著名的避暑旅游休闲城市，多次评为中国十佳避暑旅游城市之一。

此外，贵阳市还是一个多民族杂居的城市，除了人数较多的汉族、布依族、苗族人口外，还有回族、侗族、彝族、壮族等20多个少数民族。特色迷人的少数民族风情也极大推动了贵阳市旅游经济发展，进一步增大了贵阳旅游市场的潜在需求。

（2）养老需求

随着社会老龄化加剧与居民消费能力的不断提高，养老需求即将在未来几年内爆发。贵州省从2003年起逐步踏入老龄化社会行列。提升贵阳市的养老服务质量，满足市民的养老需求势在必行。发展养老服务的优势在于贵阳是中国首个国家森林城市，也是"中国避暑之都"，且拥有独特的山地环境和气候，可以吸引西南地区、国内外更多老年人到此居住，因此贵阳养老服务的辐射范围更广泛。

2．供给分析

（1）旅游资源供给

贵阳位于贵州"金三角"旅游区，独特的区位优势使其拥有丰富多彩的旅游资源，是贵州旅游业的支撑点。已开发的景点涉及32个景型，贵阳拥有山地、河流、峡谷、湖泊、岩溶、洞穴、瀑布、温泉、原始森林、人文、古城楼阁等各类重要旅游资源。此外，贵阳旅游还围绕"气候牌、生态牌、文化牌、红色牌"等推出了一系列避暑度假旅游、生态文化旅游、乡村旅游以及城市形象宣传旅游等特色旅游服务。

（2）养老供给

多年来，贵阳的养老服务都处于一种松散的、概念化的层面，并没有真正意义上的综合型养老中心。从未来发展趋势来看，贵阳养老服务的供给会因为其独特的生态优势、气候优势、资源优势等不断增大，发展前景不可估量。

3．供需匹配分析

（1）旅游市场的供需匹配问题

贵阳旅游市场存在供需不匹配的问题。原有的旅游市场"供不应求"，缺少优质旅游产品：一是由于旅游目的地缺乏全面支撑，致使旅游景区正在被边缘化，规模小、景区效益差降低了游客对贵阳旅游的满意度；二是城市旅游功能亟待整体提升。贵阳作为优秀的旅游城市，在公共交通配置上却表现得并不充分；三是旅游景区经济总量较小，市场配置资源的功能有待进一步发掘。贵阳市旅游产品总体上被贴上了资源独特性不强、体量小、盈利水平低三个标签。

为了实现贵阳旅游市场的供需匹配，政府应完善基础设施建设，增强景区以及城市体验感。除此之外，还应挖掘更大体量的旅游景区，打造2～3个旅游地核心吸引物，提高盈利水平。此外，发展生态旅游，提升贵阳核心竞争力是贵阳旅游业实现可持续性发展的必由之路。

（2）养老市场的供需匹配问题

由于贵阳的养老产业处于幼苗期，目前存在一些问题，但是贵阳在养老服务建设方面有着得天独厚的优势资源，今后将得到充分的利用。目前多家国内著名房企纷纷进驻贵阳，在以后的贵阳养老地产发展中，房企不仅应该聚焦老年人的生活场景，还要将服务延伸至衣食住行、护理、休闲娱乐等各个消费场景，打造以养老地产为纽带，向上下游延伸、向左右拓展的全面养老产业链。现阶段随着各路资本不断涌入，养老地产前景乐观，但是由于养老产业刚刚起步，市场的接受程度、占有空间需要进一步扩大，养老群体的多样化需求仍然有待发掘、了解和接受。此外，仍需进一步完善养老地产产品，进一步探索养老地产的盈利模式。

6.2.3 中铁国际生态城的探索实践

2010年12月26日，在北京人民大会堂，中铁集团与贵州省黔南州龙里县两级人民政府签订中铁国际生态城项目，面积达三万亩、总投资超过500亿元的中铁贵州国际旅游体育休闲度假中心项目诞生（图6-5）。在政企携手推动下，贵州的文旅产业发展迎来崭新的篇章。中铁国际生态城不仅是贵州省重点项目，也是重大产业投资，承载了特大型国有企业追求结构调整和产业升级的发展使命。

图6-5 中铁国际生态城在北京人民大会堂签约现场

图6-6 中铁国际生态城石漠化原始地貌

1. 石漠化治理与开发建设双管齐下

中铁国际生态城地块距离贵阳市区五公里，水土流失严重，石漠裸露，加上地下岩溶发育土地严重缺水，导致一片片荒芜的石漠化地貌；土地沙化、植被稀缺，交通运输条件落后；道路、住房、学校、医院、生产条件等基础设施破败简陋。中国中铁和中国南方喀斯特研究院进行技术合作，积极治理贵州石漠化荒地，改善其生态环境。三年间利用技术取土、外购弃土，对石漠化区域进行重新覆土，通过封山育林、人工种草等方式进行石漠化综合治理，同时，项目区域内修建了人工景观湖、提水站、蓄水池，改造了水源，铺设了引水管网，保证了石漠化治理成果的长期保持（图6-6）。

项目在石漠化治理的基础上，汇集创新产业，既满足了旅游度假的基本需求，又为社区居民居住提供了完善便利的配套设施。通过乡村观光游、峡谷旅游区、体育运动基地、民族风情小镇、现代化城镇等综合开发，拉动社会经济发展。中铁国际生态城项目综合治理与开发建设双管齐下，多渠道、多手段促进生产生活方式转变，开展职业技能培训，增加农民就业途径，变农民为市民，为农民构建和谐的居住空间与生活图景，从根本上改变了农民的生活状况。

2. 旅游度假与地域文化融为一体

中铁国际生态城位于双龙航空港经济区门户，拥有航空、铁路、公路三港合一的交通体系，这将使生态城成为游客来贵阳旅游的第一站。云栖谷双龙镇作为贵州首个中式四合院旅游小镇，着力为贵州打造一个媲美丽江束河古镇的慢生活旅游目的地；国家AAAA级旅游景区8km巫山大峡谷作为贵阳唯一、贵州最长的干沟型峡谷景区，以"生态的万花筒、民族的大观园"为主要理念，融合生态和当地民族特色为一体，其中还包含岩壁、崖画、玻璃栈道、青少年户外营地及水上景观等游玩点。巫山大峡谷与双龙镇联动，形成生态城旅游业发展驱动双引擎。中铁国际生态城以其发展理念、规划和投入，将一大片荒山建设成为贵州东南门户旅游集散中心、多彩贵州风景眼。

3. 养老、教育、健康、商业配套多管齐下

中铁国际生态城以地产为载体，整合多种产业（养生养老、商业、旅游、生态、体育、

教育、科技等）的模式打破以往地产开发中的单一理念，开启了一种全新的地产经营模式。随着项目各方面产业链（旅、居、业）逐渐成熟，密切联系消费者生活方式，创造出生活感受和文化价值十足的项目。复合地产属于一种创新的开发、经营模式，生态城作为中国中铁第一个复合型文体旅产业项目，具有重要的里程碑意义。

图6-7　旅游产业活动

目前，中铁国际生态城各类产品销售取得了较好成绩，基本实现持续发展。正在建设的生态城已接待了500余万人次的观摩、旅游，前后承办了"美丽中国·多彩黔城贵州旅游产业转型升级发展论坛"、2014年黔南州第八届旅游产业发展大会、2018年国际木球公开赛等社会大型公益或赛事活动（图6-7）。

4．从产城分离到产城一体

"产城分离"是指在一个特定的完整单元内部，将产业功能片区和城市生活功能片区之间进行明显的分化，形成相对独立的布局模式。一般来说，产业园区发展初期会出现用地僵化、居住和配套服务设施缺乏、潮汐式交通和夜间空城等较为突出的问题。随着产业园区发展到一定阶段，产城分离的弊端就会凸显出来，限制了产业合理的转型升级以适应时代发展的要求以及阻碍了园区对于创新性人才的吸引力度，从而进一步限制了城市的发展。因此，促进产业与城市之间的协调发展是中铁国际生态城的重要任务。为此，中国中铁采用了如下措施进行产业培育打造：

（1）优育产业结构

中铁国际生态城在重点依托区位、环境、生态治理、基础设施建设、功能配套等条件不断升级的基础上依托主导产业（现代服务业）进行招商引资，引入旅游、商业、教育、体育、酒店、休闲、文化等产业，促进生态城复合产业结构的调整升级。

（2）预留产业用地

在转型发展过程中，一是对不同类型用地占总用地的比例进行优化，较大幅度提高产业用地比例；二是融合产业用地与非产业用地。对于不同类型的产业在空间需求上存在较大的差异，为让中铁国际生态城内产业空间供需更相匹配，通过规划预留不同类型的用地比例，使不同类型的产业之间以及产业与非产业之间能实现更好地融合。

（3）嵌入中心引擎

在推动产业融合的进程中，为了避免全盘推进策略带来阻碍，应选择一些重点区域着力建设，集中精力实现一体化改造，塑造更加具有标志性和识别性的形象，增强项目吸引力。

中铁国际生态城处于贵阳、龙里空间一体化的发展轴线上，借助贵州省双龙航空港经济区（主要承担航空港三大产业的现代服务业功能）区域优势，将产业创新、服务保障、文化休闲、康体养生等功能融合，并不断优化建设，最终发展为城市中心体系当中的有机组成部分。

（4）公共服务设施

生产导向针对产业工人的生活需求，主要体现在公共服务设施配置中；创新导向针对群体生活、工作需求，主要体现在与生活紧密联系的服务设施配置上。解决原居住民的生产生活问题成为中铁国际生态城在建设过程中的重点。生态城在公共服务设施配置的种类、等级上均进行了相应的调整和升级，贵阳市也在加大力度建设生态城与贵阳中心城区的连接纽带。

6.3 超级大盘的精准定位和规划布局

6.3.1 区位状态

1. 地理位置

中铁国际生态城项目位于贵阳市环城南路东侧，毗邻贵阳龙洞堡空港区，距离贵阳市中心约15km，距离龙洞堡国际机场约6km，总面积2038hm^2。贵新高速、贵龙大道东、西向横穿用地，北侧紧邻G210国道，南侧为厦蓉高速和贵广高铁。项目处在贵阳东扩西连发展轴线上，是省会贵阳的东大门，是贵阳城市发展东扩战略——贵龙经济带的核心地段（图6-8）。

图6-8 龙里县与贵阳市主城区交通关系图

此外，本项目由于体量庞大，其所在地虽紧邻城市，却存在两地行政机构双重管理的情况。在项目前期策划时，必须充分考虑可能面临不同行政区域的管辖，做好应对准备。

图6-9　中铁国际生态城地块原始地形、地貌

2．区块原貌

项目原地貌为喀斯特丘陵地貌，地形多变，高差较大，石漠化非常严重，土地资源可利用程度较低。项目基础设施基本为零，市政开发配套量大。开发之前，用地多为荒山荒坡、沟谷纵横，景观呈原始自然状态，区域尚未城市化开发，故人口相对稀少，较适宜于连片开发（图6-9）。

6.3.2　项目精准定位

随着贵阳城市空间格局的有序拓展，度假经济、高铁经济、空港经济等新型产业经济不断涌现。新型度假城市如何定位、规划、开发和运营，给中铁国际生态城提出了很多崭新的课题。

经过对国内外相关案例的分析、整理和研究，新城建设发展模式包括旅游新城、田园新城、TOD新城、行政新城、产业新城、教育新城六种模式（图6-10）。

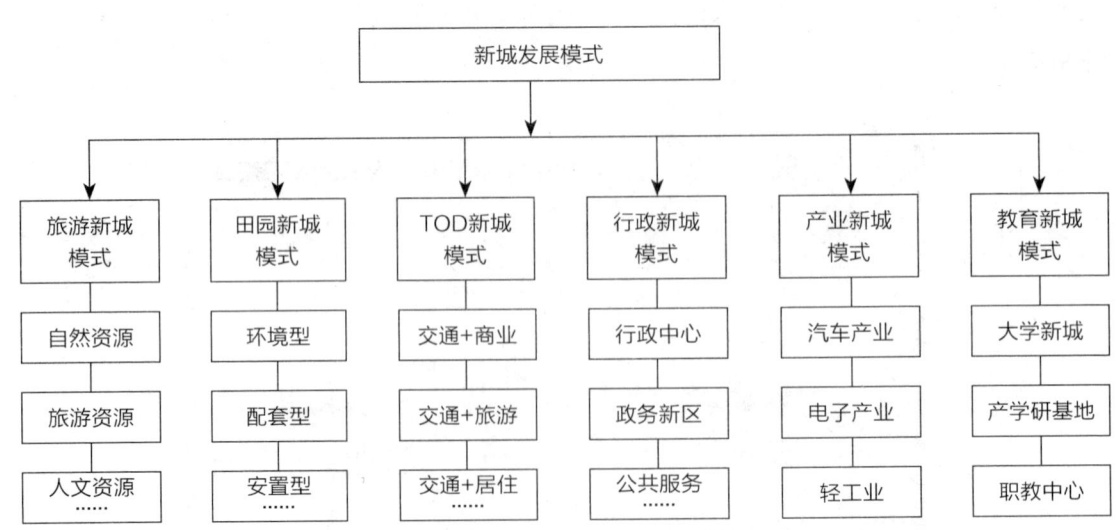

图6-10　新城发展模式框架

根据对本项目资源条件分析，项目综合吸收旅游新城和田园新城发展模式特征，同时，提出"五化"的战略发展目标，即旅游特色化、环境田园化、生活健康化、产业高端化、城市国际化（图6-11）。

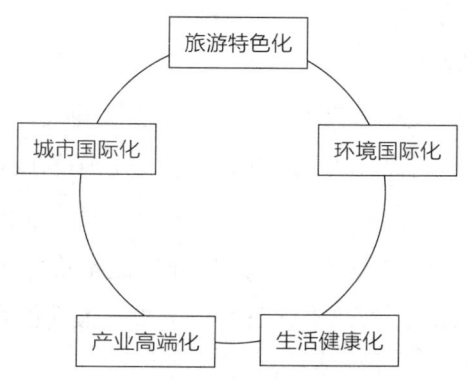

图6-11 中铁国际生态城"五化"战略发展目标

在项目的总体定位研究中，利用旅游区发展灰度模型和SWOT分析，从资源条件、区域环境、市场状况等方面入手，剖析本项目发展优劣势，并将国内外旅游新城的成功案例作为参考蓝本。其中主要案例为美国海松度假区、SUN CITY养生社区、德国巴登巴登小镇、深圳东部华侨城、云南丽江束河古镇等。

项目庞大的空间规模特征决定了单一业态单一产品难以支撑，故采用综合定位。从城市发展的国际化视野和可持续出发，项目定位为国际旅游大通道上世界级旅游休闲度假目的地和集"旅、居、业"一体的综合性国际生态城市——新田园城市、全民健身城市、生态体育城市、人和小动物都宜居的城市（图6-12）。

图6-12 中铁国际生态城实景图

1. 市场定位

（1）按旅游目的细分市场

按旅游者对旅游产品的消费目的，将中铁国际生态城的旅游市场划分为观光旅游、文化旅游、商务旅游、会议旅游、度假旅游、疗养保健旅游，各市场均具备相应的配套设施，能满足不同类型旅游者的需求。

（2）按消费水平细分市场

中铁国际生态城的综合体模式结合了地产开发、新城建设、旅游开发等开发模式，因此商业消费群体主要面向当地居民、贵阳市民以及前往贵阳的旅游人群。在住宅方面，虽然项目距离主城区只有15km，但对于在贵阳市区上班的普通居民来说，仍会有些不便。此外，土地成本、搬迁、基础设施配套等涉及的开发成本决定了项目的定位：把握中高端——"高端引领、中端支撑"，所以本项目的住宅板块面向的主要目标人群为贵阳及周边乃至全国中高端社会人群。

2. 核心区功能定位

中铁国际生态城项目以生态人文为依托，主题公园、体育运动为主线，康体休闲、养生养老为支撑，旅游观光、休闲度假为品牌，以"体旅、生态"为核心，形成集旅游、度假、避暑、休闲、运动、娱乐、养生、会议、会展、教育、培训等多功能于一体的旅游体育休闲度假胜地（图6-13）。

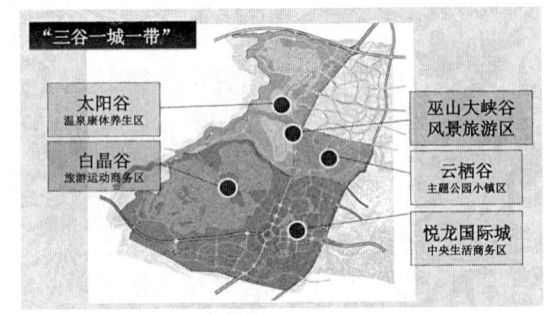

图6-13 中铁国际生态城区域板块划分

6.3.3 中铁国际生态城规划布局

中铁文旅贵州公司聘请了美国道林设计集团、易兰规划公司和美国EDSA集团多家有着丰富旅游城市区域规划、环境规划经验的设计机构，将总体策划理念进一步落实到项目规划中。通过现场调研，发现项目用地有很好的区位优势，但由于项目地处喀斯特地区，导致土地资源可利用程度较低，如何恢复区域的生态环境，成为规划建设的挑战之一。科学合理的规划离不开因地制宜的技术条件，项目基于地理信息系统GIS技术平台，对用地中林地、高程、坡度、坡向、山体、道路等因子进行了叠加分析，形成了可操作性和可持续发展的控制性详细规划。

1. 整体规划特征

在中铁国际生态城规划过程中，借鉴了产业综合体模式、旅游小镇集群化模式、产城融合一体化模式、新型农村社区发展模式、教育新城模式等综合发展模式，并依照旅游特色化、环境田园化、居住休闲化、产业高端化、城市国际化的"五化"发展原则，依据当地资源禀赋和发展规律，融合当地的气候资源、医药资源、文化资源、民俗资源、工艺资源、旅游资

图6-14　中铁国际生态城魔都商业大型娱购中心

源，将整个区域划分成为以运动商务为主的白晶谷，以康体休闲养生为主的太阳谷，以民俗旅游和民俗创业为主的云栖谷，以现代化城市为中心的悦龙城，还有以峡谷公园为主题的风光带，即"三谷一城一带"的整体布局（图6-14）。

2．功能组合规划

（1）太阳谷，国家级康体养生社区

太阳谷是生态城的核心支撑区，占地552.92hm^2（8293.8亩），位于双龙航空港经济区的核心位置，毗邻贵阳龙洞堡空港区，位于中铁国际生态城的最北区域，具有极佳的区位优势。太阳谷重点打造以IHG国际医院为引领，以老年疗养群体为支撑，以森林疗养基地为核心吸引，以贵州传统中药创新基地为创新点，将地方特色与国际设施相结合的业态。该板块立足双龙航空港经济区和中铁国际生态城，力争打造"老有所养、老有所医、老有所学、老有所为、老有所乐"的康养基地、龙洞堡机场的紧急医疗中心以及高端医疗康体休闲养生中心，甚至是贵州高端医疗养生发展的新引擎、新地标以及全国养生产业发展的标杆和产业高地（图6-15）。

另外，由于太阳谷片区内拥有未被破坏的森林资源和洁净水资源，适合心脏康疗的海拔高度和纯净的空气资源，自然资源储备十分丰富。项目通过整合这些优质资源并加入"绿色健康"理念，引入国际医疗、护理资源，拟建水疗SPA会所、温泉度假酒店、国际抗衰老中心、禅修院、养老公寓、高端住宅等部分。该板块的设计融入贵州传统的医药、药材、民族医药、医药健康等资源，一方面支撑度假区的健康养生功能，另一方面配套区域房产开发的医疗服务。

（2）白晶谷，高端商旅住宅区

白晶谷为整个项目的核心启动区，占地700.66hm^2（10509.9亩），位于中铁国际生态城的南部区域。该板块定位为高端商

图6-15　太阳谷规划图

旅住宅区，以绿色生态、康体休闲、宜居养生、低碳环保作为规划理念，主要由五星级度假酒店、国际小球运动中心、体育会所、山地体育公园、度假别墅等多重功能板块组成，通过差异化竞争打造集聚贵州精华的个性化旅游、休闲、体育、度假基地，以及在全国乃至世界知名的避暑休闲度假胜地（图6-16）。

图6-16　白晶谷规划图

白晶谷核心打造的功能包括安纳塔拉酒店、麓岛山地户外运动公园、GSC国际运动中心以及摩都娱购公园。各个功能板块的设计都有其相应的功能，安纳塔拉酒店是具有民族特色的超五星级度假酒店，吸引不同类型的客人入住。麓岛山地公园致力于成为贵州省最大的山地户外运动公园。GSC国际运动中心作为中铁国际生态城内的体育运动综合性配套，规划为集运动场地（篮球场、羽毛球场、Jump 360、足球场、橄榄球、游泳馆、小球练习中心、网球场等）、体育培训项目（NIKE国际训练营）、休闲娱乐（下沉式花园广场、开放式运动商场、空中瑜伽馆、空中跑道、空中篮球场等）、餐饮为一身的体育文化平台复合体，一方面可以作为当地居民生活运动的中心，另一方面还可以承担国内外大型赛事，促进贵阳与外界的有机联系。而摩都娱购公园作为生态城唯一大型的综合性商业，有望引领城市轻奢消费风向并成为创意品质生活的新地标（图6-17）。

（3）云栖谷，主题公园小镇区

云栖谷占地191.07hm²（2866.05亩），全长8km的巫山峡谷贯穿其间。其定位为主题公园小镇，主要由峡谷主题公园、民族风情小镇、户外运动基地、特色精品酒店、高端住宅组成。云栖谷板块的设计，不仅增加了项目的宜居性，也突出中铁国际生态城的"旅游"特征，为项目内的其他商业功能吸引外来人流，实现自我造血功能（图6-18）。

云栖谷的核心产品是双龙镇。双龙镇合理安排空间规划和旅游业态布局，依托峡谷地貌依山而建，以中式院落演绎传统

图6-17　白晶谷实景图

图6-18　云栖谷规划图

民族文化和民族风情，并注入现代休闲度假理念。双龙镇设计目的主要有以下五点：①打造黔南文化地标；②打造引爆点；③打造旅游目的地，依托原有峡谷，打造情人吊桥、玻璃栈道等好玩、好看的点；④打造建筑风格的混搭时尚：适度保留当地风格，引进外来风格，吸引更多人群；⑤打造一种生活方式：贵州生活方式的院落——山上的院子。

除此之外，同时规划300～1000m²超大宜商宜居庭院，庭院大小错落形成独特的宽街窄巷，融汇住宿、美食、休闲、健身、商务等社交体验，成就贵阳周边文化休闲小镇，打造贵州甚至西南地区集峡谷旅游、小镇观光、文化传播于一体的国家AAAA级文化休闲度假示范区（图6-19）。

（4）悦龙国际城，中央生活商务区

悦龙国际城占地593.37hm²（8900.55亩），位于中铁国际生态城的主要出入口，交通便捷。悦龙国际城是由总部基地、会议会展中心、商务中心、购物中心、文化艺术中心、创业中心、国际学校、中高端住宅组成的中央生活商务区。作为中铁生态城规划格局"三谷一城一带"中的一城，悦龙国际城是唯一一个区别于其他四个板块轻旅游的新城，它的打造能够很好地完善生态城的教育、会议、会展等配套功能，增强生态城的国际感，进一步引入客流（图6-20）。

图6-19　中铁国际生态城双龙镇实景图

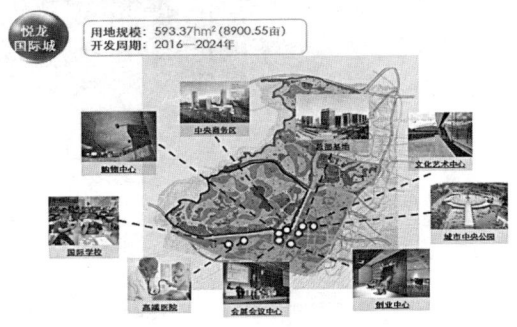

图6-20　悦龙国际城规划图

悦龙国际城主营项目是总部基地、会议会展中心、商务中心和国际学校。会议会展中心以及商务中心的设计目的在于利用园区绝佳的空港园区优势，建设成为功能齐备、内部设施先进、基础设施配套齐全的综合会议中心，集展览、会议、商务、餐饮、娱乐等多功能于一体，能够举办各种展览、会议、集会、礼仪、庆典、团队培训、新闻发布和演艺活动。双龙外国语学校的目的一方面是为了满足原居住民子女的入学需求，另一方也是利用较好的教育资源吸引贵阳市区及周边居民入住中铁国际生态城（图6-21）。

图6-21　双龙外国语学校实景图

（5）巫山大峡谷风景旅游区

巫山峡谷带横穿整个中铁国际生态城，跨度长达8km。巫山峡谷带分为三段，按功能分别为巫山岩画主题区、城市休闲活动区和户外运动区，包括峡谷主题公园、声光电表演、儿童娱乐、影视文化、岩画观光走廊等旅游项目。峡谷整体规划内容涵盖崖壁酒店、户外拓展基地、缤纷花海、野生动植物园、岩画博物馆等数十种业态，倾力打造集运动娱乐、休闲观光、主题文化为一体的4A峡谷风情景区（图6-22）。

巫山峡谷旅游风景区的规划不改变贵州独有的原生态喀斯特地貌，并以岩画文化为本底，以峡谷内的巫山岩画群为基础，拓印贵州省内各地的知名岩画，设计岩画博物馆，形成自然景观下的岩画文化展示集群。同时，峡谷内集聚游、玩、观、赏等多领域的缤纷业态，于优美景色之中、森林氧吧之内，尽享峡谷之魅。目前峡谷景区内游玩包含有玻璃栈道、玻璃吊桥、高空滑索等体验项目（图6-23）。

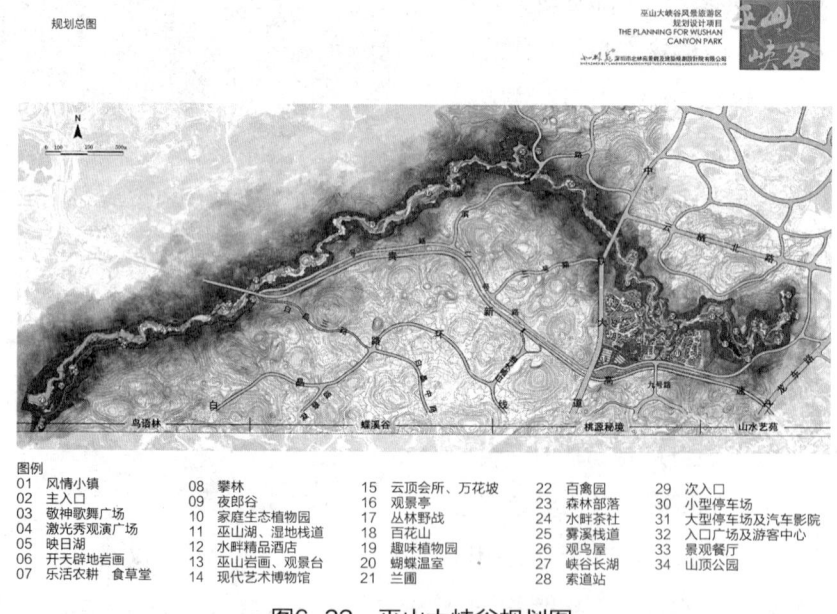

图6-22　巫山大峡谷规划图

图6-23　巫山大峡谷实景图

6.4 长生命周期下超级大盘的开发经营

中铁国际生态城项目因具有开发面积大、开发周期长、产品种类多、总投资额大的特点,如何定位市场,合理控制发展节奏是其经营开发的难点。本部分主要对中铁国际生态城的开发模式以及经营策略进行分析,寻求其可借鉴之处。

6.4.1 中铁国际生态城的开发模式

1. 投资规模

项目占地面积为20平方公里(3万亩),容积率为1。其中太阳谷开发面积为8293.8亩(552.92hm²),白晶谷开发面积为10509.9亩(700.66hm²),云栖谷开发面积为2866.05亩(191.07hm²),悦龙国际城开发面积为8900.95亩(593.37hm²)。整个中铁国际生态城项目总投资约505亿。

2. 开发节奏

中铁国际生态城开发时间为2011—2024年,历时14年。2011—2012年主要进行基础设施建设,为后期开发做准备;2013年开始重点进行核心功能区建设,大部分功能区建设预计于2019年年底基本完成;2020年主要进行配套旅游景点进一步开发与完善。

(1)核心区开发节奏

中铁国际生态城的各个核心功能区开发时间节点见表6-1。整体来说,最先开发的

中铁国际生态城总体开发进度　　　　表6-1

时间\项目	2011	2012	2013	2014	2015	2016	2017	2018	2019	2020	2021	2022	2023	2024
白晶谷	■	■	■	■	■	■	■	■						
云栖谷			■	■	■	■	■	■	■					
太阳谷			■	■	■	■	■	■	■	■	■	■	■	■
悦龙城						■	■	■	■	■	■	■	■	■
巫山峡谷				■	■	■	■	■	■	■	■	■	■	■

是商旅居融合的白晶谷片区，该功能板块具有综合性的特点，能够独立运转。白晶谷的建设不仅可以满足生态城内部分居民的居住需求，而且能为其他板块的运行提供有力的人气保障。

其次开发的是本项目的特色商业旅游区云栖谷和以养老为核心功能的太阳谷，这两个板块均为功能特点鲜明的区域，独立性相对较高，对其他区域的功能完善度要求相对较弱，能够有目的性地为项目引入诸如养老、旅游等消费人群。

最后开发的是悦龙国际城和巫山峡谷带，这两个板块对周边的配套设施完善度要求较高。巫山峡谷带是功能比较单纯的旅游区，其自身不具备完整的商业配套，因此在邻近的云栖谷修建之后开工建设更为妥当；悦龙国际城的展览、会议等功能同样对周边配套设施提出了较高要求。在前期工程进行到一定程度后，具有了良好的周边环境，它们的修建能够进一步的补足项目的教育、旅游、会议等需求。

（2）核心项目开发节奏

中铁国际生态城"三谷一城一带"的核心功能布局，对项目开拓市场以及资金回流具有重大影响的项目分别为：位于太阳谷的IHG疗养院（以下用①表示）和专业养老公寓（以下用②表示）；位于白晶谷的安纳塔拉超五星级度假酒店（以下用③表示）、麓岛山地户外运动公园（以下用④表示）、GSC国际运动中心（以下用⑤表示）、摩都娱购公园（以下用⑥表示）；位于云栖谷的双龙休闲小镇（以下用⑦表示）；位于悦龙国际城的会议会展中心（以下用⑧表示）、双龙外国语学校（以下用⑨表示）；巫山峡谷带（以下用⑩表示）。这十个项目的开发进度见表6-2。

按开发时间来看：

2011年最先开发的：④麓岛山地户外运动公园。其开发的主要目的是配套先行，培养市场认知，为后续的开发项目打开市场做基础准备。

2012年开工的：⑤GSC国际运动中心和⑦双龙休闲小镇。优先动工的⑤与修建中的④形成良好的联动关系，打造中铁国际生态城的"体育"特色。在此同时推进⑦的建设，实现旅游与休闲的融合，吸引贵阳市区及周边的周末游人群，尽早实现项目内的资金回流。

2013年开工的：①IHG疗养院和②养老公寓、③安纳塔拉度假酒店、⑥摩都娱购公园。①和②并行，保障了项目的养老性能，同时①作为整个项目内部的医疗保障，它的修建完善了项目的医疗基础，增强宜居性。③和⑥的商业属性显著，他们的修建完善了整个项目的商业配套，进一步为项目引入客流。

2014年开工的：⑩巫山峡谷带。⑩与⑦相辅相成，巫山峡谷带与双龙休闲小镇距离很近，双龙镇可以成为巫山峡谷带的商业支撑。在双龙镇快要修建完成时，由于已经拥

中铁国际生态城核心项目开发节奏　　　　　表6-2

时间\项目	2011	2012	2013	2014	2015	2016	2017	2018	2019	2020	2021	2022	2023	2024
①			———	———	———	———	———	———	- - -					
②			———	———	———	———	———	———	- - -					
③			———	———	———	———								
④	———	———	———											
⑤		一期———	———	———	二期———	———	———							
⑥			一期———	———	———	———		二期———						
⑦		一期———	———	———	二期———	———	———							
⑧								一期———	- - -	二期- - -	- - -			
⑨						一期———	———							
⑩				一期———	———	———	二期- - -	- - -	- - -	三期- - -	- - -	四期- - -	- - -	

注：实线表示已修建，虚线表示预期修建。

有了完整的商业配套，进一步开发巫山峡谷将能够开拓旅游市场、刺激项目内商旅业的发展。

2016年开工的：⑨双龙外国语学校。⑨的修建满足项目教育需求，甚至从提供良好的教育条件入手，提高项目住宅板块的市场竞争力。

2018年开工的：⑧会议会展中心。在项目整体配套设施基本完善的条件下，丰富项目的会议、会展功能，加深项目与国际接洽。

6.4.2 中铁国际生态城经营策略

20km^{2}的超大开发规模决定了中铁国际生态城相比一般开发项目需要更长的建设周期，该项目的开发阶段和运营阶段并没有非常明确的分水岭。如何基于全生命周期，确定项目整体的经营策略是实现项目可持续发展的关键。

1. 运营目标

项目目标为打造贵阳的中央体育区（CSD），围绕"体育、健康、生态"，形成微缩型生态运动城市。从城市可持续发展的国际化视野出发，项目将打造为世界旅游休闲度假目的地和集"旅、居、业"一体的综合性生态城市——新田园城市、全民健身城市、生态体育城市、人和小动物都宜居的城市，最终较好实现"品牌效应+经济效应+社会效应"（表6-3）。

中铁国际生态城运营目标　　表6-3

品牌效应	展现中国中铁实力，实现在房地产和城市运营领域的提质升级，为传统央企转型做出示范
经济效应	中铁国际生态城项目成功运营后，将实现巨大的旅游经济效益和复合产业经济效益，为双龙航空港经济区吸引人流，实现新的经济增长点
社会效应	完全扭转原区域的经济条件，原居住民的生活水平发生很大变化；实现休闲旅游资源的最大化利用和开发，以综合性国际生态新城的开放带动地方经济，践行央企社会责任

2. 经营策略

（1）挖掘市场空白，精准运营目标

一个成功的项目离不开充分的前期准备：为了确保项目能够抢占足够的市场份额，在开展项目之前应进行充分的市场调研并对项目资料进行系统性整合分析。具体而言，项目在设计时要注意以下几个问题：首先，通过前期市场调研，初步了解贵阳的旅游度假以及住宅市场，估计本项目的市场潜力；其次进行项目所在区域的市场供需分析，重点挖掘

"供不应求"的具体方面，精准项目定位。本项目的目标客户群不局限于贵阳市区及周边的居民，更希望依托这个项目，将贵阳"宜居宜旅宜业"的优势辐射全国。

（2）整体规划，分期开发

中铁国际生态城项目整体规模较大，总投资额高，投资周期长。项目开发遵循"整体规划，分期开发"的理念，在精准定位后进行功能区的划分，并通过不同功能区不同的开发节奏调整项目现金流，深入刺激项目的目标市场区，最终实现效益最大化。本项目希望通过6~8年的时间进行投资建设，使项目在成型的同时并伴随产生一定的名气，成为全省休闲娱乐的目的地；再通过5~6年时间最终实现与双龙航空港经济区的整体联动，成为贵阳东部的经济新区。

（3）配套先行，核心紧跟

项目土地的价值会随着项目的成熟逐渐提升，因此在项目开发初始阶段，应选取投资力度大、标志性强、旅游效果好的核心引擎产品进行先导开发，累积市场热度。在项目开发初期。中铁国际生态城选取的引擎产品是麓岛山地户外运动公园，目的主要是配套与基础设施先行，培养市场认知，酝酿价值成长期。

除了配套先行的策略外，还需做到核心紧跟。核心功能区担当了项目商业区、形象展示区和服务区的功能，因此在建设进度上也必须处于领先地位，其基础功能的巩固将体现整个生态城项目的特色。于是在麓岛山地户外运动公园逐渐成熟演进之际，开发双龙休闲镇、安纳塔拉度假酒店等文娱休闲高级旅游业态（图6-24）。

图6-24　安纳塔拉度假酒店实景图

（4）顺应地区发展，谋求政府支持

中国中铁与贵州省黔南州龙里县两级人民政府于2010年12月签订了中铁国际生态城项目投资协议，生态城不仅是中国中铁再次升级转型的战略性选择，更是实现贵州省发展的战略性开发。从增加城市价值，提升区域发展的角度，设定项目开发的战略目标，从而使生态城成为区域成长、城市价值增加的支撑点。项目的产生顺应了贵阳经济向前发展的潮流，以大带小，谋求区域、政府等资源支持。

（5）注重物业管理，打造社区文化

通过前期招商阶段的宣传推广，中铁国际生态城项目已经在社会上打下一定的品牌知名度，但如何使更多的目标企业客户群熟悉本项目，培育投资市场、营造商机，这是保持项目长期可持续发展的根本，也是中国中铁的根本利益所在。

品牌长期维护，有赖于良好的物业管理服务和与时俱进的社区文化。在物业管理方面，本着"中高端"的市场定位，加大相关服务人员的职业素质培养，增强业主满意度；在社区文化打造上，修建书香四溢的"拾光里"图书馆作为中铁国际生态城的精神文明载体，通过长期举办各类读书活动，成为邻里休闲、以文会友的文艺聚集地（图6-25）。

图6-25　中铁国际生态城业主社群活动

6.5　超级大盘＋产业新城模式发展的未来趋势

6.5.1　新城与中心城市的互动融合

中铁国际生态城既可以看作由若干产业组成的复合地产，其规模之大也可以视之为小城镇。生态城的建设不仅解决了当地的环境问题和民生问题，也促进了贵阳市的经济发展。两城之间的多方面互动更加促进了彼此间的融合，未来生态城应主要从经济、文化、社会、生态四个角度去与中心城市之间进行互动，促进双方协同进步。

第一，经济互动，打造产值保证。生态城与所在地中心城市的经济发展应建立相互联动的关系。生态城可以通过旅游开发带动相关服务业发展，促进中心城市产业结构升级，使城市经济均衡协调发展；而中心城市可以为生态城的复合产业发展聚集资源，提供完善的基础设施和丰富的客源市场。

第二，文化互融，共创精神净土。生态城的旅游开发使人们认识到文化资源可以转化为经济财富，促使人们主动地挖掘、建设、创新城市文化，从而改善城市旅游的人文环境，提升城市旅游综合"软实力"。而城市的历史、民俗等文化旅游资源是丰富生态城产品内涵的"灵魂"所在，这些文化可以渗透到生态城的旅游开发，使其特色更加鲜明。

第三，社会互通，建设文明家园。生态城可以增加城市就业机会，提供更好的医疗卫生、教育学习等保障，满足城市居民放松休闲等民生需求；可以吸引更多的劳动力资源，通过知识文化聚集，产生社会效应。而城市也需要提高社会文明度，改善社会风貌，为生态城的发展营造良好的人文和精神氛围。

第四，生态联动，建设和谐环境。生态城的建设能有效引领城市产业绿色发展、优化城市用地结构、促进生态系统恢复与重建；此外，生态城还应通过开发低耗能的旅游项目，与其他产业实现紧密结合，产生多重效益，实现多赢。同时，中心城市还需要加强旅游生态建设和污染治理，提升市民的环保意识，美化生态环境，为生态城创造良好的周边环境；与生态城实现生态联动、共同发力，增强城市整体吸引力。

6.5.2 城-城融合趋势下的产业新城培育

产业发展是中国城市发展最为重要的动力，而在城市布局中产业布局也是最为重要的考虑要素之一。产业空间布局的科学性很大程度决定了城市空间的合理性，产业空间布局不当以及产城分离是目前很多产业新城规划失败的重要原因。当前我国的产业新城发展主要遇到以下几个方面的问题：第一，在建设产业新城的时候忽视了产城融合，进而出现城市配套服务设施不足、产业运行效率低下等问题，严重影响了产业新城的长远发展和品牌形象；第二，由于缺乏对产业发展模式和定位策划研究，导致多个产业新城之间出现产业定位和发展路径模糊、产业体系雷同等通病；第三，在早期产业新城规划建设中，大部分产业用地会因为企业间的恶性竞争以十分低廉的价格甚至是零地价出让，类似举措容易产生严重的环境问题。

为了解决这些问题，在城-城融合趋势下促进产业新城的培育，实现产业新城与中心城市的融合发展。主要可以从以下三个方面进行：第一，由单一的产业园区逐步向功能复合的综合性新城发展，令产业与城市服务齐头并进；第二，在进行空间规划之前，深入了解区域内产业未来发展的特征和具体路径，保证新城内部产业的协同发展。第三，提高新城空间和土地的利用效率，通过实践"资源集约、环境友好"的发展模式，在推动产业的持续发展的同时一并提升新城的环境品质。

6.6 案例总结

中铁国际生态城作为一个超大规模综合新城，开发前的定位、核心功能区的规划以及开发过程中节奏的把握都具有较大的参考价值。首先，对于类似贵阳迫切寻求经济发展的城市地区而言，可以借鉴贵阳的超大盘开发模式，让政府借助开发商建设、运营城市，以减轻地方财政压力。但是并不是所有的超大盘都能产生理想的效果，为了防止超大盘最终变成"鬼"城或"睡"城,对其进行合理定位至关重要。中铁国际生态城基于贵阳独特的地理气候优势,定位为生态体育公园城市,在满足周边人群旅游需求的同时也解决了当地原居住民的生产生活问题。

其次,中铁国际生态城核心功能区的组合规划也有较大的借鉴性。在项目规划过程中,借鉴了产业综合体模式、旅游小镇集群化模式、产城融合一体化模式、新型农村社区发展模式、教育新城模式等综合发展模式,打造了"三谷一城一带"的整体布局,每一个板块都有主要功能,对于同类型项目要注重板块之间的有机联系、相互衔接、共同发展,尤其要特别注意各板块规模大小,只有各版块相互匹配才能实现共同繁荣。

最后,超大规模项目的开发节奏也能给类似项目的开发提供参考。各个板块之间的有效衔接、各期项目之间的时间安排,除了考虑资金的周转外更需要考虑先开发项目所能带来的先导优势。中铁国际生态城将白晶谷放在第一位开发,一方面可以提前满足生态城内的居民居住功能,另一方面也能为其他板块的运行提供有力的人气保障。随后开发独立性相对较高的云栖谷和太阳谷,有针对性地吸引不同消费人群。在前期周边配套设施开发较为完善后,最后进行悦龙国际城和巫山峡谷带的开发。对于类似的开发项目,根据项目的具体特点掌握合理的开发节奏进行分期分区滚动开发是保障项目未来成功运营的一大关键。

思考题

大盘项目的成功需要依托当地特色、精准定位,实现项目自身系统发展以及项目与当地环境的融合,设想你所在的城市(或地区)有一个超大盘项目,试对该项目进行定位和规划,从而有助于项目的可持续发展。

7 上海大宁金茂府：
逆势而生，匠心而立

伟大往往是各种对立品质自然平衡的结果。

——狄德罗

案例导读

　　大宁金茂府作为上海房地产市场，从拿地之初被普遍质疑到成为北上海的标志性豪宅，在逆周期环境下实现了产品力的均衡呈现与品牌塑造，以一己之力撬动了2015年上海沉闷的楼市，最终成为中国金茂在华东乃至全国的标杆性项目。大宁金茂府的成功，既与2015年市场趋势转变密切相关，又与中国金茂华东区域的企业战略紧密相连，更得力于大宁项目团队对于产品、营销等方面的匠心与创新。大宁金茂府对于国内城市中心的高端住宅项目，特别是高单价地块的开发具有积极的借鉴意义。本案例将从选址拿地、产品、营销三个维度解锁大宁金茂府成功的秘密，以飨读者。

引言：

2014年1月28日，一场激烈的土地竞拍在上海土地市场拍卖厅开始了。竞拍者包括中海、保利置业、华润、远洋、九龙仓、恒基、世茂、金地、招商万科、融创绿城等房企及联合体。

"闸北区大宁路街道325街坊地块，起始价为47亿7300万。请举牌。"主持人话音刚落，举牌此起彼伏。

"90亿8000万7号第一次。90亿8200万3号第一次……"

持续不断的举牌使得该地块总价已涨到了初始挂牌价的2倍，但依然没有停止。经过123轮激烈竞价之后，现场只剩下方兴地产和不夜城电气与上海建工联合体彼此竞争。在接下来的17轮价格厮杀中，两家你追我赶，总价竟然超过了100亿。"101亿第一次。101亿第二次。101亿第三次，成交。"

主持人话音落幕，现场响起了雷鸣般的掌声，目击者均为这场激烈的竞价惊叹不已。最终，方兴地产以总价101亿元，折合楼面地价47609元/m^2，溢价率112%，成为上海2014年首宗重磅宅地。

相比于不夜城电气与上海建工联合体的底气十足，方兴地产的最终夺魁在业界眼中多了些豪赌的成分。不夜城电气隶属于上海电气集团，上海电气是该地块的"原地主"，地块是上海电气原厂区用地，是以工业土地转性住宅用地挂牌的。即使上海电气最终没有拍到，也能从政府手中获得部分土地增值收益。而方兴地产作为一家外来房企，高溢价拿下地块的勇气和信心又来自哪里？

7.1 中国金茂的进化与升级

7.1.1 从方兴地产到中国金茂

方兴地产成立于2004年，于2007年在我国香港联交所上市。2009年中化集团完成地产业务整合，方兴地产成为中化集团在地产开发领域的旗舰企业，并快速成为业内以"绿色健康、智慧科技"著称的地产"黑马"。2015年9月，公司正式更名为"中国金茂控股集团有限公司"，简称"中国金茂"。中国金茂现为世界五百强企业、中国中化集团有限公司旗下房地产和酒店板块的平台企业，16家以房地产为主业的中央企业之一，香港恒生综合指数成分股。

提到"金茂",公众最为熟知是位于上海黄浦江畔的彼时中国第一摩天大楼的金茂大厦。这座大厦最早要追溯到1992年,中国改革开放总设计师邓小平定下建设浦东新区的决策,中国外经贸部提议在浦东建设一座摩天大楼,这就是后来广为人知的上海金茂大厦。这座具有历史意义的城市地标建筑,背后的开发者即为中国金茂。如今在上海城市核心区,在以东方明珠为中心2km的半径范围内,坐落着近150栋优秀商办建筑,其中由中国金茂开发建设的多达45栋。

图7-1 从方兴地产到中国金茂的演变

"方兴地产"的名字用了11年,为什么要换掉?因为更名不仅为金茂品牌赋予了更加深远的价值内涵,更代表着中国金茂开启战略升级的新历程。"金茂"作为中国驰名商标,自2005年以来,连续十四次入围"中国500最具价值品牌"榜。2018年,"金茂"以232.65亿元的品牌价值位居第194位。以中国金茂替代方兴地产,实现了公司名称与产品品牌的高度统一,公司将由传统意义上的地产开发商向城市运营商转变(图7-1)。

中国金茂以"释放城市未来生命力"为己任,始终坚持高端定位和精品路线,聚焦"两驱动、两升级"的城市运营模式,致力于成为中国领先的城市运营商。基于对城市潜能的远见,中国金茂整合国际领先的优质资源,引进合理互生的城市规划理念,实现区域功能和城市活力的全面提升。目前,中国金茂已成功进驻30余座核心城市,并成功打造了以"金茂"品牌为核心的高端系列产品。中国金茂在方兴地产"销售+持有"的原有战略基础上,加入"金融+服务"两大元素支持其城市开发运营业务,实现从"双轮驱动"向"双轮两翼"战略的升级。

7.1.2 中国金茂的扩张之路

以2009年拿下北京广渠门15号地块为标志,中国金茂正式进入国内城市高端住宅开发市场,开始了跨区域规模发展之路。作为一家后起的开发企业,金茂重点布局于一线及热点二线城市,在土地成本高于大部分同行的情况下,以金茂府为代表的系列高端产品的成功,使金茂在城市高端住宅领域拥有了自己的话语权。

中国金茂以城市运营为核心,每到一座城市,并不是以单纯的地产商身份拿地建房卖房,他看重的是可持续发展的城市运营,通过整合现有资源,综合地产开发、产业引入、持续服务为一体,实现一个城市的"新生"。从时间脉络可见,中国金茂2008年投资开发上海港国际客运中心、上海国际航运服务中心,2009年获取北京广渠路15号地块,正式拉开高端住宅开发的序幕,2010年入驻青岛,2011年入驻长沙、重庆,2012年入驻苏州,2013年入驻南京、广州,2014年入驻杭州,2015年入驻佛山,2016年入驻天津、合肥、武汉、郑州、无锡,2017年入驻福州、成都、温州,截至2018年已布局全国6大区域,落子37座城市。每进入一个新的区域,都是一次对"金茂"品牌价值的塑造与传播,通过标杆性项目则成为最好的呈现方式。

金茂在拿每一块地之前都会经过严谨的分析和判断,保证地块价值与企业的产品线定位的匹配。目前,金茂主要有府系、悦系、墅系三大高端产品线。府系定位于"建基城市中心、融合精湛工艺,树立中国高端生活品质新典范",悦系定位于"为中坚阶层提供完善的生活配套,缔造全家庭健康宜居生活样本",墅系定位于"打造超低密度大空间高端社区,尽享墅级品质人居"。以"府"产品系列为例,其选址坚持"非核心不选"的基本准则,综合核心城市、核心土地、核心资源、高净值人群集聚等多方面因素,对交通、配套、成长等条件,拥有近乎苛刻的选址标准。这种坚持从广渠金茂府至今一以贯之,表7-1为部分金茂府的周边配套情况。

部分金茂府周边配套情况　　　　　　表7-1

	望京金茂府	广渠金茂府	姑苏金茂府	南塘金茂府
交通 (1km内)	1条铁路 14个公交站点	1条铁路 9个公交站点	1条铁路 17个公交站点	2条铁路 7个公交站点
教育 (2km内)	6所中学 9所小学 30所幼儿园	9所中学 3所小学 18所幼儿园	17所中学 15所小学 25所幼儿园	7所中学 3所小学 10所幼儿园
商业 (1km内)	22间餐厅 56间商场超市 27间银行	14间餐厅 17间商场超市 5间银行	26间餐厅 52间商场超市 25间银行	9间餐厅 7间商场超市 7间银行
医院 (3km内)	13所医院	17所医院	22所医院	10所医院

7.2 大宁地块的价值研判

自金茂拿下大宁地块之后,同行与媒体对该地块开发的质疑从未停止,更对金茂如何开发拭目以待。但对于市场周期与区域价值的准确预测,对地块潜在价值的精准研判,才是金茂勇于逆周期拿地的底气。

【声音】

中国房地产业协会:"方兴此次拿地面临巨大的风险和压力,尤其是捆绑了过多资金,而市场出现波动的时候,对企业资金链的考验将极为巨大。"

中房信研究总监薛建雄:"尽管北京金茂府轰动一时,但是产品复制之路并不见得就能顺畅。方兴大宁地块4.76万元/km²的楼板价,意味着未来产品的售价要在7万~10万元/km²以上,而该地块实际上处于大宁整个居住区的外围,从未来的城市规划和区域基础现状来看,都难以支撑这样的价格水平。"

易居(中国)控股有限公司执行副总裁臧建军:"一年多前,方兴以101亿总价、4.76万的楼板价勇夺上海地王,而当时周边品质二手房价格尚不到4.5万,我相信当时大部分业内人士在感慨的同时,更多的是疑惑和顾虑。这种疑虑伴随着2014年楼市的倒春寒和市场调整更加凝重。"

7.2.1 上海楼市,从繁荣到沉寂

2014年,上海房地产市场逐渐从繁荣走向到沉寂。2014年初,沪七条效果显现。新建房屋销售面积降幅明显,全市新建房屋销售面积2084.66万m²,比上年下降12.5%。其中,住宅1780.91万m²,下降11.7%。新建住宅平均销售价格增长缓慢,上海市各环线区域新建住宅平均销售价格分别为:内环线以内53629元/m²,内外环线之间23681元/m²,较上一年度几乎没有增长。存量房市场交易逐步趋冷,全市存量房买卖登记面积1719.3万m²,比上年下降38.4%。其中,存量住宅1454.6万m²,下降40.9%。量跌价稳的局面导致购房者对未来房地产整体走势乐观程度下降,购房者对房价上涨预期较2013年四季度下降约15%,购房者信心明显下滑(图7-2)。

7.2.2 闸北大宁,非豪宅的传统区域

自旧上海开埠,其优越的地理位置和租界史的缘由使上海的地域概念特别强烈,上只角、下只角与特定景观资源(黄浦江、佘山),奠定了市区房价效应的划分。随着时代的

发展，虽然两者之间的发展差距逐渐缩小，但仍深刻地影响着上海市民的区域认知。地块所在的闸北区即属于"下只角"，固有的地域偏见中闸北是出不了"豪宅"的。上海传统的豪宅地段主要集中在一江两岸或者城市中心，地段极佳，并且主打高端商业、景观、文化以及商务办公等功能，经典项目见表7-2。而金茂此次所拿地块处于内环线以外，与传统的豪宅区域相距甚远，这让消费者很难将它与豪宅关联起来。

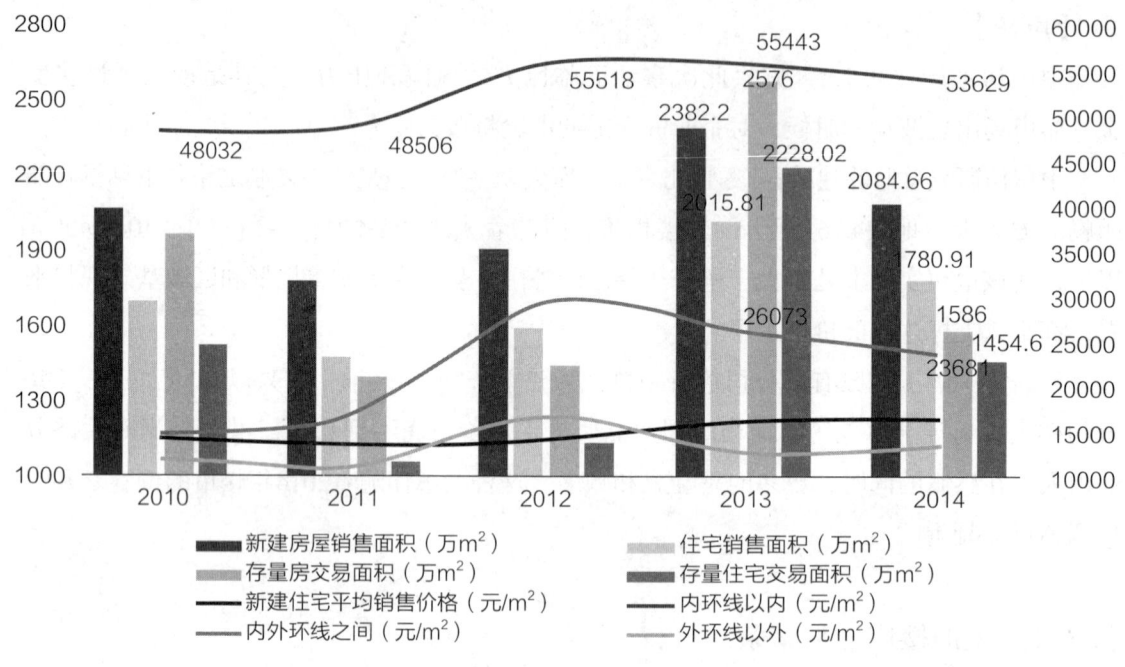

图7-2 2010—2014年上海市房地产情况
（数据来源：上海市统计局）

上海豪宅地段认知　　　　　　　　　　　　　　　　　　　　表7-2

地缘认知	一江两岸·资源大宅	城市中心·文脉底蕴大宅
成长机遇	再城市化的二次成长机遇	基于地段历史地位的不可再生
价值类型	商办、景观、文化三位一体	商业、文化观光、商办三位一体
物业类型	高层住宅、商业、办公主导	高层住宅、酒店、商业、办公主导
代表项目	滨江凯旋门、万科翡翠滨江	翠湖天地、茂名公馆、露香园
	两者兼备的项目有绿城黄埔湾、华润外滩九里	

非传统豪宅区的"价格屏障"对地块开发提出了挑战。地块折合楼面地价4.76万元/m²，远高于周边楼盘的售楼价。2014年初，与该地块相近的三个楼盘，慧芝湖毛坯4.6万元/m²，宝华现代城二手房挂牌价4.7万元/m²，明园都市森林毛坯房仅3万元/m²。4.76万的楼面地价意味着项目建成后的盈亏平衡售价需要达到7万元。

在品牌价值方面，金茂也并不占优。2014年以前上海豪宅市场已经形成了以华润、绿城、新鸿基、万科、中海等强势品牌主导下的竞争格局。这些豪宅品牌无论是从地段、装修标准这种硬实力，还是从建筑工艺、景观设计、细节打造、人性化服务等软实力方面都极具竞争力。金茂的府系产品线在上海尚不具备广渠金茂府在北京市场的品牌影响力，而上海人认知中的"金茂"更多来自于金茂大厦的商务形象，而非住宅产品。在品牌化角力的上海豪宅市场，金茂还属于"半陌生"的地位。

7.2.3 金茂眼中的周期与地段

在上海房地产市场看似处于下行的时期，金茂为何坚持高价拍下非传统豪宅区域的大宁闸北区地块？这来源于金茂对于市场周期与地块潜在价值的研判。

宏观方面，中国金茂对房地产市场的长期看好抱有信心。2013—2014年的上海房地产市场趋冷，业界对于未来几年的市场弥漫着悲观的情绪。2014年，中央对作为GDP重要助推器的房地产市场降温也体现出足够的容忍度，自上而下的"救市"措施并没有出台。在2014年，罕有人可以预测到2015年"330新政"、央行累计六次降息五次降准等救市政策的来临。但作为央企，金茂以更高的格局，看好中国与上海经济的长期发展。中国金茂作为快速成长的规模型房企，由于其自身的品牌、技术与资金优势，具有比其他中小房地产企业更强的抗冲击与穿越周期的能力。

市场方面，2014年闸北区房地产市场新盘供需平衡，但大宁板块新房供应几乎断档，高端产品空白的现状，这为项目开发提供了中短期的市场机会。2014年闸北区成交量位于前列的热门楼盘以刚需盘为主，价格适中，均为普通商品房。在大宁板块，金茂府开盘之前，除象屿悦府，主要以二手房交易为主，消费者购房需求，特别是高端产品的需求一直未得到释放。

闸北区与大宁板块的价值被低估。闸北区自改革开放以来，先后启动了上海火车站、南北高架、地铁一号线及其延伸段等重大基础设施建设。特别是上海市"十二五"计划的实施，包括战略性新兴产业示范基地、行政区划调整（大宁并入静安区）等政策，使得大宁地块所在区域的价值正处于质变的前夜。

地块本身具有优质的配套资源。地块紧邻大宁国际，西侧是南北高架，东侧是平型关路，北面汶水路，南面灵石路，距离南北高架广中路匝道（双向）仅3min车行距离，联通中环和内环。在轨交方面，地块处于地铁一号线上海马戏城站和汶水路站之间，步行距离较短。在公交方面，距离最近的共和新路彭江路站仅百米距离，该站点有11条公交线路。在商业方面，地块周边覆盖8大商圈，大宁商圈、人民广场商圈、新天地商圈、中山公园商圈、静安寺商圈、徐家汇商圈、古北商圈、陆家嘴商圈。在公共配套方面，该项目紧邻上海市第十人民医院和上海市中医院等2座三甲医院。同时，地块南边有闸北公园，西边有浦西市中心最大的城市绿肺——大宁灵石公园。

7.3 大宁金茂府：用匠心打造极致产品力

在楼面地价与周边竞品项目成交价持平甚至高出的情况下，开发企业唯有通过打造高溢价产品方能覆盖偏高的土地成本。要实现项目高溢价，通常离不开时间溢价与产品溢价两大途径。通过延缓开发节奏，等待市场重回增长通道，实现价格随行就市的上涨，是多数企业惯用的策略。但如果希望在短周期内完成项目开发，则需要在产品力上远高于同区域的竞争性项目，以明显的差异化实现溢价。大宁金茂府选择了后者。

房地产产品通常由核心产品、有形产品与附加产品构成。所谓核心产品是指人们购买房地产产品要实现的基本功能和利益，是房地产产品的最基本构成。它包括实现生活居住的功能、实现办公及生产经营功能、获得投资利益以及满足炫耀的心理需求。有形产品是房地产核心产品的载体，是消费者可以直接观察和感觉到的内容。消费者实际是从有形产品考察房地产产品是否满足其对核心产品的需要，是消费者选购房地产产品的直接依据。房地产有形产品包括区位、面积户型、装修标准、配套设施等。附加产品是消费者在购买房地产过程中可以得到的各种附加服务和利益的总和，包括售前咨询、待办手续、按揭保证、提供贷款、物业管理等。

7.3.1 大宁金茂府的核心产品

高端物业的价值，不在于它是多么显赫的身份标签，也不在于它能吸引多少个亿万富翁，而在于它能否以有针对性的创新产品，让人们重新将对"居住"的需求回归到健康、美好、舒适的原点，提供舒适感、安全感、幸福感、尊贵感、阶层感的人居品质。唯有品质，方能创造长期价值。

金茂住宅产品开发始终专注于"绿色健康、智慧科技"。从2009年北京广渠金茂府开始，通过整合运用毛细管网、全置换新风、地源热泵等12大科技系统，创造出"金茂府1.0"科技系统，其绿色健康的高品质居住环境，被很多业主形象地称为"会呼吸的房子"。2018年10月，中国金茂正式推出"金茂府2.0"科技系统，进一步聚焦绿色健康升级与智慧科技升级，让住宅不仅"会呼吸"，而且"会思考"。九年时间，23城41府，金茂府在户型、园林、精工、配套等方面持续改进，用诚心、专心、决心和耐心，用极致产品力打造匠心作品，不仅提供了改善型住宅的首选品类，更凭借坚持客户导向、不断创新迭代，成就了中国城市品质生活的引领者。金茂希望从人的生活出发，不仅仅是打造一个房子，而是通过对空间优化及细节设计，平衡功能与舒适，通过舒适住宅技术的研发和积累，提供高品质的物业服务，让房间更舒适，让房子更聪明，最终提升居住在房子中的人的体验。

7.3.2 大宁金茂府的有形产品

1. 建筑体系

建筑风格与材质。大宁金茂府选用了上海人最爱的建筑风格——新古典风格。建筑立面继承了中国金茂府系产品的血统特点，采用大气简约的新古典风格，融合海派建筑的细部，以精致雕琢的细节及考究的材质（全石材）搭配体现品质感。

超宽楼间距。楼间距是否合适，直接关系到室内的采光好坏和日常生活中的日照长短。大宁金茂府60~100m的楼间距能够更好地提供室内采光和景观视野，同时也提供了很好的私密空间，给住户以舒适的居住环境体验。

公共空间配置。大宁金茂府设计了南北双大堂概念，展现了豪宅对公共空间的大尺度要求。南侧大堂为主要的接待区，北侧大堂融入了会所的功能。

2. 户型体系

户型体系的构建首先需要确定面积区间。大宁金茂府作为高单价项目，分为东西两个区域。首开的西区物业客户可接受的面积区间与总价区间是多少？是否一定就是上海房市普遍认知的大尺度、大面积的产品？金茂大宁团队通过深入调查发现：①2014年，大宁区域品质二手房市场，有大量70~80km^{2}的两房抛售，二手价在400万元左右，周边对于700万元左右三房以上的功能户型，存在大量需求；②上海2012—2014年单价6万以上项目成交结构中，三房主力成交在1000万~1200万元之间，四房在1500万元左右。

这表明在北上海区域，真实存在着一个单价6万~8万元、总价700万~1600万元、三房~四房的优质改善型项目的需求市场。通过对全市及高端公寓产品"热销面积段及热销总价交叉分析"，倒排适销对路户型，对西区产品提出了基本的定位：打造出在控制总价的同时，还能够满足客户功能需求的"迷你化豪宅"。西区主推95m^2、158m^2、192m^{2}的纯公寓产品，95m^{2}总价在700万左右，158m^{2}在1200万左右，192m^{2}在1500万~1600万元左右，以实现西区冲流量、回现金、树品牌的目标。

后续开发的东区产品承担着合理流量、超高溢价的开发目标。2016年以后，随着市场对大宁区域及项目认知的大幅提升，通过西区成交客户的再调研，东区重点增加收纳、空间舒适度,并根据客户价值敏感点增加精装配置,先推出了112m²公寓户型。随后,根据市场热销总价倒排适销对路的户型,并通过优化空间将四房控制,主推159m²及170m²两个户型,与市场普遍180m²以上的四房形成区隔,实现了"单价高溢价"目标。最后,针对上海内中环叠墅新品极其稀缺,科技精装叠墅空白的市场情况,参考内中环别墅二手房价格,推出总价3000万元左右、220~270m²科技精装叠墅产品。

【经典户型1】95m²公寓(图7-3)

95m²户型空间格局为3房2厅2卫,增值空间约为8m²。95平3房配备双南卧室,准大户型尺寸将带给住户总统套房般的享受。此户型格局方正,10.7m南向的大面宽、全明起居空间,加之玄关、镜柜、阳台、水槽多重极致收纳空间设计,满足全家从容惬意生活。

【经典户型2】158m²公寓(图7-4)

158m²户型为3室2厅2卫,两梯两户设计,每户附送约12m²的面积,户型空间全部通透,拥有大尺度的景观阳台,3.1m墅级层高,居住舒适度极佳。该户型最大的亮点在于有私家电梯入户,每户可享8m²的电梯前室,主卧配备大容量独立步入式衣帽间。

【经典户型3】192m²公寓(图7-5)

192m²户型为4室2厅3卫,两梯两户设计。四面宽朝南,双南主卧、双南套房,别墅标

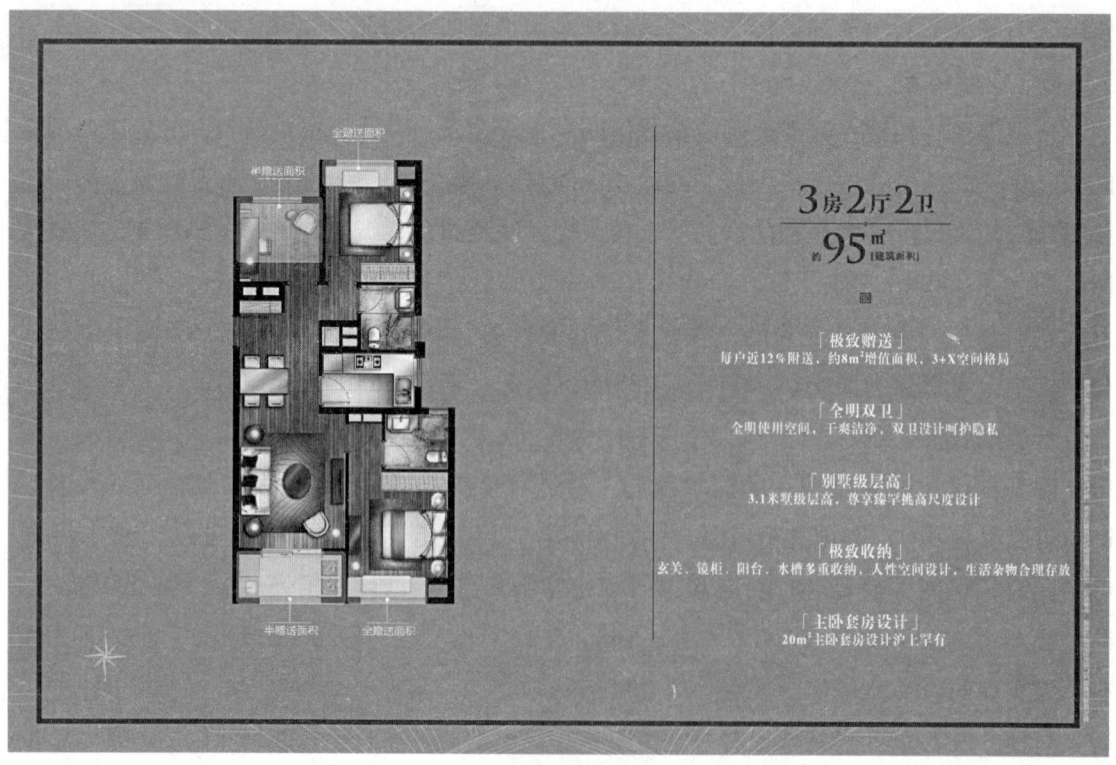

图7-3　95m²公寓户型图

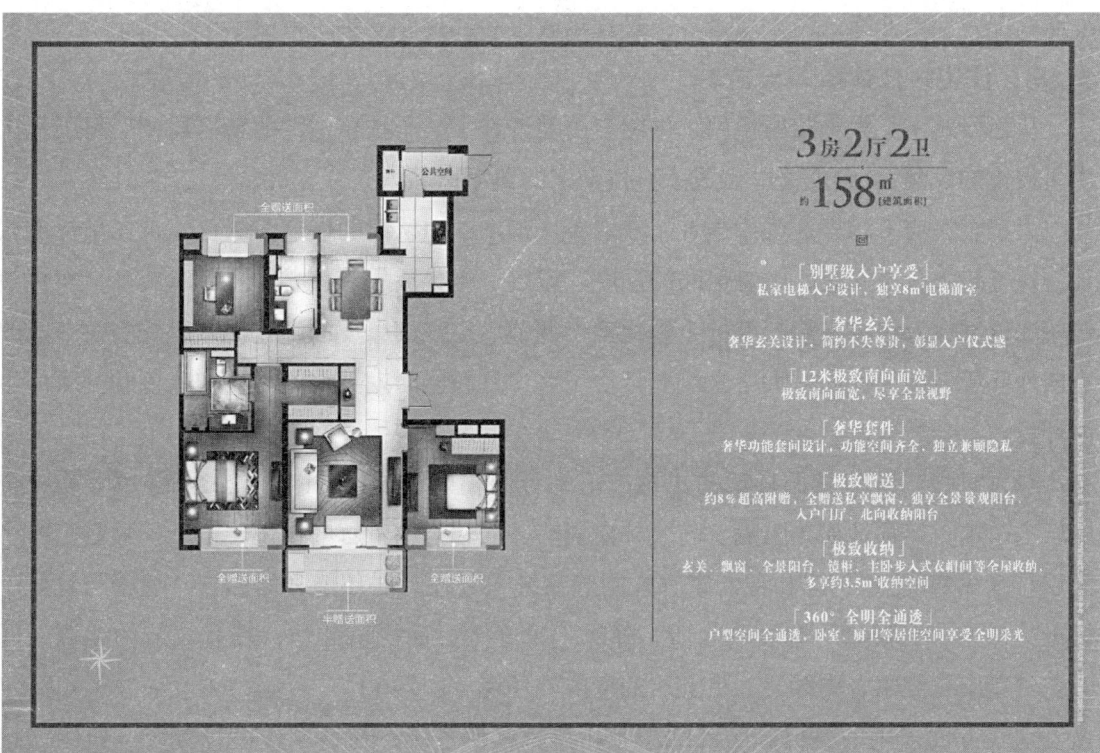

图7-4　158m²公寓户型图

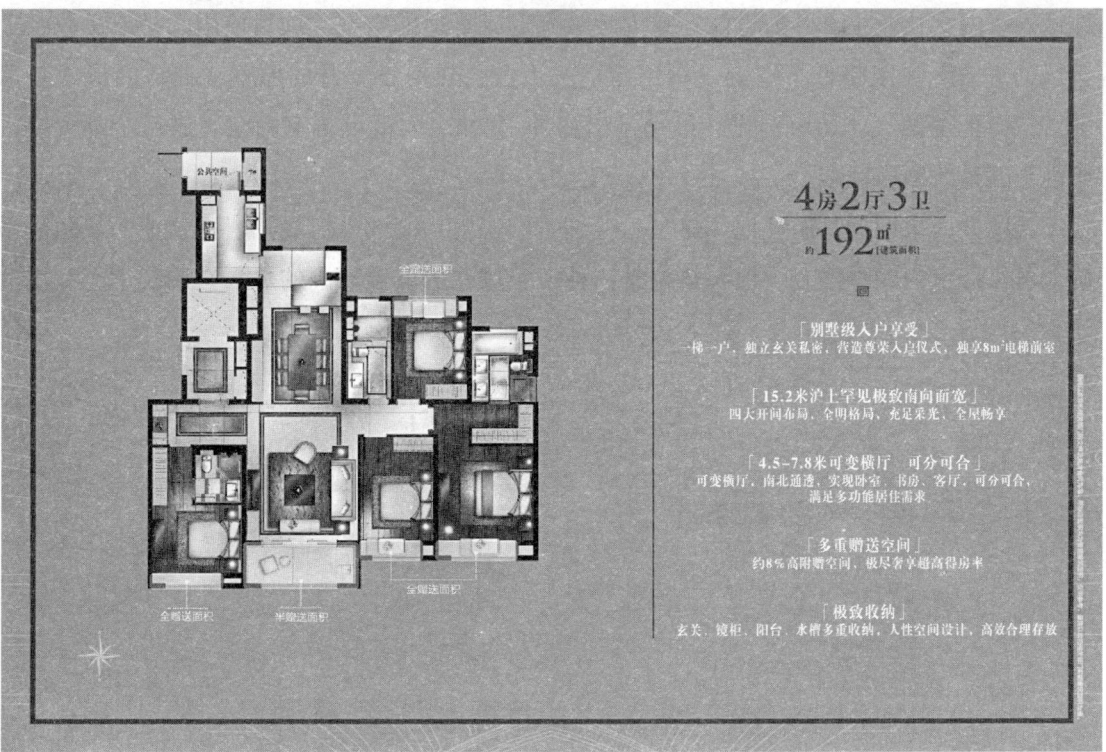

图7-5　192m²公寓户型图

准面宽配置，南北通透，全明设计，景观尽收眼底，尺度豪华。

3．住宅科技体系

从建设北京广渠金茂府伊始，中国金茂就开辟了"科技住宅"的新格局，引发了一次次科技化的风潮，"金茂府"也成了科技豪宅的典型产品。

大宁金茂府上市即成为中国首个获取英国BREEAM认证的住宅与绿色建筑三星标准认证。核心12大科技系统，围绕房间的温度、湿度、空气品质等核心客户诉求展开，实现整体的绿色健康升级。在温湿度的个性化动态调节、空气健康度的强化提升以及高效节能的室内外环境匹配等方面，大宁金茂府带给了客户远超同时期其他产品更加绿色和健康的生活环境。

12大科技系统包括循环地源热泵、毛细管网辐射、抗霾防PM2.5、24h新风置换、全屋软水净水、屋顶地面热阻隔、高效外窗隔热、防辐射中置百叶遮阳、抗干扰隔音降噪、同层排水、24h热水供应和智能家庭控制等系统，其在人居环境方面倡导"健康与舒适"标准，从空气、温度、湿度、水质、降噪、采光等方面严格评估，在有效节约能源的同时，营造出更健康、更舒适、更宜居的室内外环境（图7-6）。

空气方面采用的是抗霾防PM2.5和24h新风置换系统，在每个楼座设置统一机组，统一管理，将空气通过调温（低于室温）、调湿（可达80%）、除霾（可达90%）24h不间断地送入室内，让业主不开窗也能在室内呼吸到健康舒适的空气。项目使用的是下送风、上排风的方式，风温略低于室温，利用冷空气下沉，热空气上升的原理，在户内形成新风湖，从而把浑浊气体层层上排，最终排出室外。两h之内就可将室内空气进行全部置换，相当于五星级酒店标准。

温度方面采用的是循环地源热泵、毛细管网辐射、高效外窗隔热、屋顶地面热阻隔系统，可保持室内四季舒温。地源热泵是一种以土壤作为低温热源的热泵空调技术，利用的

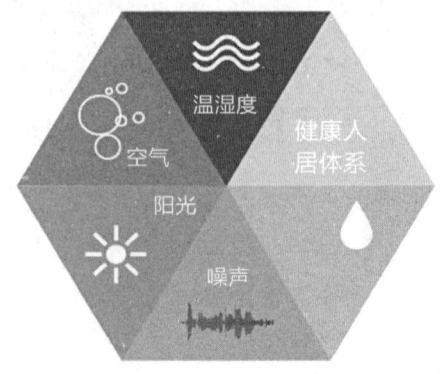

图7-6　金茂府12大住宅科技系统

是土壤相对稳定的特点，通过深埋土壤100~140mU形管环闭管线系统进行热交换，夏天向地下释放热量，冬天向地下吸收热量，从而实现制冷或供暖的要求。地源热泵效率高、无污染，比普通空调节能30%以上，是清洁的可再生能源。地源热泵为调温系统提供基础的能源供应，冬季辅以燃气锅炉加温，夏季辅以冷水机组制冷，来达到室内所需要的温度，从而达到降温的效果。这一系统让南北的房间皆舒适，季节变化时没有温差，室内温度保持在人体最适宜的18~26℃，不易感冒，实现远离空调、暖气。

节能方面，金茂府通过选用的高效节能中空玻璃，相比普通玻璃可以在炎夏更有效地阻隔更多的热能进入，在冬日减少更多热能流失，降低空调使用，与传统住宅相比能够节能80%。

水质方面，采用的是全屋软水净水系统，首先是分户前置过滤器，其能在生活用水入户之前，可以拦截100μm直径以上的杂质，无需用电，安装灵活方便。末端直饮机有效过滤对人体有害的细菌、病毒、孢囊等，同时保留水中的矿物质。使水质达到国家直接饮用的标准。

24h热水系统有两项创新，一是热水器与用水点之间设有热水回水管，二是预留热水循环装置接口，通过自行安装热水循环装置把热水管道中已冷却的热水由热水回水管回到热水器进行加热，保证24h热水管中有快速出热水，大大缩短热水供应时间，且节约用水。

对于降噪，采用的是抗干扰隔音降噪、同层排水系统。降噪通过内外环境来实现。室外声环境优化，采用住宅的户门选用防火隔音入户门，下设底槛并四周设置隔声密封胶条；外窗采用6+12+6mm三玻双中空LOW-E镀银铝合金系统窗，有效隔离室外噪声干扰。室内声环境优化，采用200mm的厚砂加气墙，楼板为全现浇混凝结构，楼板垫层综合厚度为150mm，能有效隔绝楼层间噪音的传递。此外，高层住宅屋顶新风机房设有300mm高的浮筑楼面，在结构楼板上增加隔震垫，管道、风道、排水管道控制流速，采取有效减振构件及施工方案，设备管井机房隔墙采取吸音措施，电梯内井道设置矿物岩棉隔音板，项目中的机电设备，如电梯、水泵、空调机组等，均选用低噪声产品，对于可能影响居住空间的噪声源和振动源采用吸声、消声、隔声及减振措施，有效去除居住环境中的噪声干扰，营造安静怡人的生活环境。

排水系统方面，金茂府采用瑞士先进的吉博力同层排水技术，选用专用静音排水管材及管件、卫浴洁具等排水支管在同一楼层内敷设，不需穿越楼板，充分合理地利用建筑空间。相对于传统排水系统，同层排水系统具有低噪音、少干扰、防渗漏、无卫生死角、无异味、节水六大优势。

采光方面，使用防辐射中置百叶遮阳，安装在卫生间窗户，既节省了使用空间，又达到遮阳与隐私保护目的,还具有保温和防噪声功能,便于清洁给室内以新颖整洁视觉,省去了传统窗户安装外置窗帘的繁琐,集实用与美观度于一体。

智能家庭控制系统,通过移动终端互联,按回家、离家、起夜模式设置智能照明(玄关、客厅、主卧、过道、卫生间)感应灯光、安全防范(客厅入侵报警、主卧紧急按钮)等,能够切换不同场景,轻松操作。

4. 装修体系

项目室内装修方面,大宁金茂府使用经典奢侈品级装修,样板间以香奈儿、宾利、BV三大经典品牌为设计灵感,呈现优雅、时尚、奢华、雅致的艺术生活空间。

香奈儿一直推崇简约雅致,优雅高贵的风格,所以广受各国女性推崇、一直走在时尚的最前沿。大宁金茂府95m²样板间将香奈儿特有的高贵甜美血统融入样板房,童话般的香奈儿将会激发每一个参观者心底对美的渴望。在香奈儿风格的样板间里,从空间的暖色调到水晶灯、蕾丝靠垫,处处可见甜美轻松的温馨氛围。而95m²的房型也特别适合做婚房,适合营造浪漫的二人世界(图7-7)。

宾利风格沉稳大气,样板间所有装饰陈设都将宾利引以为傲的精湛手工工艺和顶级甄选材质演绎得淋漓尽致。其豪华细致的手工技法,在每一件小家具中完美呈现,以顶级的原材料,塑造出最精致细腻的质感。细致的桌椅、华美的餐具、沉稳却不失灵动的卧室装饰等组合在一起,叠加出宾利无与伦比的高端品质;所有从样板间走出的参观者,无不为其迸发出令人震撼的大气氛围所倾倒。这套样板间以深色系为主,专为成功人士打造(图7-8)。

BV装修风格整体色系以米色和褐色为主,低调大气又舒适宜人。屋内采用了全套BV家居用品,室内家居大到沙发小到餐具,全都是意大利原装进口。步入屋内,随处可见以BV编织元素,窗帘、抱枕和餐垫等,细节之处"BV"主题十分明确,低调矜贵之中不乏细致奢华,BV品牌含蓄细致的美学观,与金茂府不张扬的奢装理念相得益彰,与金茂府的人居理念融为一体(图7-9)。

图7-7 香奈儿装修风格样板间

图7-8 宾利装修风格样板间

除此之外，大宁金茂府的装修配置均采用国际中上等品牌，见表7-3。

图7-9　BV装修风格样板间

主要装修品牌　　　　　　　　　　　　表7-3

		品牌
厨房	厨房水槽、龙头	弗兰卡
	抽油烟机、燃气灶、消毒柜	德国博世
	橱柜	德国柏丽
	烤箱、蒸炉	德国博世
	墙砖、地砖	博德
卫生间	坐便器、台盆、浴缸	德国汉斯格雅
	龙头、淋浴	瑞士劳芬
	墙面、地砖	博德
门窗	入户门锁	西勒奇Schlage Sense系列智能门
	入户门	钢木复合
	阳台窗	双层LOW-E中空玻璃
电气设备	地暖	柯耐弗OKONOFF地暖温控器
	空调	德国贝卡毛细管网辐射系统
	新风空调	24h新风置换系统
	开关插座	罗格朗
卧室	墙面	墙纸
	地面	实木复合地板

5．景观体系

上海大宁金茂府景观理念旨在将江南人本精神与西方尊贵品质融会贯通，打造具有海派文化归属的景观布局，轻古典的园林理念，追求简约、精致与典雅的营造（图7-10）。

一轴五组团。一轴是中央景观轴，两侧种植杨梅树，杨梅树非常喜庆。两侧设置灯带，夜晚亮起非常美观。五组团是在1、2、5、6、9号楼下有不同组团的花卉，

图7-10　西区景观布局

比如玉兰、紫薇、桂花、樱花等，让业主感受四季花卉。以水上T台为主线的景观走廊，配合不同楼栋进行景观组团，顺应四季变化，呈现四季花开，各有不同的美景（图7-11）。

图7-11　中央景观轴

首个东方"布查特花园"。园林种植计划以加拿大"布查特花园"为原型，全冠移植地方适生植物，贯彻中式古典的园林理念，融入金茂府"公园里的府邸、花园里的房子"之中，使整个住区随着四季交替而趣味盎然。

2.5万m²府系园林体系。项目内部的府系园林体系重视社区内部平台的沟通，大面积草坪以国际开放式园林空间的理念打造出区别于常规豪宅的园林，成就真正的花园里的房子（图7-12）。

图7-12　园林体系

珍贵特种树选植。中央花园的树木甄选稀有特型树，如300年古董级椤木石楠、江浙一带总共不超5棵的75cm直径的造型朴树、罕见的乔木科大杨梅等。

7.3.3 大宁金茂府的附加产品

大宁金茂府的物业服务由中化金茂物业管理有限公司提供。该公司相继接待31位元首，拥有上海唯一国宾级的物业（图7-13）。

图7-13 物业管理相关图片

（1）五重尊贵定制服务——五星级酒店标准，24h全时服务；

（2）安全管理服务，5341快速反应体系特色增值服务；

（3）零隐患服务，五星级酒店标准服务；

（4）6级安防保障体系，8大无忧体系，打造无忧安全社区。

金茂府还开展了多项活动以聚拢人心，满足业主的情感需求，通过看电影、玩游戏、公益、业主农场、不定期上门拜访以及节日问候等，给予业主诚挚的关心与极大的生活乐趣。例如，大宁金茂府开展的"业主大片征集"活动（图7-14），以业主大片实景拍摄为核心动作，摄影展为活动收口，充分展现每一位业主的快乐家庭和幸福生活，让温暖的家庭情怀在业主之间传递，既能提升小区的温馨和谐氛围，又能完美落位大宅家族产品落位理念，形成良好的小区氛围。

中国金茂开启的"金彩中国"中国金茂年度家庭日，一个专属于金茂业主的家庭欢聚日。据调研统计，该活动拉近了13座城市、161个家庭对金茂品牌的认可度，大宁项目作为首站，其第一天参观的金茂府，接待近700人次，全国200户家庭。

图7-14　业主大片征集

7.4　大宁金茂府：用超级营销助力价值实现

好的营销是让客户了解产品、认知产品、接受产品，直至交付产品并获得利润的过程。大宁金茂府在选址拿地、产品塑造中已经为项目最终的成功奠定了坚实的基础，但距离最终将产品价值兑现为利润仍然有很长的距离，这一过程中将面临关于品牌、关于渠道、关于推广的一些问题，这都需要营销来解决。

首先是品牌推广问题。中国金茂在上海高端房地产市场属于半陌生品牌，如何让客户了解、认知大宁金茂府的豪宅属性，指导金茂府产品在区域内的差异化优势，是其营销面临的第一大难题。

其次是产品价值的持续提升问题。依靠短时间内的媒体轰炸，对消费者的视觉和听觉进行频繁的冲击，可以实现项目的广泛传播。但对于以"绿色健康、智慧科技"立身的金茂府而言，如何让源源不断的客户感受到科技豪宅的魅力，则需要采用新的方法。

最后是客源问题。由于大宁金茂府处于非传统的豪宅区域，而豪宅消费群体主要集中在黄浦区、静安区、卢湾区和浦东新区等区域。因此，拓展客源成为本项目早期开发中最为棘手的问题。

7.4.1　媒体策略：借力新媒体的饱和覆盖

2014年，上海人对于中国金茂的品牌认知仅仅停留在上海金茂大厦。对此，金茂府提出了"让一半上海的人都知道金茂府"的宣传目标。项目入市之初，借力上海地标金茂大厦,通过"以金茂之名,再造上海地标"、"昨天的金茂客人,今天的金茂主人"等系列广告,成功地将客户对金茂大厦的好感度转移到金茂府上。

在一期销售期间,媒体策略按照抢源点、覆大面、逐外散的节奏,实现了户外媒体、传统纸媒、线上媒体、自媒体的交叉覆盖。

2015年1月,将项目周边的三块高炮广告牌与主干道道旗广告全部承包,结合项目楼体巨幅广告,实现了宣传效果的立体拦截,对地缘客户形成精准饱和的信息传递。

2015年3月,线上媒体与纸质媒体登场,当月共8次报广整版出街,并根据认筹客户在虹口、普陀、宝山等区域较为集中的特征,增加内环高炮一块。3月启动搜房、新闻晨报等线上资源推广,媒体推广实现立体化全覆盖。

2015年1月至7月,围绕1月示范区及样板间、2月春节幸运大转盘、3月BV开放、4月升筹、5月清盘、6月销冠、7月两开两罄等事件,媒体主动发布新闻1200余篇。

在整个营销过程中,金茂府突破平面媒体的限制,利用新媒体,特别是大V、自媒体和朋友圈互动来引导舆论,主动发声。在大V自媒体方面,集合房价网、真叫卢俊的地产观、黄章林-地产课堂、地产大爆炸、地产人言、邦地产和房地产广告等七家自媒体大V,配合营销重要节点集中发声,正面引导宣传舆论。在朋友圈互动方面,依托腾讯平台大优势,根据目标客户特性进行精准筛选,实现上海首个朋友圈地产广告投放。持续性地在新媒体上发文推送新事件,提升项目的宣传热度(表7-4)。

新媒体事件　　　　　　　　　　　　　　　　　　　　　　表7-4

时间	新媒体事件
2014年11月6日	以传奇致敬——中国首个BRERAM住宅认证发布会
2014年11月10日	抵制室内雾霾,我们在行动
2014年11月14日	寒冷,再见
2014年11月18日	告白秋冬群侯症
2014年11月20日	生命之源,最高净界
2015年1月12日	金茂府示范区惊艳亮相
2015年1月20日	金茂府开年盛世,再现千人看房
2015年1月23日	从黄章林心愿清单再看金茂府
2015年1月25日	张信哲音乐下午茶,犒赏金生
2015年2月13日	2015年情人节来金茂府体验特斯拉速度与激情
2015年2月16日	新年快乐新定义,你一定没听过

续表

时间	新媒体事件
2015年3月2日	穹顶之下，还有一片金土
2015年3月4日	见证奇迹，金茂传奇
2015年3月6日	Duang!一起见证金茂传奇
2015年3月7日	今天传奇再现
2015年3月8日	这周末太火爆！第二天仍在继续
2015年3月9日	来自黄大咖的地王一年后
2015年3月14日	赏花不用买门票，浪漫我们来制造
2015年3月16日	全球首个BV样板房即将耀世公开
2015年3月18日	72小时全球聚焦！金茂巅峰样板闪耀上海！
2015年3月19日	48小时全城倒数！金茂府惊艳一刻万众瞩目！
2015年3月20日	24小时一触即发！金茂府极致生活邀你共赏！
2015年3月23日	金茂全系英雄，打造金牌物业联盟
2015年4月1日	从卢俊的地产观解读金茂府如何打造产品力
2015年4月14日	本周上海即将发生的大事件？！
2015年4月15日	仅此一府！仅为这一刻！
2015年4月16日	上海仅此一府！荣耀开盘倒计时，48小时全城倒数！
2015年4月17日	上海仅此一府！荣耀开盘倒计时，24小时一触即发！
2015年4月18日	【现场直击】金茂府开盘三宗"最"，引爆楼市
2015年4月19日	【实时跟踪】卖疯了！！"神盘"最新动态大揭秘

在官微+事件方面，不放过每个小热点，及时推送热点信息，自然嫁接产品卖点，使得项目最大程度紧跟热点，达到迅速吸睛的效果。

【典型事件营销】

2015年2月28日，大型空气污染深度公益调查纪录片《柴静调查：穹顶之下》的热播引起人们对生活空气污染的关注。《穹顶之下》热播，人人谈霾色变，金茂府充分借助该热点，利用大宁金茂府十二项科技系统中抗霾防PM2.5除尘系统和24h新风置换系统，在官方微信推文"穹顶之下，还有一片金土"，成功引起消费者对健康生活的注意力，助力开盘时的人气度。据统计，在宣传期间官微+事件的网页浏览量达75666人次，总点赞量1233次以及总互动量为9788人次，并为官微累计增粉量800余名。

7.4.2 公关策略：关键节点，强化认知

为保证宣传效果的持续性，配合营销关键节点，如品牌发布、示范区公开、样板间开放、开盘等，营销团队按照"爆点大型活动一月一场，暖场活动从不间断"的要求，保证项目开盘前的公关热度，并通过活动强化消费者的认知。

2014年11月6日，在上海金茂君悦大酒店举行首次品牌发布会，"以传奇致敬传奇——大宁金茂府启幕暨中国首座英国BREEAM住宅认证盛典"，800余业内人士齐聚金茂大厦，英国商务领事与BREEAM中国区总裁一同为大宁金茂府颁发认证证书，这是国内首个荣获该认证的住宅项目，权威认证。

2015年1月17日，大宁金茂府2.5万m^2示范区对外开放。德国Dundu巨人团队精彩表演与"情歌王子"张信哲演唱《信仰》传达了大宁金茂府传承引领高端品质的"信仰"，吸引了千余组客户到访。

2015年4月18日首次开盘。项目推出1、2、4、6号楼内共282套房源。开盘当天，短短1h去化214套，一举创下21.2亿元的热销奇迹。

【危机公关】

大宁金茂府开盘当天，上海房地产观察质疑："大宁金茂府号称成交90%以上，其实有五成为虚假销售，刨去各种水分，实际成交仅仅为四成，开发商有炒作嫌疑。据调查，实际成交中员工、供应商等内部认购占二到三成，而这些人仅需首付10%，一年内可更名。再刨去只是付了意向金的客户，实际成交仅仅为四成。"

面对质疑，为了证实大宁金茂府热销的真实性，金茂立即将项目的所有数据上传到全网。同时，地产同业，如融创、象屿地产、朗诗、正荣等房企纷纷支持金茂府，他们利用微信接龙，由大宁闸北开始，逐渐蔓延至全国范围的地产项目，同行们默契接力力挺金茂，形成全网"金茂体"矩阵。最终，上海房地产观察发文致歉："本号对大宁金茂府的销售情况报道中，部分数据未经核实，对此致以最诚挚的歉意。"从而最终证实了大宁金茂府的销售"清白"，为大宁金茂府的二期开盘蓄势蓄力，大大提升大宁金茂府的品牌影响力（图7-15）。

7.4.3 案场策略：超级现场，超级体验

大宁金茂府媒体策略与公关策略的成功，让潜在购房者对于金茂府的产品充满了想象，同时也对未来的开盘价格心怀忐忑。构建一个超级现场，提供客户超级体验，让客户真实地感受到产品的魅力，方能实现营销团队提出的"对价格所有质疑，全部止于现场"的目标。

图7-15　友商力挺金茂

首先,是巧妙的设计参观动线。为了使得产品的软性特质层层推进,激发客户的购买欲望,高效率地将现场的魅力亮点最大程度展现在客户面前,需要巧妙设计客户的现场动线。金茂府根据大量的客户反馈,按照"国宾级入口—停车中心—幽径通道—迎宾水道—接待中心—幽径通道—样板区—幽径通道—人居体验—接待中心"的动线。

图7-16　客户动线设计

客户进入案场,首先在接待中心通过裸眼3D宣传片、沙盘对本案有概念性认识,然后样板区先看小户型,再看大户型,充分感受本案的功能属性与豪宅调性,再在科技人居馆,直观感受科技的震撼力,最后客户脑中带着对本案科技的认同,返回接待中心。客户回到接待中心后话题会依然集中在"科技",让大宁金茂府的科技人居理念进一步深入人心(图7-16)。

其次是金茂府关键场景的布置与安排。

(1)内外统一,情景带入。通过对项目主入口界面改造,重新设计植被和营造水景,采用豪华质感外部装饰,打造国宾级入口、20m幽径通道和40m迎宾水道,全面改善外部形象,提升产品整体品质,如图7-17所示。

(2)金茂元素全线植入。由于金茂大厦是中国金茂在上海的第一座标志性建筑,因此为打响大宁金茂府品牌,借助于金茂大厦的原型进行形象和品牌影响力转移,引起客户的共鸣。中国金茂将源于金茂大厦形体的建筑装饰元素和标识系统符号广泛应用于大宁金茂府的建筑和辅助设施,吸引客户的眼球,唤醒客户的品牌认知(图7-18、图7-19)。

图7-17 入口改造

图7-18 建筑装饰元素统一（源于金茂大厦形体）

图7-19 标识系统符号性统一（源于金茂大厦形体）

（3）裸眼3D宣传片。为了创造特殊的视觉体验，中国金茂采用裸眼3D宣传片对金茂品牌、区位规划、项目规划、12大科技进行宣传，让客户对金茂豪宅品牌和该项目特色有基础认识（图7-20）。

图7-20 裸眼3D宣传

（4）特色样板间。在现场中，中国金茂特意开放项目主打的三种奢侈品风格的样板间，主要是95m²香奈儿风格、158m²宾利风格和192m²BV风格，让顾客能亲自感受大宁金茂府的豪宅精装格调，使产品豪宅形象深入人心。

（5）府系园林体系实景。为了呼应项目的豪宅属性，中国金茂特意打造了以加拿大梦幻花园布查特花园为原型的府系园林体系，提升产品的整体格调，同时也呼应了金茂豪宅产品的主题"健康人居"（图7-21）。

（6）人居体验馆。为了让顾客深切感受到大宁金茂府的"科技人居"理念，中国金茂建立了沪上首家"对比型"科技人居体验馆，主要有12大科技系统、室外环境对比、噪声日光对比以及饮用水对比等产品体验方面，将科技浅显易懂地展现在客户面前，给予客户最大一剂强心剂（图7-22）。

（7）现场服务。首先，现场即提供国宾级物业服务，对每一位客户均予以细致入微的关心和呵护。其次，提供免费特斯拉充电车位，免费提供充电服务。最后，执行五星级案场制度。在案场，工作人员严格执行标准化流程和规章制度，给予客户最高质量服务。

图7-21　府系园林体系

图7-22　沪上首座人居体验馆

7.4.4 拓客策略：内外深挖，全维覆盖

大宁金茂府采取"外部深挖，内部渗透"的策略，对所有潜在客户进行深度挖掘，保证开盘效果。在准备阶段，2014年9月拓客筹备，内部探讨拓客方式与拓客地图，10月份专案经理，启动社区、商圈等拓客资源前期工作沟通，达成合作关系。11月拓客工作正式启动。正式拓客分为四个阶段。

第一阶段，2014年11~12月，销售员进行周边3km客户全覆盖及深度挖掘；

第二阶段，2015年1~2月，大宁商圈巡展，小蜜蜂等进行周边3~5km客户全覆盖；

第三阶段，2015年3月，外区商圈巡展，小蜜蜂对周边8km覆盖；

第四阶段，2015年4月，强化中介带看力度，开盘最后冲刺。

外部拓客是主要的拓客渠道，其目标是住商办资源的导入。通过建立大批量外部拓客队伍，对项目周边目标社区、商圈、办公及渠道资源多次反复信息传递，以社区微巡展、社区内咖啡厅办专场、社区大门摆桁架、酒店内邀客户办专场等不同形式，进行了5次商圈巡展，主要在大宁国际广场、五角场下沉式广场、仙乐斯光、虹口龙之梦以及久光百货等地。外拓宣传范围全面覆盖95个社区，36个办公楼、5次专场和5家银行，累积客户达2467组（图7-23）。

图7-23　外部拓客

对于内部客户潜力，营销团队亦进行了深度挖掘。据统计，对于国客国航、金茂物业、金茂集团、中化国际、远东租赁等内部人员，共进行了7次登门专场推介，4次回笼现场活动，1次大型中化之夜推荐活动。据统计，最终拓客结果的累积意向客户为870组。同时，中国金茂借助闸北区政府力量，巧妙宣传项目，提升大宁金茂府的知名度。在拓客期间，闸北区区长带了两次参观团，引得更多高端客户来访，并通过区政府搭线、内部客户推介、短信、邮件邀约等方式，项目的潜在客户量开始爆炸式增长，极大程度为项目的开盘热销助势助力。

恰当的拓客策略与高效执行力带来了意料之外的好成绩。2015年1月17日样板区开放日，有1375人到访；3月7日，500余组来访，收筹破400套；4月11日，1200余组客户升筹。这为首次开盘奠定了极为坚实的客户基础。

7.4.5 营销结果：意料之外，情理之中

2015年4月18日上午，大宁金茂府在闸北区大宁福喜来登酒店摇号开盘。开盘首日，短短1小时，便一举创下21.2亿元的热销奇迹，首推房源几近售罄，当日去化率高达90.78%，现场销售效果极佳。截至同年5月31日，大宁金茂府共网签276套，整体成交均价69132元/m²，总销22.96亿元。惊人的销售成绩引起业内一阵惊叹，也彻底破除了以前种种的质疑（表7-5）。

2015年4月18日首次开盘成交情况 表7-5

户型	折后总价（万/套）	推案套数	当日去化量（套数）	去化率
95平3房	588~688	172	167	
158平3房	1028~1128	88	74	90.78%
192平4房	1350~1550	22	15	
总计	588~688	282	256	

【声音】

房地产精选公众号：大宁金茂府凭一盘之力，扭转了上海楼市格局。

卢俊：直到金茂府的入市，2015年上海市场的热点才被彻底地激活。

借着一期开盘的势头，2015年7月11日加推第二批房源146套，当日全部售罄，销售额近15亿。2015年9月12日加推第三批房源132套，当天88套95m²户型全部售罄，158m²3房共44套仅剩3套，192m²4房仅剩6套。2015年11月11日第四次加推房源40套，售罄。仅

2015年，大宁金茂府已完成了近60亿元的销售额，并最终折桂当年上海豪宅销售的单价、面积、总价"三冠王"。

7.5 案例总结

大宁金茂府是中国金茂以创新科技引领城市人居生活的一个缩影。项目的成功，首先来自于中国金茂对"府"系产品选址核心城市、核心土地、核心资源的严苛要求，并精准把握了上海房地产市场由冷转热的关键节点与北上海标杆性高端住宅的空白市场机会，最终以"一府之力"重新定义了大宁的板块价值。其次，金茂府聚焦都市人对绿色健康高品质生活的核心需求，坚持以卓越的产品力引领市场趋势，实现了高利润与高品质的完美平衡。最后，金茂府的营销不仅借势，更能造势，充分利用新媒体的力量高效传播产品价值，通过独特的案场设计体验产品价值，结合高执行力的拓客团队，始终将金茂府置于同期市场话题的中心，最终实现口碑与利润的双赢。

思考题

1. 房地产开发企业在拿地时，需要考虑哪些因素？
2. 高溢价产品的产品力，由哪些部分构成？
3. 高端住宅项目如何选择合适的项目传播组合策略？

8 赛得健康养生小镇：
用特色小镇打通养老产业链

老年时像青年时一样高高兴兴吧！青年，好比百灵鸟，有他的晨歌；老年，好比夜莺，应该有他的夜曲。

——康德

案例导读

本案例编写是在"健康中国"的背景下，从国内养老产业的痛点出发，展示了赛得集团以"健康产业"为基础，通过特色小镇这一平台，实现以养老产业为核心的三产聚合的过程。特色小镇发展的核心在于产业运营，产业依托于特色定位是关键。本案例首先阐述了赛得集团对养老问题所展现的情怀与思考，然后通过阐述赛得小镇的产业链模式，分别从客户来源及其需求、赛得小镇的价值主张、健康小镇的商业逻辑、小镇的服务模式、小镇的建设布局等几个部分，揭示了养老产业是如何与特色小镇建设相融合的。当前，我国特色小镇建设方兴未艾，小镇建设也处于探索之中，赛得健康小镇的经验可供类似的项目开发借鉴。

8.1 健康小镇的源起

8.1.1 中国的养老之痛

自2000年我国步入老龄化社会以来，老龄化速度日渐加快。2017年，我国60岁以上人口增至2.41亿，占总人口的17.3%，中国正式步入深度老龄化时期。据预测到2030年，这一比例将达到25%左右，这意味着中国只用30年左右的时间走完了世界平均标准55年的老龄化进程。到2050年前后，老年人口占比更将达到34.9%的惊人数值，这意味着平均两个人就要承担赡养一个老人的责任。根据《中国老龄产业发展报告（2014）》的预测，2050年中国老年人口将几乎占全球老年人口的四分之一，是世界上老年人口最多的国家。解决中国的老龄化问题已迫在眉睫（图8-1、图8-2）。

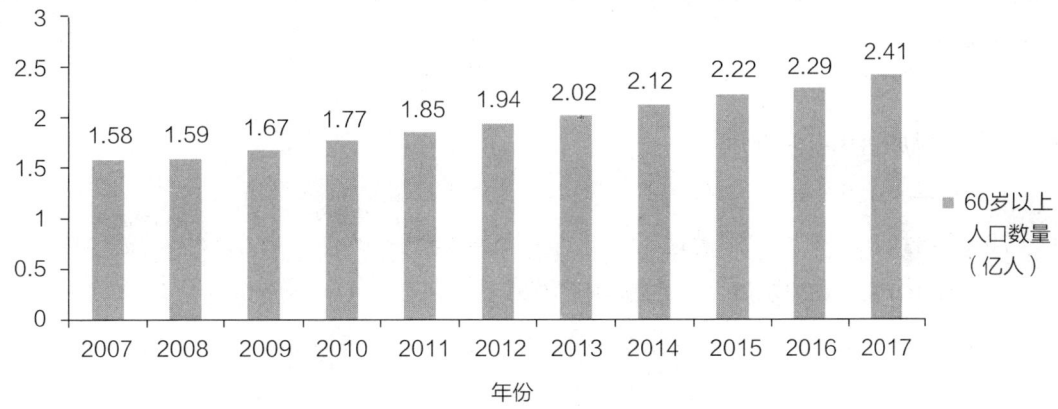

图8-1　2007—2017年中国60岁以上人口数量变化图

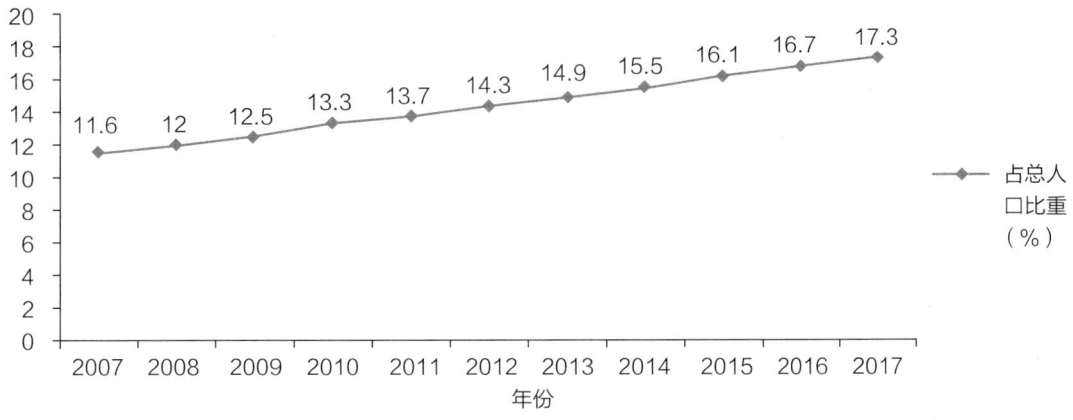

图8-2　2007—2017年中国60岁以上人口占总人口比重图

随着人口老龄化程度的加深，失能、半失能老人数量持续增长，居民的养老服务需求与日益突出的老年人医疗护理问题变得愈加迫切。据《老龄蓝皮书：中国城乡老年人生活状况调查报告（2018）》及《中国家庭发展报告（2015）》显示：截至2017年底，我国高龄失能老人有4000多万。2015年，我国城乡老年人有照护需求人数占比15.3%，超过2000年近9%。其中，高龄老年人对照护服务的需求最为强烈，由2000年的21.5%激升至41%，上升幅度是79岁及以下老年人的3倍多。我国老年人口对健康医疗服务需求正随老龄化程度的加深而持续上涨。

与快速的老龄化相比，我国养老产业体系还有待完善。与发达国家相比，目前我国养老产业规模仍比较小，仅占GDP的7%，远低于美国的22.3%，更不如欧洲的28.5%。据全国老龄委测算，2014—2050年间，中国老年人口的消费潜力将从4万亿左右增长到106万亿左右，GDP占比也随之从8%增至33%，中国也因此当之无愧地成为了全球老龄产业市场潜力最大的国家。但至2014年，我国每年为老年人提供的产品与服务却不足1000亿元。这是问题，更是机遇，加快社会养老服务体系建设，构建完善养老产业链，需要政府、社会与企业共同发力。

8.1.2 健康中国的风来了

2016年8月，党中央、国务院召开了全国卫生与健康大会，首次提出"健康中国"的概念；同年10月，发布实施《"健康中国2030"规划纲要》。健康中国之风渐吹渐盛，健康养老正是其中不可缺少的重要组成部分。2017年初，国务院印发"十三五"国家老龄事业发展和养老体系建设规划，提出要积极应对人口老龄化，推动老龄事业的全面可持续发展，健全养老体系。规划中专门强调要大力发展养老服务企业，培育一批龙头企业，加快形成养老服务产业集群。同时，国家支持养老服务产业与健康、养生、旅游、文化、健身、休闲等产业融合发展，打造养老新模式、新业态。2017年，十九大将"实施健康中国战略"提升到了国家整体战略层面来进行统筹谋划，也明确提出要积极应对人口老龄化，构建养老、孝老、敬老政策体系和社会环境，推进医养结合，加快老龄事业和产业发展，这就为养老服务的产业发展奠定了基调。

作为全国最先进入人口老龄化社会的省份之一，浙江省十分重视人口老龄化应对工作，省政府曾先后于2011年、2014年出台政策来推进养老服务业发展。浙江省政府在2018年出台《浙江省人民政府办公厅关于深化养老服务综合改革提升养老服务质量的实施意见》，提出到2022年，要通过提升社区居家养老服务，推进医养护一体化，创新发展管理运营机制，进一步整合各类养老资源来全面建成以居家为基础、社区为依托、机构为补充、医养护相结合，结构合理、功能完善、服务优良、城乡均衡的养老服务体系。《意见》提出要采取措施鼓励社会力量积极发挥主体作用，例如引导支持社会力量设立产业基金或通过贴息、公建民营、政府和社会资本合作等方式，吸引社会力量进入养老服务领域。同时，浙江省作为最早提出建设一批特色小镇的省份，将特色小镇与驱动新经济的信息、环保、健康、旅游、时尚、金融、高端装备制造等七大产业发展相结合，使特色小镇成为为浙江产业创新的重要载体。两相结合，健康特色小镇在浙江应运而生。《浙江省健康产业发展规划（2015—2020年）》提出，"十三五"期间浙江省健康产业在载体建设方面推出"四个一批"计划，即计划到2020年，在全省力争建成10个健康小镇、创建20个重点园区（基地）、培育100家健康产业骨干企业（机构）、每年滚动实施100项健康产业重大项目，还将积极构建一批信息服务平台、创建一批人才培养基地。以衢州市为例，浙江省民政厅早在2012年便与衢州市政府签订了《关于加快民政事业城乡一体化建设的合作协议》，支持衢州市发展养老休闲产业。双方立足衢州地处浙西浙南山区，生态环境优良，探索建立具有衢州特点、覆盖城乡、辐射周边的社会养老服务体系，优化养老机构布局，积极鼓励发展民办养老机构。对民办非企业养老机构，衢州市还在要素保障、税费收取等方面实行了优惠政策。同时，省民政局扶持衢州建设中高档的养老休闲服务项目和省级老年养生旅游示范基地。

8.1.3 赛得集团：从健康向养老的迈进

赛得健康小镇项目，浙江省内第一家健康养生特色小镇，于2013年于衢州市常山县招贤镇启动，占地4500亩，总投资36亿元。目前该项目已获浙江省重点项目、浙江省重大项目、浙江省重大产业示范基地、浙江省"411"工程、浙江省"服务业重大产业基地"、衢州市首批特色小镇、中国老年宜居住区试点工程等荣誉称号。

在诸多以养老、健康命名的小镇中，为什么赛得健康能获得政府、业界与消费者的一致认可？赛得又究竟是一个怎样的企业？它又是为何将小镇选址于衢州常山？

1．赛得健康是谁？

赛得健康产业投资管理集团（以下简称"赛得集团"）成立于2003年，是整合浙江赛得多个健康产业资源创建起来的一家以"健康管理"为核心竞争力的专业化健康产业投资管理集团（图8-3）。

赛得集团站在敬畏和尊重生命的高度，汲取国内外健康

图8-3　浙江赛得健康产业投资管理集团LOGO

与生命服务领域长期总结的先进理论与宝贵经验,运用现代信息技术,整合相关服务资源,构建了以"健康管理"服务为核心,以专业化服务资源配套支持为依托的生命全程呵护服务平台。经过多年的发展,集团已经成长为浙江健康产业知名企业,行业领先企业。目前公司拥有控股子公司13家,已发展为以健康产业、养老产业、现代农业三大支柱产业为基础的集团化运营公司。

赛得集团构建创新了"健康教育与健康资讯、健康检测与体质监测、健康评估与健康档案、健康理疗与健康护理、健康诊疗与就诊服务、健康产品与健康体验、健康沙龙与健康联盟、生命救援与保险保障"等八大健康管理体系的"大健康"管理模式,创造性开发了"前店+后场"的终端服务模式,同时结合集健康农产品种养殖、健康运动、健康休闲度假、中草药种植加工、健康产品研发和生产等多功能服务为一体的基地建设,逐步建成国内健康管理服务的市场"立体网络"。目前,赛得以衢州为总部向外发展,分别在沈阳、西安、成都、深圳、武汉、青岛、杭州、合肥等地建成共12个服务中心平台,全国性网络已初具规模。

2. 赛得眼中的健康与养老

赛得依托健康管理的科学流程及多年丰富经验,在健康产业领域已取得公认的成就,然而其为何又会涉足养老产业?

其一,赛得健康在服务客户过程中发现,诸多40~60岁的客户反馈对自身养老去处担忧,同时询问赛得是否有类似养老服务提供。而这也在一定程度上反映出当前社会老龄化,养老需求旺盛而社会相应服务供给不足的矛盾。赛得健康积累的良好口碑和数量庞大会员群体,这使得小镇建成后的养老消费群体明确,自然成为集团由健康向养老产业的最佳延伸。

其二,政府逐渐放宽养老产业准入门槛,鼓励支持社会养老机构的出现,同时逐步发布利于社会养老产业发展的政策,例如完善养老保险制度等,使得整个养老经营的环境逐渐改变。

其三,赛得做养老产业的先发优势。赛得深耕健康管理十五年,积累大量相关经验,同时,赛得已拥有的护理团队、种类功能齐全的健康产品,可以为老人提供优质的医疗护理服务以及相关的健康食品、健康用品等。

其四,健康小镇可以进一步拓展企业原有健康产业链,从中年客群向中老年客群的延伸,并将赛得小镇作为展示的优质平台,利于提升其行业竞争力和社会影响力,为之后更进一步的发展奠定基础。

最后,则来自于赛得自身企业文化的指引。赛得是以水文化为公司的精神滋养,水的谦和、柔善、包容、无私、专注、协同深深吸引感染着赛得人。知行合一,诚信尽责,专注健康是赛得人公认的核心价值观。赛得专注于健康管理，专注于会员，所以才萌生了打造一个具有国际化水准的健康养生小镇的念头，让逐渐老去的会员能够老有所养，老有所医，老有所乐，老有所为。

3．选址常山县招贤镇

2013年，赛得健康小镇项目在常山县招贤镇泉目山村正式启动。衢州市地处浙西，是浙、闽、赣、皖四省边际交通枢纽和物资集散地，拥有悠久历史文化，为南孔胜地，且多山林，植被茂密，生态景观好，拥有极佳的旅游资源，享有"神奇山水，名城衢州"之美誉。

同时，衢州市常山县孝老文化盛行，节孝之行代代相传，是著名的"孝老之城"，当地政府高度关注与支持养老产业。同时，常山民风淳朴，生活节奏较

图8-4　浙江大花园——衢州

缓，利于老年人在此休养生息，2017年常山更获得了"国际慢城"的殊荣。

小镇所在的泉目山村地势平坦，可开发地块面积较大，有利于在养老居住用地周边兴建诸多配套设施。项目南区濒临钱塘江水源——常山江，南区中还住有畲族村落，特色民俗旅游和文化旅游资源丰富。另外，项目区位及交通优势明显，距衢州市区、常山县城、衢州机场、火车站等均在20km范围内。京台高速位于小镇西侧，沪昆高速穿镇而过，便捷的交通条件使小镇可融入长三角黄金旅游交通走廊。

值得一提的是，赛得创始人、董事长涂国红先生的家乡便在此地。选址泉目山村，一方面源自涂董事长回报乡梓的拳拳之心，希望带动家乡更好发展，同时也希望借助家乡的优质资源成就赛得的"健康养生特色小镇梦"（图8-4）。

8.2　赛得健康养生特色小镇的开发模式

"健康"，世界卫生组织将健康概念确定为"不仅仅是没有疾病和身体虚弱，而是身体、心理和社会适应的完满状态"。简言之，健康包括多个层面，要让人健康地活着便需

要兼顾其多个层面的健康而非只是身体层面。

"养生"，该词源于道家书籍，最早出现在《庄子·内篇》上。所谓生，就是生命、生存、生长的意思；所谓养，就是保养、培养、养护的意思。养生，是根据人体生命过程规律所进行的物质与精神的身心养护活动。既包括生理层面的养生，注重身体机能的维护和康复；也包括心理层面的养生，强调内在精神的平衡与祥和。按照层次划分，生理层面的养生包括养颜、养体、养老；心理层面的养生包括养心、养性、养神。

"特色"，事物所表现的独特的色彩，风格等。在此处，特色便意味着小镇项目所处地点的不同的条件，例如文化、基础设施、产业结构等。

"小镇"，则可以从"小"和"镇"两方面来解读。"小"有两层意思，一是指规划面积不大但相对独立的区域；二是指小镇的产业定位不是"大而全"，而是"特而强"。"镇"则区别于传统行政区划中建制镇的概念，也并非以往以生产为核心的"产业园"、"工业区"、"开发区"的概念，而是指产业集群"聚而合"的空间载体。

健康养生特色小镇建设就是在相对独立的区域（非完全建制镇区域），建设发展特色产业集群，且该类特色产业为适应当地条件的健康养生类服务产业。这类项目的共性在于都以"健康养生养老"为主题，以健康养生养老产业为核心，将健康、养生、养老、休闲、旅游等多元化功能融为一体，从而形成宜居宜养宜游的特色小镇。小镇的核心在于能够提供满足市场实际需求的健康养生服务，包括健康管理、医疗保障、休闲旅游等。其个性在于不同项目条件各不相同，例如所处地域不同、开发商优势资源各异、周边健康养生服务需求不同等，所以要因地制宜地发展健康养生产业，这也就导致不同的康养小镇拥有不同的特色和发展模式。

8.2.1 赛得小镇的定位

《尚书》中对于中国人的幸福，概括为"长寿、富贵、康宁、好德、善终"。现代老年人心中幸福的晚年生活是什么样子？

"我觉得老年社区就应该有各种各样的社团，有喜欢画画的，有喜欢唱歌的，有喜欢打高尔夫的，这样玩到一块儿的人住在一块儿，才有激情，才能延年益寿，活得精彩。"

"我希望年老的时候，能有一亩田，一个院落，几个臭味相投的好友，在大树下伴着清风，下着棋，聊聊过去的几十年。"

"有个属于自己的朋友圈子，可以聊聊家常，互诉衷肠；有些属于自己的小小愿望，可以外出旅游，放松心情；有些自己的兴趣爱好，可以借此与人交往，互帮互助；有个自己的锻炼方式，坚持不懈，过一个健康长寿的晚年；有个可信任的朋友，可以聊天，不仅可以放松心情，还可以防止思维僵化。"

晚年生活的方式有许多种，有些人喜欢呆在家中，享受晚年的宁静、舒适；有些人则喜欢出去走走，享受跟老朋友们在一起的热闹。人生暮年，对生活仍保有优雅姿态，一饭一蔬，认真咀嚼，不疾不徐，回味其中的甘苦。

赛得进军养老产业，目的是打造全龄健康养老的模式，让老年人群拥有健康的生活。赛得小镇要打造的就是一个全龄老人生活、劳作、互帮、互助的温馨社区。在这里，老人有安全感、归属感、邻里感与成就感，老人生活的更快乐、生命质量更高。在遵循传统文化"天伦之乐"基础上，构建以健康为基础的个性化生活场景，打造以服务为特色的健康活力社区，提供全生命周期的健康管理全龄化的健康养老服务，让老年人想来养老，年轻人想来休闲，小孩子想来游乐。

1．一个自己都想入住的全龄养老服务平台

赛得以"提高中国中老年人生活品质和幸福指数"为经营宗旨，积极探索开发出一套满足不同老年人不同健康状况、不同需求的个性化养老服务解决方案，方案包括疗养型、候鸟型、居养型、助养型、护理型、颐养型六块内容，满足老人退休后的各阶段养老服务需求，真正做到让老人健康地有尊严地享受余生。

2．一个以健康管理为核心价值的养老服务品牌

赛得最早在国内提出并践行的"健康管理"，发展至今已拥有专业的健康管理团队、高科技的健康体检仪器以及科学全面的健康管理流程。老年生活首重健康，赛得依托其已有优势帮助园区内老人进行健康管理，及早发现身体所存隐患，调整身体状态，改变不良生活规律，将疾病扼杀在萌芽之时，让老人远离病痛，健康享老。

3．一个宜居宜游宜养的全龄生活场景社区

小镇所处地域依山傍水，生态资源丰富，人文底蕴深厚，生活节奏舒缓，同时赛得能够因地制宜地开发居住、旅游、养生项目，各类项目各自成块，但又紧密关联，吸引各色人群前来小住散心、观光玩乐、养生养老，各年龄层人群均能在小镇寻觅到自己的乐园。

4．一个"健康+"复合型产业融合的特色小镇

小镇以健康养老产业为核心，以医疗服务产业、健康管理产业为支撑，配套健康工业、现代农业、休闲旅游及民俗文化产业，第一、二、三产业融合发展，建立完善健康产业链。

5．一个生命健康孝老文化的体验教育基地

小镇让年轻人体验渐渐变老后的种种不便和困难，让他们能真切地理解老人的难处，进而促使其转变心态，发自内心地尊老、孝老，同时珍惜当下年轻的岁月，重视自身身体健康，养成良好生活习惯。

8.2.2 赛得小镇的产业

赛得健康小镇依托常山县优质生态资源和企业十多年健康管理丰富经验，构建包括健康医疗、健康旅游、健康养老、健康生活、健康用品等六大健康体系，以健康养老为核心，以医护及健康管理为支撑，辅以健康工业、现代农业、休闲旅游、民俗文化等配套产业，打造出完整养老产业链（图8-5）。

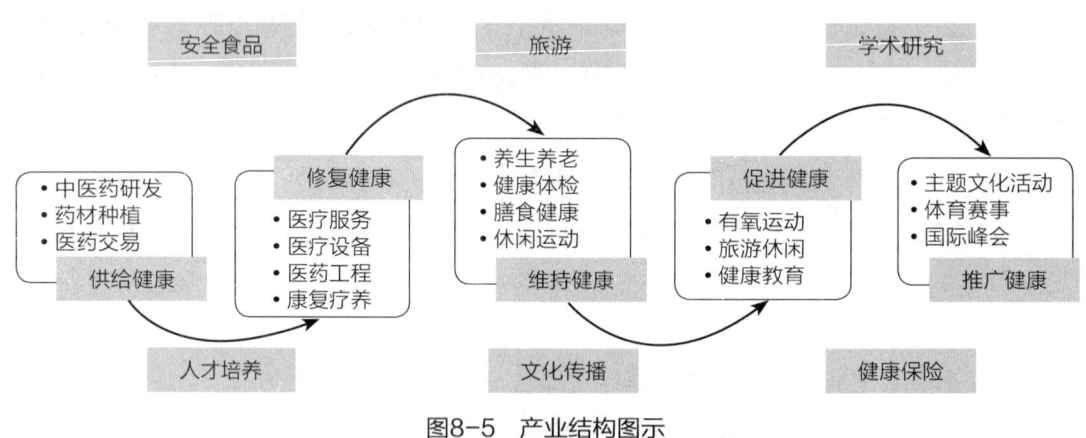

图8-5 产业结构图示

供给健康服务于健康的前端构建，修复健康着重恢复生命系统功能，维持健康着眼维护生命系统的平衡，促进健康构建健康生活方式，推广健康宣传健康理念，五大要素的叠加共同构成国内极具竞争力的大健康产业体系。

1. 核心产业：健康养老

赛得以"候鸟式"、"一站式"、"休闲度假"等创新模式，开发设计出全龄化养老服务以满足老年人从退休开始的各年龄阶段的各类需求。刚退休老人精力旺盛，时间充沛，喜欢四处旅游观光，故而推出短期度假疗养服务，吸引客户群到此体验，了解赛得健康小镇。之后，向客户推荐候鸟型养老服务，助其圆走遍全国甚至世界的梦想，转化客户群为忠实会员。随着游历愿望的逐渐实现以及身体状况的逐渐虚弱，老人安定下来的需求逐渐凸显，赛得的居养型养老服务适时而至。再之后，伴随身体机能老化而来的各式问题，例如慢性疾病等让老人无法完全自理生活，场景将自然转换至助养型养老服务。情况严重的例如失能失智则更需要依靠外力介入，护理型养老服务应运而生。情况格外严重的例如需要进行长期医疗服务才能维持生命状态的老人，赛得提供医养结合的颐养型养老服务。全龄化养老服务，六大板块衔接紧密，互补融合，满足老人根本需求，真正实现老人一站式养老，让老人更健康省心地度过余生。

2. 支撑产业

（1）医疗服务

园区内建设有健康护理医院，约400张床位，方便老人就医，同时在医院旁就近增设200张床位，便于颐养型老人的看护医治。此外，医生、护士、康复师等专业技术人员可上门提供专业诊治及各种专业知识普及，并且为护理员提供经常性的辅导和互动，提高其专业素养，保障园区的照护服务能力。

（2）健康管理

园区规划建设有护理中心、健康检测中心以及疗养咨询中心等设施，以"提高老人的健康生活品质"为宗旨，打造"科学评估"、"专业指导"、"动态跟踪"为核心内容的个性化健康管理服务平台和以"健康"、"安全"、"便捷"为核心理念的专业化健康产品消费平台。健康管理产业分为健康管理服务和健康产品消费两块。健康管理服务方面，赛得通过各种现代化检测设备为老人进行体质监测，常规体检，从身体的某个部位到基因序列，再到营养体能，专家会为老人的健康进行评估分析，为老人量身定制科学的健康保健方案。老人遵照方案推荐，采取相应健康措施，将疾病扼杀在萌芽之中，真正做到管理自身健康，以最小的代价换取身体的长期健康。

3. 配套产业

（1）健康用品制造与展示

在小镇内规划建设有工业园区，主要用于生产保健品、助养器械、保健用品等，同时对园区产出的中草药、农产品等进行加工，增加产品附加值。此外，该工业园区被设计出参观路径，用于向大众介绍赛得的健康产品，彰显企业多元化发展中的工业基础。

（2）现代农业

赛得在园区建设"现代农业科技示范观光园"，引进全数字化控制蔬菜生产工厂、可进行远程监控的视频农场、中草药种植园、现代生态农庄、用于渔业养殖和垂钓观光的山塘水库、可四季果蔬采摘和观光的农业观光园以及绿色有机果蔬种植园。运用现代科技深耕农业，开发农业互动、观光类项目，增加产业延伸价值，同时产出优质农产品和中草药供园区使用。

（3）休闲旅游

小镇规划在北区设健康游乐片区，主打三大项目：亲子野营探险、亲子田园风光体检、婚礼度假，吸引周边城市居民周末休闲游；设计多条路径打造健康运动片区，在不同季节欣赏不同美景，既突出小镇健康特色，又可吸引不同需求人群前来探索、赏景、休闲散步。南区规划有滨水田园区，主推生态田园、户外露营、种植采摘、生态骑行、滨水休闲等。

（4）文化旅游

小镇规划在南区打造民俗文化片区，对泉目山村进行浙西风格的建筑改造，利于游客体验浙西乡村文化生活，同时改造当地畲族村落为畲医文化村，传播传统畲医诊治疾病的基本理论、畲医特色疗法、畲药使用特点及独特性等知识，弘扬民族文化。

8.2.3 赛得小镇的商业逻辑

国内许多的养老项目都难以跳脱房地产开发的模式，更多关注于在室内及室外配套增加适老化设计等硬件改善，忽视了老年群体的心理需求与老年化的场景营造，将老年群体等同于购房人群，重开发轻运营成为诸多养老项目难以持续发展的根源。而赛得健康小镇提出"全项目自持"，将直面短期投资与长期回报的矛盾。赛得健康小镇又是如何实现商业逻辑上的闭环呢？

1．政策红利

基于我国老龄化程度急剧加深而相关养老产业规模严重不足的现状，国家开始频繁出台应对政策。2016年，国务院印发《"健康中国2030"规划纲要》与《关于加快建设美丽特色小（城）镇建设的指导意见》，2017年，国家卫生计生委等五部委联合发布《关于促进健康旅游发展的指导意见》，浙江省、衢州市相继出台的关于健康、养老、特色小镇的指导性文件与产业规划。在市场需求和政策指引的推动下，健康产业迎来春天，赛得集团提前布局，在各级政府的支持下，拉开了赛得健康小镇的建设序幕，占得先机。

2．全产业链布局

项目以健康养老产业链为核心，构建了涵盖了第一、二、三产业的产业平台。第一产业包括传统农业、中草药种植及药用食材种植，同时增加蔬果采摘、视频农场及田园观光等项目，通过产业延伸、产业创新增加经济附加值。第二产业主要包括医药产品生产和研发，消化第一产业产出的中药材和健康食材，增加产品附加值，提升投资效益。此外还包含助养器械、健康生活用品制造及生产线展示等。第三产业主要分为健康养生和休闲旅游两大类型，同时这也是小镇的核心产业，通过健康养生客户群体以及旅游客户群体对服务及相关产品的最终消费来实现投资回报。

三大产业融合发展，最终在小镇内部形成完整产业链条，实现园区内资源配置的高效，降低成本，同时可对健康药品食品及用品进行源头把控，消除不安全因素，让消费者看得安心，吃得舒心，用得省心。此外，可以将消费者的需求迅速反映到生产源头，实现生产与消费的真正连接。

完整的产业链条能够保证小镇为园区内的中老年人、游客提供高品质、全方位、专业的养老服务，从而让赛得成为中老年人得以信赖的专业健康养老服务机构，树立赛得的中国养老产业品牌。

3. 多渠道盈利

赛得健康小镇全项目自持，绝不以出售房产作为盈利点。在赛得人看来，好的房子只是为了让老人生活更舒适的工具，真正做到适合中国人的养老服务才是项目可持续发展的根本保障。首先，针对在此处安享晚年的老年人，赛得可以通过提供健康养老、健康管理以及医疗护理等健康类服务赚取服务费，还可通过提供如洗衣、饮食、理发、房租等生活类服务收取一定的费用。另外可以依靠向老人出售健康用品等来获取销售收入。休闲旅游会带来大量的客流，游客的衣食住行都会为园区带来收入，而各色旅游项目的门票收入也很可观。除此之外，小镇还有低空飞行体验中心、跑马场、滑雪场等各色种类丰富的娱乐项目，这也将为小镇创收贡献力量。简言之，高质量服务带来入住老人与观光客流的增加，是小镇利润的主要来源。

小镇采取养老会员制，客户必须先预存一定费用办理会员卡（可退可转），这也是客户在园区内的身份卡，备注着客户的基本信息。持有会员卡，客户可享受预约各类养老服务；各类商品、服务的85折优惠；每年免费入住小镇一个月的优惠等。同时，入住小镇的养生公寓需要会员先行预缴一部分押金，在会员退房或离世，这笔资金会退还给当事人或其家属，而居住公寓的费用按所住房型另计收费。获取会员身份的押金及居住公寓的押金可缓解项目的资金压力，对于企业现金流与再投资具有较大帮助。此外，政府为鼓励社会力量参与养老机构的建设，在床位补贴、水电费按居民用户计算、税收减免等，也一定程度减轻了项目开发的资金压力。

圆满建成后的赛得健康小镇将会是赛得健康养老、幸福养老服务理念的完美表现，为国内养老产业的进一步提升提供了尝试性的探索，也为高端养老找到一种崭新模式。未来，赛得小镇作为赛得集团向业内展示的优质平台，可通过小镇建设积累的丰富经验以及相关服务人才的培养储备向外提供健康特色小镇项目的规划、建设、服务、系统、运营等的托管式服务，复制小镇经验，获得外溢的收益。

8.3 赛得小镇的服务与经营理念

8.3.1 服务理念：360度养老服务

做服务，客户至上。做养老服务，更应如此。赛得本着竭诚为客户服务之心，怀揣着打造连自己都想要入住的养老服务平台的梦想，设身处地地为老人着想，提出

360度服务理念，即全方位无死角地服务到园区内所有老人，满足老人需求，让老人安享晚年生活。

1. 安全360

相比于其他社会群体，老人身体更为脆弱，更容易受到伤害，安全问题就显得格外突出。针对这一问题，赛得提出三点：首先对老人生活及活动区域实施适老化建设，方便老人的日常生活，从硬件入手，减少老人在日常生活中发生意外、受到伤害的可能性；其次，实施安全实时监控，一旦老人发生意外，护理人员可以迅速获得提醒前往，及时对老人进行救助；最后，积极实施对老人的健康管理，提供优质医疗护理服务，帮助老人调理身体、治愈现有疾病，同时预防疾病的到来，让老人保持健康的状态，从源头上保证老人的安全。

（1）适老化建设

适老化建设是指在设计住宅及公共建筑时，考虑到老年人的身体机能及行动特点而作出相应变动，以满足老年人的生活及出行需求。赛得在建设养老公寓及配套设施时便就适老化建设方面进行过深入研究，其首先借鉴其他机构的相关设计，了解其设计意图，同时再从自身对老人需求了解的基础上进行修改补充，力求老人生活的舒适性及安全性。

在养老公寓内，实现无障碍通行，配备医疗电梯，方便使用担架及轮椅，楼梯两侧均安装有圆截面扶手。室内设计方面，虽然针对不同年龄段的老人，室内设计有诸多改动，但整体均遵循几个特点：阳台宽阔且采光良好，适于老人驻足观望外面的世界；室内设计尽力简洁，留出空间让通行更为顺畅，同时即便最狭小房间也会预留出让轮椅自由转向的空间；卫生间与淋浴间隔开，防止卫生间浸水增加安全隐患，卫生间增设扶手，淋浴间增设扶手及座椅；房间内柱角、门框等处加设防撞材料，餐桌、洗漱台等处圆角处理等。

此外，赛得还在每个房间内都加装有智能看护系统，入住的老人一旦有所需求，便可以通过房间内的按铃、服务系统的电子显示屏以及手上佩戴的智能手环来呼叫护理员，护理员接收信息后会立即到达进行处理。除公寓内进行适老化的设计外，公共建筑如赛得健康学院、养老服务中心等处以及老人室外活动空间也都有精心设计，尽全力为老人营造安全舒适的生活环境。

（2）安全实时监控

年岁渐长，人的身体逐渐虚弱，更容易发生意外事故，如果不能及时处理，小问题也可能会酿大祸。对此，赛得提出要通过高科技的辅助，建立安全防护系统、健康监护系统来实现实时掌控老人信息，及时发现并处理问题，让老人安全无忧。

所谓安全防护系统，即通过老人佩戴的智能手环来提供老人的实时定位信息，突发情况下，老人可立即按下手环求救按钮进行呼救，护理人员会立即到达现场进行救援。而健康监护系统则是在老人突遇危险，但无法及时按钮呼救的情况下，通过其身上佩戴的心率计等设备传递实时的健康数据到监管服务中心，一旦服务中心判断数据出现问题，立即向老人家人的手机、护理员值班室及园区内医院急救中心发送信息，确保及时有人前去处理问题。

（3）全程医疗呵护

老人本身的健康程度决定了其遭受安全问题的概率大小，老人身体越康健，越能适应外界环境的变化，也越不容易发生意外，所以提高老人身体的健康程度，增强老人体质才是保证其安全的根本。

赛得十多年的健康管理经验，让其对护理老人有自己的独到之处。园区内建立健康监测中心，老人可以定期在此接受全面深入的健康监测，除常规项目外，老人还可在此接受体成分、骨密度、动脉硬化、脊柱功能、功率车、人体电位三维扫描等身体机能项目，以及血生化、心电图、B超等医学体检。一系列的检测除了可以发现老人体内存在的早期疾病外，还可以让老人了解自己身体的基本状态和存在的不健康生活方式，以便老人作出相应调整，更改生活规律，如饮食、运动和精神状态等。要将疾病消灭于萌芽之中，而这也是健康管理的精髓所在。

此外，在老人生活的公寓附近，设有护理站，方便护理人员对老人进行健康检测，提供针对性的护理意见，帮助老人调养身体。园区内的医院可以提供专业的医疗服务，让有较大疾病困扰的老人也可安心在此生活，出现问题可以立即送医。

2．便捷360

老人在机构养老，他们也需要家人的到来陪伴，也希望在适宜的时候出去走走，看看世界，也要采购生活必需品，也要消费，这需要小镇更便捷。

（1）交通便捷

赛得健康小镇区位优势明显，距离衢州市区、常山县城、机场、火车站均不超20km，同时小镇附近正规划建设高铁站，京台高速在小镇西侧，沪昆高速穿小镇而过，正在兴建的杭金衢高速就在附近，高速下道口距离小镇仅2km。老人在此定居，家人探望方便，本身想出去观光游玩也很便利。

（2）购物方便

老人身体不比青年，纵有远行之意，但也力有不逮。因此，养老社区的规划中要考虑1km活动圈的概念，即从社区内所有老人的住处出发均可以在1km范围内到达的区域，在这些区域中规划建设老人生活所需的商店、健身房、活动中心等。赛得小镇在健康养老公寓聚集区内，建设地下一层的大型商业机构，方便老人就近采买各种生活必需品以及小镇自产自销的诸多健康绿色食品。同时，在养老片区周边，还有一个大型的商业中心，老人可以散步前往游逛。

3. 快乐360

人的健康不仅需要身体健康，还需要精神健康。心情的愉悦可以让人减压，忘却忧愁，进而促进身体的康健。社区化生活是赛得小镇的一大特色。在赛得小镇，老人们并非离群索居，而是欢聚一堂。小镇的工作人员会积极举办各类活动，引导鼓励老人走出房门，积极互动交流；开办老年大学，让老人们在学习中充实自己；创建各色社团，让志趣相投的老人可以相互交流增进情感等。这里，是一个社区，是一个温馨的社区，会尽力满足老人的精神需求，给予温暖的情感慰藉，驱散老人心中的孤独与阴霾，静享余生。

8.3.2 经营理念

1. 实名会员制保障个性化服务

小镇采用会员制，入住的老人必须办理会员，而每一位会员都会拥有各自的电子档案，档案中详细记载了老人的个人信息，包括各类疾病史，体检报告等各类个人健康数据，小镇的工作人员可以据此为老人定制个性化的服务，包括适合哪一类养老服务，需要接受哪些医疗护理服务，制定怎样的膳食营养餐食等，还包括让护理人员投老人之所好，避老人之所讳等。精准的数据才能打造出个性化人性化的服务。

2. 自持物业保障长期服务品质

养老地产的盈利模式导致开发商在房产出售赚回资金后，对项目的关注度便会急剧减弱，其售后服务便如同赠品或廉价品一般，后期服务自然跟不上，老人的居住体验不佳。而赛得选择自持物业，将盈利点放在了出售服务上，让服务成为商品，一旦服务质量不佳，必然导致企业效益下滑，这就导致赛得必然会拼尽全力做好服务，让老人宾至如归，做出口碑，做出成绩。

3. 旅居平台异地度假分时养老

"世界那么大，我想去看看"，不是只有年轻人才有这种想法，刚退休的老人，经济实力足够，休闲时间充足，他们也很愿意出去走走停停，感悟世间美好。毕竟再晚几年，身子骨可能就不允许他们远行了。对此，赛得提出将园区发展成为旅居平台，签约国内外优质同行，达成协议，让老人只需通过赛得的平台便可以去各处签约机构短期旅游度假，且费用保持不变。当然，赛得也接纳各处签约机构到此的游客，互通有无，抱团成长。这一做法无疑双赢，既成就自己，也实惠客户，让老人们可以冬避寒，夏避炎，生活始终如春。

4. 健康管理动态维护健康增值

赛得多年的积累，让其在健康管理方面拥有独到法门。大量的高科技健康检测仪器，专业化的健康管理团队，让老人们可以定期接受科学详尽的身体检查，对老人的整体各组织、各功能器官进行全面检测，并对亚健康及早期病变进行准确地评估，预测潜在的危险因素及疾病发展方向，对疾病风险作出早期预警，帮助老人将疾病消灭于萌芽。老人的身体通过健康管理保持在健康状态，既可以节省金钱的开支，也会让老人生活更加幸福美好。

5. 全龄养老一站式的服务保障

老年其实可以细分成很多阶段，如果只是提供结构单一的养老服务，是绝不能满足老人的生活需求的，自然也无法吸引老人在此久住。

因此，赛得深入探索老年需求，细分老年阶段，针对性开发出疗养型、候鸟型、居养型、助养型和颐养型六大类型养老服务，满足各阶段老年生活需求，让老人可以在此居住的同时，根据自身的需求变换接受不同类型的养老服务，实现全龄养老一站式解决。同时，也因为是一站式养老，赛得会更加专注服务提升和客户体验的舒适性，因为只有服务到位，老人才愿意在此地久居，让赛得赚取利润；也因为服务到位，让老人生活健康愉悦，进而长寿，在小镇居住更久，让赛得赚得更多，这是一个双赢的服务体制。

6. 会员农场果园采摘承载乡愁

中国自古便是农业大国，许多老人年轻时便是以种地为生，同时，中国也有传承悠久的农耕文明，许多人有退休后归隐田园，种菜养花的心愿。因此，赛得结合自身已有的农业基础，规划在园区内建设农业园区，建成农业观光园，推出四季果蔬采摘，让从未从事过农桑的老人体验丰收的乐趣、采摘的愉悦。同时开辟视频农场，喜爱农桑的老人可以到此认领土地自行耕种，如若身体不支，也可在途中让农场工作人员代为料理，老人可通过网络定期了解自家作物长势，甚至有老人可认领土地后全权让工作人员种植，种植成熟的蔬菜还可在园区出售。这些举措既可以让老人圆了养花种菜的心愿，淡化老人心中的乡愁，即便老人体力不支，同时也能让园区通过提供类似农业服务赚取收入，一举两得。

7. 园区管理自治实现自我价值

人活着，并不是只为活着，还要活的有尊严有价值。老人，虽年事已高，但并非无力做任何事，赛得希望能为老人寻到做事机会，让老人能够实现自我价值。故而，赛得决定让园区实行自治管理，由赛得聘请园区内有意愿想做事且有能力做成的老人，根据其意愿和能力安排相应工作。园区自治，让老人去处理园区发生的诸多问题，似乎更能有助于问题的解决，因为老人的阅历充足，智慧通达，同时又是站在老人的立场去思索解决方案。俗语云：家有一老，如有一宝。园区如此多的老人，这将是多大的一笔财富，运用得当，不仅老人能收获人生的价值，企业又何尝不是受益匪浅呢？

8．志愿时间银行和谐互助机制

志愿时间银行发源于国外，指的是有能力照顾他人的人去为无能力者提供服务，服务的时间会被记录到时间银行之中，在其年老之后，他就可以要求获得照料服务，而所受照料的时间将从其为他人服务的时间中扣除。

小镇中的老人分很多种，除去失能失智及需要长期接受医疗服务的老人（他们的照料需要专业人士，一般的老人处理不好），还可大概分为两种，一种是健康活力型的老人，还有便是身体欠佳，需要照料的老人。赛得鼓励活力型老人去照料身体欠佳的老人，其服务时间将被记录在册，到其生活不便之时便可要求接受服务。这种形式不仅可以让很多老人找到实现老年人生价值的机会，同时也可以缓解老人需要照料的需求，降低园区的运营压力。

8.4　赛得小镇建设

8.4.1　总体规划

赛得健康小镇坐落于浙江省衢州市常山县招贤镇泉目山村，占地5400亩，东临柯城区，西部为青石镇，北靠群山，南临常山港，生态环境良好，景色宜人（图8-6）。

小镇的总体结构为一轴、两片、多核。

图8-6　赛得健康园区鸟瞰效果图

一轴指的是横穿小镇而过的沪昆高速，将小镇一分为二，形成南北两个片区，即两片。而多核则是指小镇被规划为7个核心片区，在功能上各有特色，整体上互补，北区以健康养生功能为主，南区以民俗文化和休闲旅游体验为主，即健康养生+的概念。

北区为健康养生片区，分为四个核心片区：健康管理片区、生命公寓片区、健康养老片区、健康旅游片区；南区为民俗文化与休闲旅游片区，分为两个核心片区：民俗文化片区、滨水田园片区（图8-7、图8-8）。

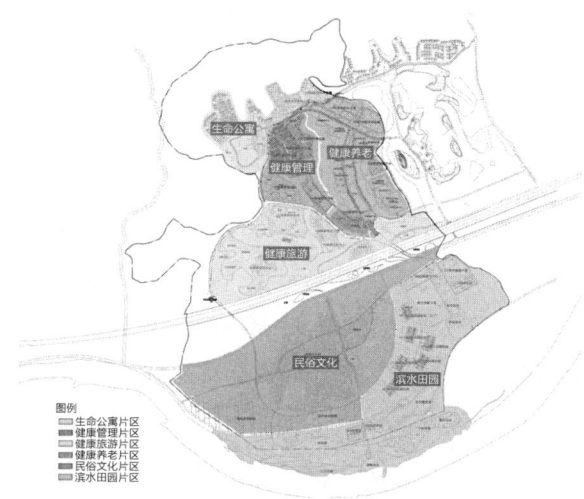

图8-7 片区分布图

图8-8 赛得健康产业园总平面图

图8-9 北区鸟瞰图

此外，小镇还在原有基地基础上，在北区向东又拓展规划了柯城区赛得健康产业园，规划区范围为77.6hm²。该板块是以健康、运动为主要特色（图8-9）。

总的来看，赛得健康产业园主要由各具功能的6+1核心片区组合而成，各个片区功能互补，共同打造集健康管理、养生度假、康体运动、亲子游乐、乡村休闲、健康商贸六大功能于一体的赛得健康小镇。

8.4.2 健康养老片区（图8-10）

健康养老片区是整个产业园区中的核心片区和主要的养老片区，片区内具体建设情况见表8-1。

针对不同健康状况、不同需求的老年人，小镇提供个性化养老服务并配套相应公寓，依次为疗养型、候鸟型、居养型、助养型、护理型、颐养型六大类型。除颐养型床

图8-10 健康养老片区平面图

位设置在医院旁外,其余均分布在健康养老片区。

疗养型养生公寓主要用于刚退休活力老人短期疗养居住。该类型公寓共有三幢,依次临河而建。公寓内部宽敞舒适,家电齐全,并配有厨房。同时,公寓采用适老化设计,并配备智能化系统,让老人生活更为便捷舒适(图8-11)。

候鸟型养生公寓主要用于到此旅游度假的老人小住。旅居养老是一种很受老人欢迎的养老模式,通过旅游小住,避开冬寒夏炎,让生活四季如春,同时还可领略各地风光。但目前这种养老模式尚在探索,且房屋空置可能性较大,故而候鸟型目前只规划建设一幢,位于养老服务中心后方,更显幽静。公寓设计参照酒店式拎包入住,同时更注重适老化建设,让老人住得舒适又安心。

居养型养生公寓是为长期居住于此的老人准备的。小镇生态良好,设施齐全,服务周到,同时交通便捷,适合老人在此颐养天年。房型设计上更加注重家的感觉,同时,在公

健康养老功能分区   表8-1

地块		项目	用地面积(m^2)	占地面积(m^2)	建筑密度	容积率	绿地率	高度(m)
健康养老	1#	宿舍	6666.7	3394.0	50.9%	0.93	18.0%	10.8
	2#	健康工业旅游	20001.5	8684.7	43.4%	1.30	18.0%	19.5
	3#	赛得健康学院/养老服务中心/候鸟养生公寓	13665.0	8684.7	45.8%	1.71	15.0%	20.25
	4#	小镇管理中心/疗养型养生公寓	11000.0	3146.0	28.6%	1.48	35.0%	23.68
	5#	健康餐饮中心/健康文化中心/居养型养生公寓	16335.3	5529.5	33.9%	1.19	30.0%	23.9
	6#	小镇接待中心	3333.2	1309.9	39.3%	1.06	25.0%	19.42
	11#	助养型养生公寓/护理型养生公寓	49000.0	22050.0	45.0%	2.45	34.8%	19.95
	20#	赛得健康总部	7452.3	2876.6	38.6%	1.13	45.5%	17.30

图8-11 疗养型养生公寓

寓楼内还设计配套有棋牌室、聊天室等,让老人们可以有相互沟通交流的公共空间,营造温馨社区氛围,培养邻里温情。

助养型养生公寓主要服务于失独老人和慢性病老人等无法完全独立生活的老年人。户型设计上,助养型更注重适老化建设,更为简洁以增加活动空间并减少安全隐患。同时,智能化建设投入更大,老人

图8-12 助养公寓效果图

可以更便捷地呼叫医疗护理服务。此外,在一幢助养型公寓的负一层还配套建设了一个大型的商贸区,住在附近的老人可以就近在此购买生活用品(图8-12)。

护理型养老公寓是专为失智失能老人服务而设计建造的。鉴于此类老人情况特殊,需要专业人士加以护理,市场需求相对较大,因此这类公寓共建有三幢,同时增加连接廊道相互贯通,方便护理人员穿行照料老人。相比其他类型公寓,护理型不再配备厨房,而是在公共区域增设了备餐区、茶水区。同时,公共区域还增加了许多护士站和助浴。此外,在护理型养生公寓底部有半地下层配套,包含康养室、保健室、办公室、活动室、职工餐厅、洗衣房等(图8-13)。

除了五大类型养生公寓外,该片区还有诸多配套设施。

片区入口处建有小镇接待中心,主要用于解决来探望老人的亲人子女的住宿问题。综合服务中心(赛得健康学院)设有老物件博物馆、老年大学、室内健康运动中心、室内高尔夫、台球室、图书馆、书法室、棋牌室等功能区域,这里将会成为老人们主要的文化娱乐中心。健康餐饮中心主要负责周边公寓的饮食供应,而健康文化中心则主要用于为各色老人社团提供活动空间。在助养性公寓负一层还建有大型的商贸区,供周边老人采买生活

用品（图8-14）。

除了这些直接服务于片区老人的配套外，片区内还规划建设有小镇管理中心，主要负责整个园区的运行周转，处理日常事务；员工宿舍及配套活动场所，主要为园区内员工提供住宿、运动及娱乐场所；工业园区，用于健康产品研发、生产及物流仓储，同时还开辟展示路径用于旅游观光；赛得健康总部，主要用于赛得健康处理日常事务，赛得将总部搬迁至此，是因为小镇将成为赛得引以为傲的展示平台，这是赛得成就养老领先企业的坚实基础（图8-15）。

图8-13 护理型养生公寓效果图

图8-14 小镇接待中心及综合服务中心

图8-15 小镇管理中心及小镇夜景

8.4.3 健康管理片区

健康管理片区主要分为度假型疗养公寓、共享型疗养公寓、健康管理医院、健康管理中心和居养型疗养公寓五个项目，具体情况见表8-2。

健康管理功能分区　　　　　　　　表8-2

	地块	项目	用地面积（m²）	占地面积（m²）	建筑密度	容积率	绿地率	高度（m）
健康管理	9#	度假型疗养公寓	30873.6	10713.1	34.7%	0.28	30.0%	7.00
	10#	共享型疗养公寓	12338.7	4756.7	38.6%	1.28	42.1%	16.65
	19#	居养型疗养公寓	28274.2	12271	43.4%	0.46	30.0%	13.55
	15#	健康管理医院	30749.3	9470.8	30.8%	1.3	38.3%	25.00
	16#	健康管理中心	11371.1	4844.1	42.6%	1.08	40.7%	13.15

该片区以软硬结合的方式强调健康疗养主题，在"软"方式方面，其在公寓主题中贯彻健康养生的理念，将公寓分为度假型、共享型和居养型，给予消费者不同的选择权。

在"硬"方式方面，配备设施先进的健康管理医院和健康管理中心，为整个小镇提供优质的医疗服务以及健康管理服务（图8-16）。

图8-16　健康管理医院

8.4.4 健康旅游区

健康旅游区覆盖健康商业中心、健康游乐中心和健康旅游酒店。首先，健康商业中心满足了人们日益健康化的生活需求，其主要包括三大功能：健康商业、健康体检、健康培训。其中，健康商业主要包括健康购物、健康餐饮和娱乐休闲三部分；健康体验主要包括各类健康服务和健康管理体检两部分；健康培训主要包括健康知识宣传、健康产品宣传和健康企业交流三部分（图8-17）。

其次，健康游乐中心以健康娱乐为主题，其包含动态类运动场所，如篮球、乒乓球、羽毛球以及游泳池等场地，同时匹配静态娱乐场地如茶室、棋牌室以及书法室等，极大程度地丰富消费者的闲暇时光（图8-18）。

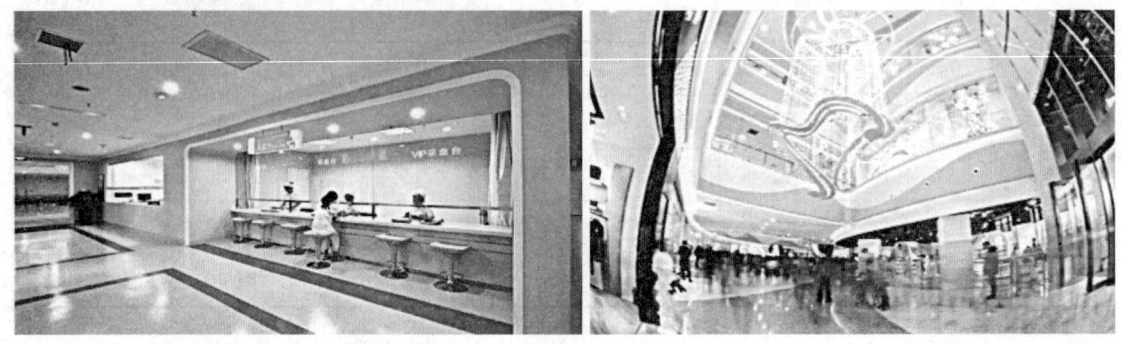

图8-17 健康商业中心

图8-18 健康游乐中心

其三，健康旅游酒店将养生、旅游和酒店合而为一，充分利用周边生态资源如四季水果采摘园和中草药种植园等，并结合自建的高尔夫球场，致力于为消费者提供短期的保健养生方案（图8-19）。

8.4.5 民俗文化区

民俗文化区借助临近小镇畲族文化，重点展示当地畲族的民族文化特色，让消费者在养生之时，亦能体验别样的民族生活和风土人情。此外，畲族医药长期在民间流传，故而赛得可以结合小镇特色，向游客介绍传统畲医诊治疾病的基本理论、畲医的特色疗法、畲药使用特点等知识，既开拓游客视野，增加养生学识，又可弘扬民族文化（图8-20）。

图8-19　健康旅游酒店

图8-20　民俗文化与田园风光

8.4.6　滨水田园区

滨水田园区包含赛得健康大厦、滨水田园民俗、游客接待中心以及招贤驿站等四个部分。其坐拥江南水乡特有的水田风光，丰富的自然资源能充分给予养生消费者耳目一新、恬静雅居的生活氛围。

该片区将健康理念融入休闲娱乐中，从商业活动、游乐项目至文化旅游，既赋予了消费者轻松愉悦的生活氛围，又能将健康生活理念贯穿一系列活动过程中，让赛得健康小镇的形象更为深入人心。

8.4.7　生命公寓区

生命公寓区包含三大主题公寓，分别是联墅型、共享型和居养型。连墅型公寓以联体别墅（双拼、四联、六联）为主，满足中高端消费者对别墅奢侈居住空间的向往和要求，在户型设计上注重营造院落归属感，基本上所有住宅都带空中庭院（露台），力求营造别墅居住感受；共享型公寓将现代城市和新型酒店完美结合起来，信用入住、密码开门、无前台的一系列服务标准让消费者感觉更像是回到自己的家里，温暖而自由；居养型公寓以大众消费者为主，更加偏重于居家养老型模式，生活细节上给予消费者更为贴心的呵护与关心（图8-21）。

图8-21 生命公寓区

8.4.8 快乐运动区

快乐运动区主体设置为"一心三谷三园"，主要强化运动休闲主题，注重完善旅游服务功能，具体区位如图8-22所示。

"一心"指的是体质监测与健身指导中心，其包含国民体质健康监测中心和健身指导中心。国民体质健康监测中心拥有先进的医疗设施和一流的医疗服务，高频次提供消费者不定时身体检查服务，时刻关注消费者的身心健康。健身指导中心拥有种类繁多的健身器材和专业的健身指导人员，既能够满足绝大多数消费者的健身需

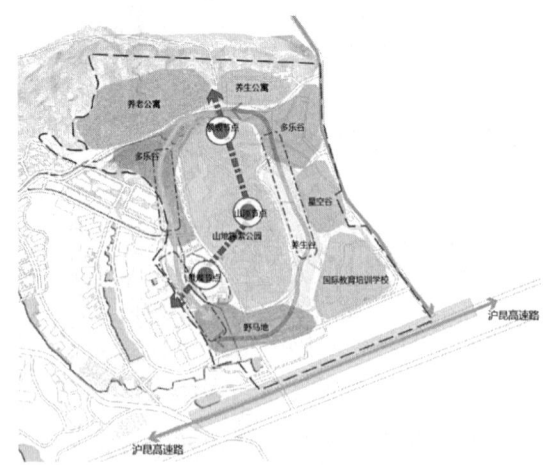

图8-22 快乐运动区

求，亦能匹配检测中心的检测结果，帮助消费者提升健康体质（图8-23、图8-24）。

"三谷"指的是多乐谷、星空谷和养生谷，三大谷下还包含了不同主题的园区。

多乐谷包含四季水果采摘园和低空飞行体验园。水果采摘园依托田园，以亲子互动为

图8-23 国民体质健康监测中心

图8-24 健康指导中心

主题,通过田园、果园等片区的串联,打造酒店的田园亲子互动休闲片区。该片区实现了都市人的田园梦想,全心打造绿野里的快乐亲子空间。低空飞行体验园拥有低空飞行展示中心、飞行VR体验馆、飞行器展示馆和山地漫游道,给予消费者极致般的飞行体验,丰富消费者趣味盎然的闲暇时光(图8-25)。

星空谷包含零碳星空营地和生态农庄。零碳星空营地包含童话木屋营地、缤纷自驾车营地和萤火虫帐篷营地,让消费者零距离接触最真实的自然夜空,体验宇宙之无限浩瀚。生态农庄还原了最朴实的农家风景,填补城市人群的空白生态记忆,给予消费者不一样的

图8-25 四季水果采摘园

生活体验（图8-26、图8-27）。

图8-26　低空飞行体验园

图8-27　零碳星空营地

养生谷包含中草药种植园和中草药博物馆。中草药种植园以禅意养生为主题，是打造中草药种植、展示、博览于一体的中草药养生区。其引入近千种中草药植株，极具观赏价值。中草药博物馆的展览活动和药材体验活动，在丰富消费者中草药知识的同时亦能助力于其养生体验（图8-28）。

"三园"指的是野马地、禅养园和笃学园。野马地以马术体验、马术竞技、亲子骑马等为主要特色，是打造种马养殖、马术学习、马术体验于一体的跑马场所。消费者可体验

图8-28　中草药种植园和博物馆

骑马乐趣和观赏马术表演等（图8-29）。

禅养园以养生公寓和养老公寓为主，主要为低密度高端住宅社区，配套完善社区服务设施，致力于打造生态、低碳、绿色环保社区。笃学园包含国际职业技术培训学校，重点培养技术人才和国际贵族子弟，为养老产业园培养下一代接班人的同时为年轻一代提供光明前景（图8-30）。

【业界声音】

原建设部副部长刘志峰：从赛得健康小镇的具体做法看，这里围绕生态环境天然雕琢的养老养生、健康医疗、农业休闲等产业，无论是产业布局还是经营业态都较为合理。各地应结合实际借鉴其经验。

中国房地产协会名誉副会长童悦仲：常山招贤赛得健康小镇的出现，迎合了社会发展的需求。小镇除了在硬件设施建设好之外，还能在完善服务功能上下功夫，提高从业人员的职业素养和技能，提升职业道德水准，使常山的健康养生养老产业健康发展。

北大燕园同德投资基金管理有限公司总经理钟智勇：从投资的角度来看，我觉得像赛得健康小镇这样的项目周期要长，要耐得住"寂寞"，对投资人来讲，要有情怀，扛得住、等得住。

图8-29　跑马会

图8-30　国际职业技术培训学校

养老e智库理事长贾洪杰：养老的本质是"服务"，服务要从细节开始，养老产业贵在注重细节。赛得健康小镇很美，白天绿水青山环绕，晚上夜景灯光璀璨，可以说前期的投资是"大手笔"。未来小镇养生养老产业发展将获取更大的发展空间和机遇，让群众能从中感受到实实在在的幸福感。

8.5 案例总结

项目有"根"。项目植根于中国老年人养老服务需求，植根于赛得集团长期积累与沉淀的健康产业链，植根于常山的孝老文化与企业的利他文化。

项目有"魂"。项目围绕着老年人生理、生活与生命的不同层次需求，实现了社区、景区与园区的融为一体，真正做到理解老人，营造出田园社区式健康生活。

项目有"形"。赛得小镇的成功，首先依托于企业长期耕耘的健康管理产业，这是其成功的前提。而小镇的建设完全围绕以健康养老为核心的产业链构建，是赛得小镇成功的根本。赛得小镇已不仅是健康养老的产业平台，未来还将成为健康养老服务与产品的输出平台。依托小镇的实践经验，实现"健康养生小镇"标准化，形成养老产业资源的连锁共享，将是赛得小镇为中国健康养老产业新的贡献。

思考题

1. 请阐述特色小镇建设与产业运营的关系。
2. 如何在养老项目中构建全龄化养老场景？
3. 自持类养老项目如何实现盈利？

- 下篇 -

创于新，领于行

宝库文化上海中心项目
以文化升华地标

千丁互联
"互联网+"引领智慧社区新生态

9 宝库文化上海中心项目：
以文化升华地标

文化开启了对美的感知。

——爱默生

案例导读

  文化的力量助力民族复兴，文化的力量贵在自信，文化是一只看不见的巨手，能够在人们认识世界、改造世界的过程中创造生产力、提高竞争力、增强吸引力、形成凝聚力，转化为强大的力量。中国的房地产行业经过几十年的发展，也进入了深度调整、升级换代的重要时期。"特色地产+文化"成为房地产行业可持续健康发展的一个重要方向。

  本文以宝库文化上海中心项目为对象，分析宝库文化对其项目载体——地标建筑"上海中心大厦"的影响。宝库文化上海中心项目包括：宝库1号、宝库艺术中心、上海观复博物馆和宝库匠心馆。该项目通过文化运营，以文化升华了上海中心大厦，使其成为一座文化地标。"让建筑撑起了文化的高度，让文化成为建筑的灵魂，文化成为上海中心创新发展的核心驱动力。"宝库文化上海中心项目极大地提升了上海中心的价值。

引言：

习近平总书记在党的十九大报告中指出："要坚定文化自信，推动社会主义文化繁荣兴盛。""没有高度的文化自信，没有文化的繁荣兴盛，就没有中华民族伟大复兴。"文化兴国运兴，文化强民族强。

2015年2月，中共中央办公厅、国务院办公厅印发了《国家"十三五"时期文化发展改革规划纲要》。"十三五"（2016—2020年）时期是推动文化产业成为国民经济支柱性产业的决定性阶段。世界经济正处于新旧增长动能转换的关键时期，新一轮科技革命和产业变革蓄势待发，我国经济发展进入速度变化、结构优化和动力转换的新常态，为文化产业和具有"文化+"或"+文化"性质的产业发展提供了更加广阔的空间。

与此同时，中国的房地产行业经过几十年的发展，也进入了深度调整、升级换代的重要时期。"特色地产+文化"成为房地产行业可持续健康发展的一个重要方向。"特色地产+文化"中，特色地产承载文化事业，繁荣的文化事业提升地产价值。

9.1 地标建筑

9.1.1 地标建筑的概念、条件和功能

1. 地标建筑的概念

地标建筑，指具有独特地理特色的建筑物或者构筑物，其基本特征是人们可以用最简单的符号唤起对它的记忆，一看到它就可以联想到其所在地区、城市乃至整个国家，就像北京天安门、巴黎埃菲尔铁塔等世界上著名的标志性建筑一样。地标建筑往往是一个地区或城市的名片和象征。

2. 地标建筑的条件

一个建筑，若是要成为地标建筑，至少应该具备以下六个条件中的一个：

第一，建筑所承载之文化，符合城市社会发展的方向，能集中反映城市的精神面貌；

第二，建筑本身的形象鲜明，特点突出，如超高层建筑、仿古建筑等，能间接反映城市经济实力；

第三，其所在位置必须是城市中的显赫地段或是稀缺地段；

第四，产品技术含量要高，科技手段要先进，要代表当时最高的建筑技术和水平；

第五，地标性的建筑应该是具有完备的能承载城市功能的群落，因此要具有一定的规模；

第六，建筑及其群落应有极强的包容性、公众性，让市民可以随时融入其中，参与其中。

地标性建筑范围不应仅限于单体建筑，无论是单体建筑还是建筑群落都可以成为地标性建筑。

3．地标建筑的功能

作为城市的地标建筑，应该立足于城市的历史和发展定位，应该有机地融合到城市当中，能够充分体现城市的风貌和发展。地标建筑除了外形具有创新性外，吸引眼球，在功能上应该具有超前性和包容性。标志性建筑不仅要体现地理区域优势，建筑本身还应该是出类拔萃、独树一帜的；在市场运作方面，标志性建筑应该是文化活动、经济活动的一个平台；从功能方面来说，标志性建筑要引导一种新的活力，要有一定的社会影响力，要能在完善城市功能方面起到一定的推动作用。

具体来说，它需要具备三方面的功能：

首先，它应该是一个"文化策源地"。"地标"性项目所承载的文化，能逐渐改变人们的生活方式、生活习惯，引领社会潮流，进而给区域、城市带来活力，改变城市的精神面貌。地标性项目与一般项目的区别应该首先表现在文化层面、精神层面，地标项目承载之文化应符合时代发展潮流，是一种社会发展方向的代表。

其次，它应该是一个"约会中心"。"地标"项目往往是人们进行各种活动首先想到的聚集中心、活动中心。一个"地标"性项目应该能够满足人们商务、聚会、娱乐等各种活动的需求，而不是一个与大众相割裂，仅有漂亮外观的物体。它应该融合于城市之中，与时尚潮流相融，并能够影响城市的发展进程。

第三，它应该是一个很好的"城市外景地"。一个地标性项目可以成为一个区域、一个城市的标签，能够大量地出现在各类媒体中，以及影视作品里，成为这个城市的代表，是城市里的一道风景线。

9.1.2 地标建筑——上海中心大厦

1．大厦概况

上海中心大厦（Shanghai Tower），如图9-1所示，是中华人民共和国上海市的一座超高层地标式摩天大楼，其设计高度超过附近的上海环球金融中心。上海中心大厦项目面积433954m²，建筑主体为118层，总高为632m，结构高度为580m，机动车停车位布置在地

图9-1　上海中心大厦示意图　　　　图9-2　上海中心、金茂大厦和上海环球金融中心位置

下，可停放2000辆。

2008年11月29日上海中心大厦进行主楼桩基开工。2016年3月12日，上海中心大厦建筑总体正式全部完工。2016年4月27日，"上海中心"举行建设者荣誉墙揭幕仪式并宣布分步试运营。2017年4月26日，位于大楼第118层的"上海之巅"观光厅正式向公众开放。

上海中心大厦与他的两个邻居：金茂大厦和上海环球金融中心呈"品"字排列，大家总是把陆家嘴的三座建筑称作"三兄弟"，如图9-2所示。这三座建筑分别代表着中国的过去、现在和未来。著名的钢结构建筑金茂大厦代表着中国的过去，蕴含着历史意义；环球金融中心则代表着现在，也就是打开大门引进外资的现代中国；而上海中心大厦则代表着未来，是一种充满活力的形象。

2．大厦位置

上海中心大厦项目坐落在陆家嘴黄浦江沿岸上海国际金融中心核心区，其东至东泰路、南依银城南路、北靠花园石桥路、西临银城中路、北对金茂大厦、东接上海环球金融中心，区位条件优越。上海中心大厦位于地下二层的公共通道连接地铁2号线及在建中的14号线，并与金茂大厦、环球金融中心及国金中心相互连接，大厦区位分析如图9-3所示。

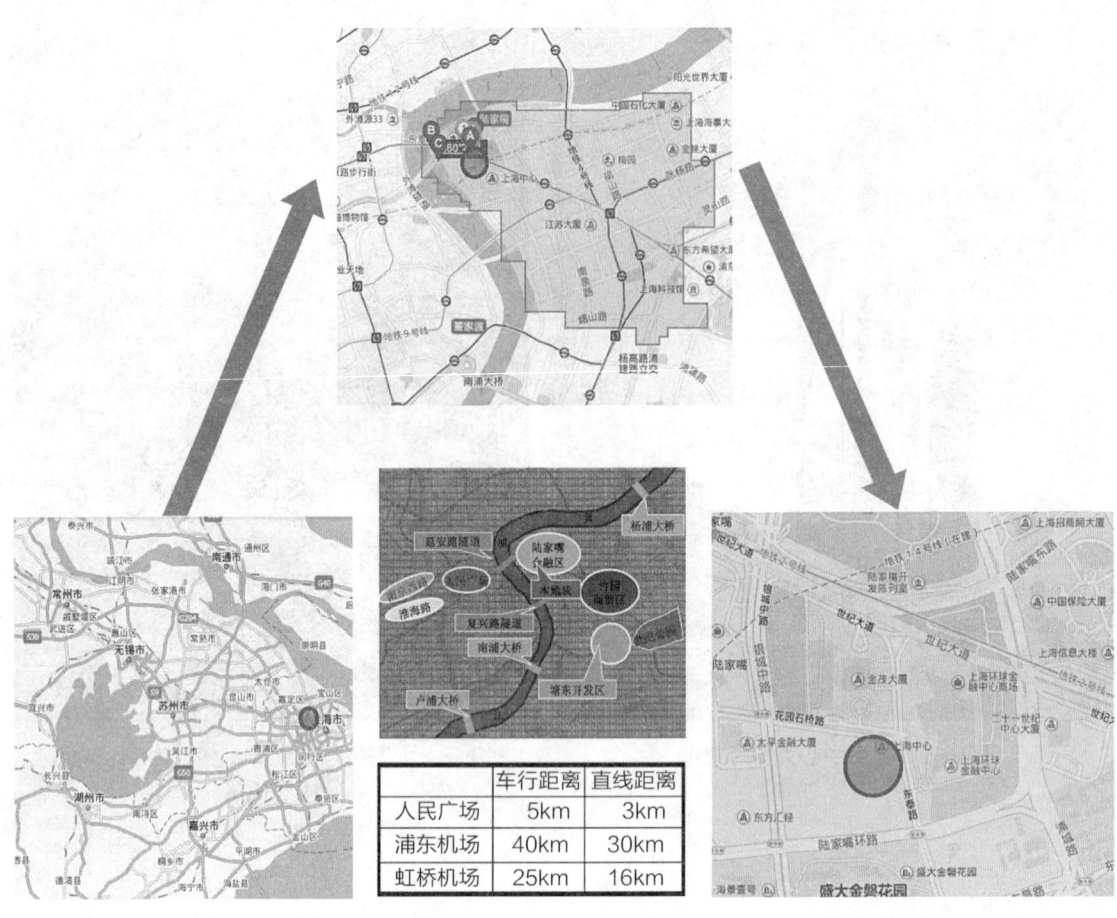

图9-3 上海中心区位分析图

3. 大厦的技术与荣誉（图9-4）

中国第一高楼	我国安装最高的能源中心
上海新地标	中国绿色建筑体系认证
美国LEED绿色建筑体系认证	世界最高绿色建筑
软土基上建造的85万t单体	世界最大体积民用建筑底板浇筑
幕墙设计、安装难度世界之最	……

图9-4 大厦技术荣誉

9.2 宝库文化上海中心项目

9.2.1 宝库文化简介

1. 宝库文化的萌芽

世界知名的超高层建筑地下往往都有库房，它不仅是一座建筑的"安全"配套，更为保存城市记忆做出了贡献。在为上海中心大厦策划了"文化"驱动的定位后，关于在上海中心这座地标建筑地下建一个宝库的种子，在宝库文化创始人柳费国的心中萌芽。

2. 宝库文化的缘起及发展（图9-5）

2012年1月8日，宝库文化与上海中心签订001号租赁合同。随后，宝库1号的设计被划进上海中心设计图纸，并最终保留在竣工图上（宝库1号如图9-6所示）。

2012年7月9日，招商地产与宝库文化、观复博物馆签约（上海观复博物馆如图9-7所示）。

2014年7月9日，宝库1号正式施工。宝库1号位于上海中心地下五层，与上海中心的建筑底板一体浇筑而成。钢筋混凝土建筑底板厚达6.5m，是安全、可靠的保管库。

2016年3月26日，宝库1号全球限量首发。

"在欧洲，保管箱不是一门新生意，拥有200多年的历史，这门生意最初诞生是因为战争，繁盛是因为人口的迁移和流动。"20世纪的上海，在这个被誉为"东方的华尔街"的都市，保管箱的生意一直被国内外银行经营。宝库文化创始人柳费国坦承："最初的想法很简单，上海中心引入博物馆，那地下空间需要配备一个文物和艺术品的库房。这是围绕上海中心打造文化地标的配套。第二轮，谈到上海中心，就必须提到陆家嘴金融城，宝库的保管箱是不是能为整个金融城做配套，最后调研下来，有这个商务需求。最后，也是让我们最兴奋地是，这其实可以变成一种新的生活方式。"

谈及为何引入上海观复博物馆。柳费国表示："一是观复博物馆是中国第一家获得认证的民营博物馆，藏品大多是中国传统文化文物；其次，马未都先生作为知名的文化学者，17年的累积打造了马未都的个人品牌效应。"

事实证明，宝库的经营获得巨大成功：作为可靠的第三方保管库，宝库1号不仅超越了博物馆级的储藏规范，成为整个陆家嘴金融城的基础设施，提供金融机构便捷、安全的衍伸服务；它还是硬通货时代财富管理的配套设施，为金融产品的完善提供了创新通道，为上海最终匹配"世界金融中心"之称号增添又一项指标。

2018年8月28日，从2012年成立起，经过六年的悉心打造，宝库文化上海中心项目全面落成，为公众呈现了一系列精彩纷呈的文化盛宴：在云端的博物馆追溯古代匠人的匠心工

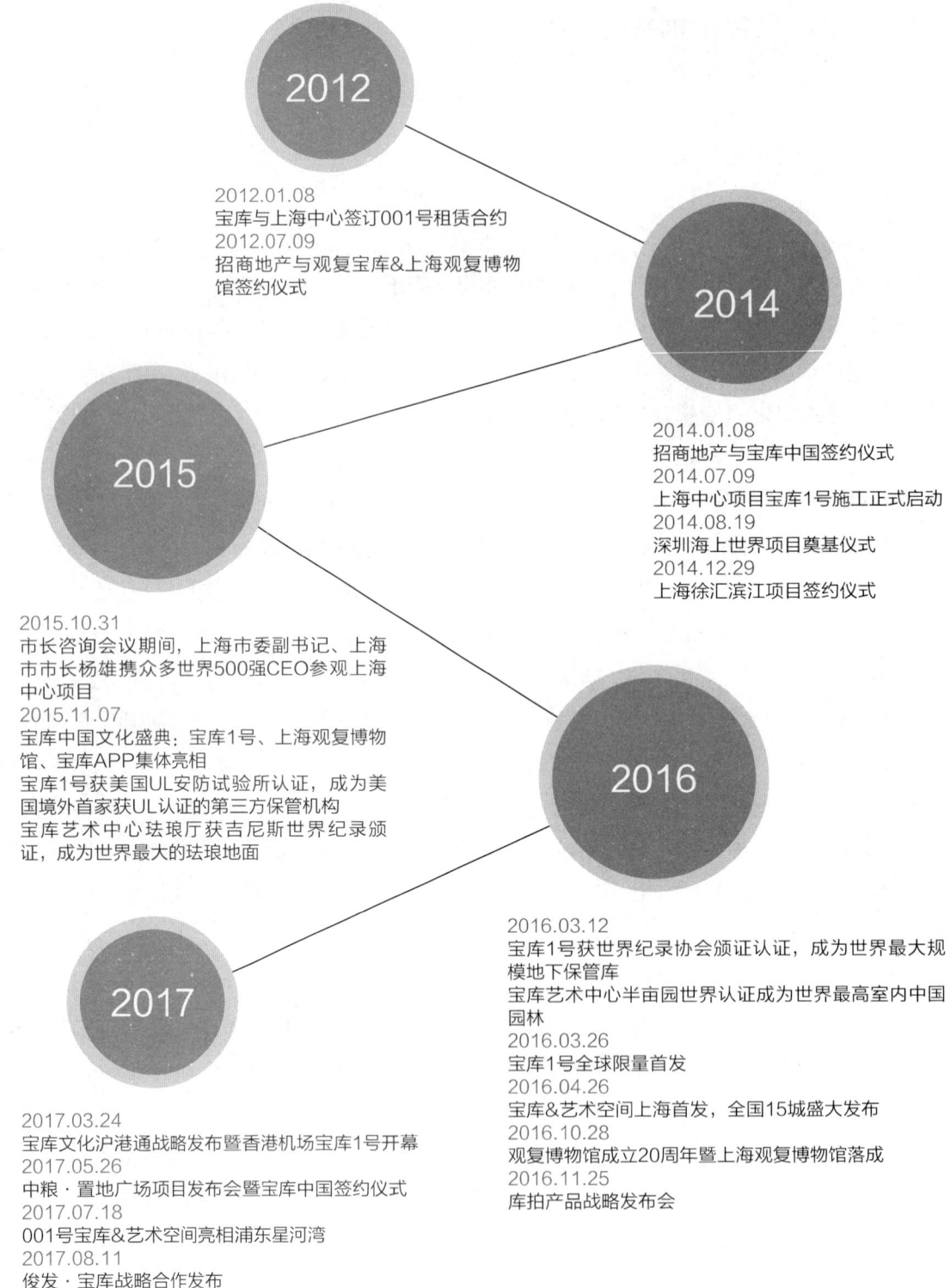

图9-5 宝库文化发展

图9-6 宝库1号

图9-7 上海观复博物馆

艺、在拥有"世界最大景泰蓝地面"的珐琅厅内欣赏艺术精品展、在"世界最高的室内空中园林"半亩园品味茶的醇香，欣赏婉转悠长的戏曲演出、在宝库匠心馆偶遇当代工艺大师、在上海超大城市地下中心库内存储艺术珍品，在会员艺术品展示交易平台宝库汇展示交易心爱的艺术品等。

如此，宝库文化上海中心项目除了为上海中心这座垂直地标注入文化内涵，更令观众在其沉浸式的文化空间内探索工艺之美，体验文化乐趣，达成文化消费，形成文化商业、文化事业与文化产业的内生循环。

9.2.2 宝库文化上海中心项目详解

宝库文化上海中心项目包括：B5楼（地下五层）宝库1号；37楼的宝库艺术中心和上海观复博物馆；38楼的宝库匠心馆。其中，宝库艺术中心包含：千文生僻字文化墙、珐琅厅、半亩园和橄榄园；上海观复博物馆包含：瓷器馆、东西馆、金器馆、造像馆、临展馆五大场馆和青花水磨石地面。图9-8是宝库文化上海中心的组成解析图。

宝库艺术中心及上海观复博物馆是唯一与上海中心大厦共同获得LEED绿色建筑评估体系的成员，获美国绿色建筑委员会（USGBC）授予的LEED绿色建筑商业内部装修"金奖"认证（图9-9）。

1. 宝库1号

（1）宝库1号简介

专业的第三方私人保管库——宝库1号，位于上海中心地下5层，深达地下25m，安

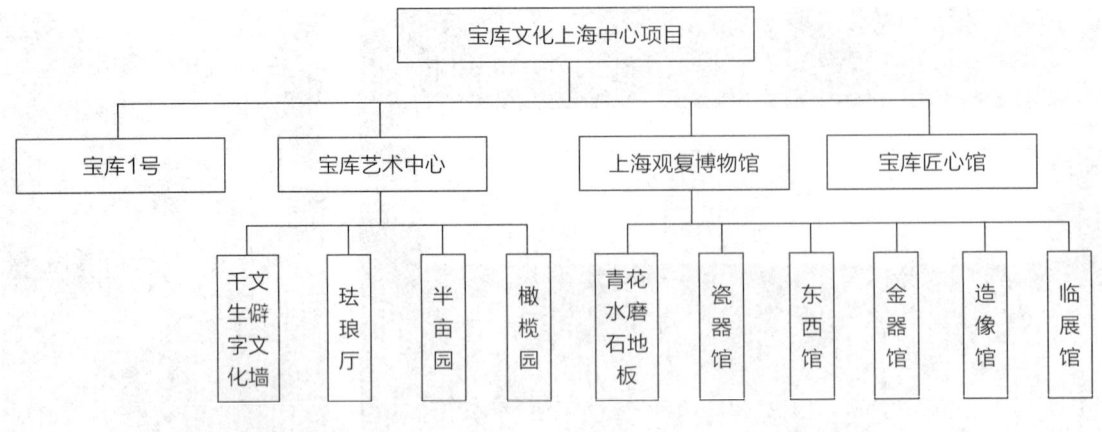

图9-8 宝库文化上海中心组成解析图（橄榄图正在改造中）

图9-9 美国绿色建筑LEED认证授牌

图9-10 私人保管箱及其"世界保管箱数量最多的地下保管库"认证

防系数甚至超过银行金库，更在其中精心建造了18698个私人保管箱——创世界纪录协会"世界保管箱数量最多的地下保管库"世界纪录（图9-10）——来配套陆家嘴金融城的基础设施、配套博物馆的艺术库藏。获得美国UL认证的宝库1号（图9-11），至今已形成了一套完整的运营服务标准，其所提供的服务对象延伸至社会大众，覆盖了机构、家庭与个人，满足了商务安全、家庭财富传承、个人托付等各类需求。

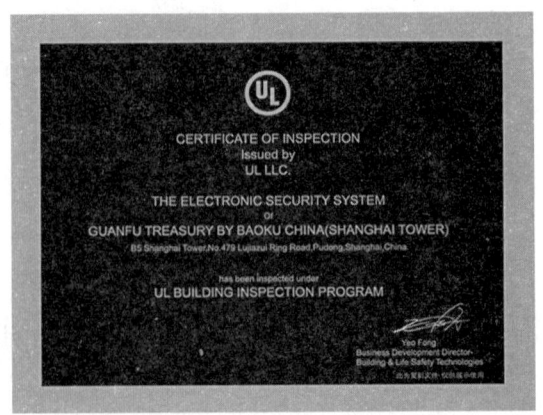

图9-11 美国UL认证

（2）按艺术品的标准"匠心"打造

上海中心设计阶段，宝库1号就采用了美国UL标准进行设计，这是美国最有权威的，也是世界上从事安全试验和鉴定的较大的民间机构，拥有120年左右的历史。保管箱的供应商为Chubb-safes，是世界第一家商业化的保险柜制造商，拥有200多年的历史，宝库1号则采用了它们最严实的特种钢板、特种钥匙。"从前期沟通到最后成样，箱子打样来回修改，多达6次。大型保管箱的门把手，原本是金属的，我们体验下来觉得手感不行，要求把手内做成橡胶，这在全球都没有做过"，宝库文化创始人柳费国回忆到："最后把保管箱提供者折腾得只能感慨'宝库是按艺术品的标准来做的'"。图9-12即是宝库保管箱。

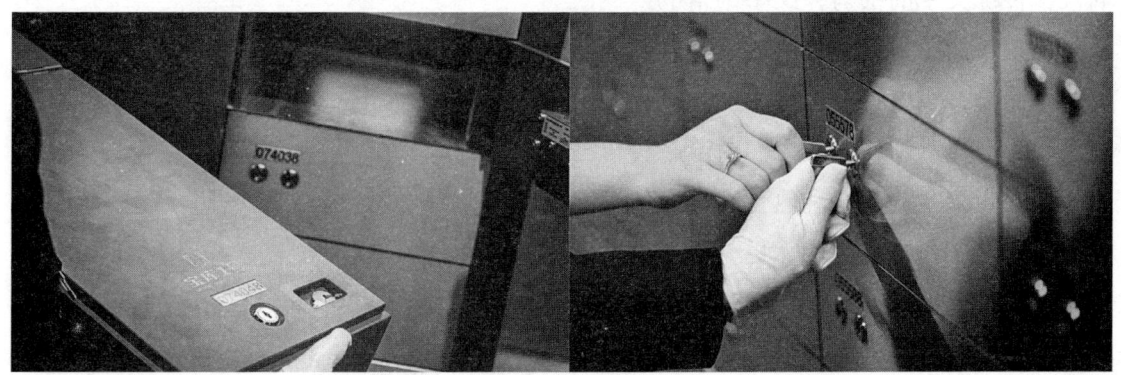

图9-12　宝库保管箱

2. 宝库艺术中心——东西方文化的交融之窗

宝库艺术中心，位于上海中心37层，再现各类手工艺遗承，将宝库文化"向当代人文精神致敬"之宗旨展露无遗。它们是文化与建筑融合的完美案例，每项成果都在寻求杰出古老工艺的当代表现形式。以建筑为载体，宝库文化承担起了传承文化的重任。图9-13为宝库艺术中心与上海观复博物馆的平面布置图。

（1）千文生僻字文化墙

步入宝库艺术中心，墙面上布满由上千个非常用汉字组合而成的文字群，如图9-14所示。这数面如同活字印刷阳文字模般的千文生僻字墙，再现了如今鲜少使用的中文字体：观之似曾相识，每处解构后的部分也都能分辨，却又绞尽脑汁猜不出字义和读音，勾起了观众对于生僻字的好奇心。以金刚喷砂法刻字，手工控制机械

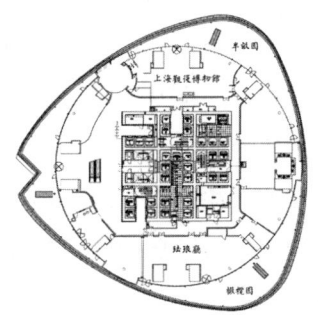

图9-13　宝库艺术中心与上海观复博物馆平面布置

喷砂,以沙为刀呈现出复古、端秀、自然的笔法,甚至在每一笔画间可以窥见线条粗细、干湿、断裂的效果。同时,字的深度、轮廓、清晰度、笔画等方面经过重重调试后,最终皆得以在墙面上予以体现,产生独特的凹凸立体感。

图9-14　千文生僻字文化墙

当下高科技与互联网的发展势不可挡,快速机械的键盘敲击输入以其便利性取代了传统文字的书写,汉字丰富的内涵也因此趋于简化,逐步简略成为一种平面符号。而今,宝库将对生僻文字的抢救及传承视为己任,意在唤醒人们对濒临失传的中华文化瑰宝的关注和热忱。象形的汉字不仅是文学的,美学的,更是内心的,精神的,是中华文化的精髓。汉字除了具有携带庞大文化内涵与信息的表象功能外,亦总能勾起国人对于中华文化的情感认同,无论向世界何处进发,飘摇或游

图9-15　珐琅厅及其"世界最大的景泰蓝地面"吉尼斯认证

荡,万水千山,海角天涯,看见汉字的形状便是回到了故乡。

(2)珐琅厅——吉尼斯认证"世界最大的景泰蓝地面"

宝库艺术中心内的"珐琅厅"拥有吉尼斯世界纪录全球最大的480.3m²景泰蓝地面(图9-15),定期举办各类艺术展览和活动演出。此块景泰蓝制品是700多年以来,第一副480m²无缝拼接的地面制品,除了必须经过传统铜胎掐丝珐琅工艺的5大"铸、掐、点、烧、磨"经典步骤外,完成一件完整的珐琅制品至少需要经过68道工序。134名良工巧匠投入累计321681h的精力,采用1789653根手工掐丝萦绕、1379块珐琅无缝拼接,最终完成了这件载入吉尼斯世界纪录的非物质文化遗产景泰蓝大型地面艺术杰作。

文化的传承离不开交流与传播。为了让文化滋养出更繁茂的果实,以"东西方文化的融合、向当代人文精神致敬"为理念,采用西风东渐的珐琅工艺打造的珐琅厅,成为当代艺术与文化的交流平台,因其别具一格的创意设计与精湛的匠心工艺,吸引了社会各界人士慕名前来。目前,珐琅厅已举办各类展览、讲堂、演出等近百场活动,为公众提供丰富的文化内容。

（3）半亩园——世界最高的室内空中园林

半亩园的风格为苏式园林，位于173m，是世界最高的室内空中园林（图9-16）。占地380m²，故因此取名为"半亩"。其整体设计风格吸收了明代园林的精华，建筑、山水、植物有机结合，互为补充，在上海中心这座超高层的地标性现代建筑里，再现明代园林风格的江南文人庭院，展现传统文化与现代文明间的碰撞与融合。首创了在西式现代超高层建筑的几何审美观中注入东方美学。

图9-16 世界纪录协会"世界最高的室内空中园林"认证

半亩园从酝酿到最后建成用时3年，提炼出竹艺、木作、叠山、理水、铺地和绿植这六种传统工艺造景。

半亩园选材、选料特别用心。园中点睛之笔——古式亭台，采用传统的露明工艺，全部以清水作法，由金丝楠木建造而成。亭台之地砖石料源于江南武康岩，遗承明清，石面不仅具有历史沉淀的肌理感，还同时还兼备防滑功能性。半亩园中假山之石全是太湖石，太湖石的特点是"皱、漏、瘦、透"。石头水间，金鱼漫游。

半亩园中，有四株古藤，平均年龄700岁，其中有一株古藤已上千年。为了保证成活，四株古藤在苏州苗圃培育了8个月的时间，然后才移植到园中来。除了古藤，园林中还有红花树、迎客松、竹子、瓜子黄杨、悬崖杜鹃等几百种生意盎然的植物。

中式古法园林半亩园，将建筑、山、水有机结合，咫尺之内却以小见大、宛若天成，为这座现代的钢筋水泥建筑营造了一座精神花园。张军、单雯等知名昆剧艺术家在此上演的天籁之音，更是让观众在场景中深度感受到戏曲的独特文化魅力（图9-17）。

（4）橄榄园（改造中，略）

3．上海观复博物馆——云端的古典艺术私人博物馆

观复博物馆于1996年10月30日获政府批准成立，马未都先生为创办人，是中国第一家民办博物馆。上海观复博物馆以中国深厚文化为基石，打造高品质的专业展览，环境典雅，注重人与历史的沟通，突出传统文化的亲和力。馆内各项现代化配

图9-17 半亩园中昆剧表演

套设施将提供更为细致舒适的服务。

五千年的中华文明造就了博大精深的民族文化与工艺，是匠心工艺发展的不竭之源。位于上海中心大厦37层的"上海观复博物馆"是一座云端的古典文化艺术博物馆，将古代匠心工艺通过瓷器馆、东西馆、金器馆、造像馆及临展馆的丰沃藏品逐一向参观者呈现，让参观者体验文化之美，对工艺寻根溯源，致敬古代匠心。

图9-18　青花水磨石地板

(1) 青花水磨石地板

过往传统工艺的手工感逐渐被机器所取代，规则、单一、机械化的工业制品如今高效地呈现在人们的视野中，却难以再现往日工匠专研精神之美。青花水磨石地板采用古法水磨石工艺，手工打磨的石质与机器僵直磨成制品相较而言，质感温润，泛着柔和光泽，沉稳气韵尽显无疑（图9-18）。手工制作必然无法达到机器制作的精准和速度，但是由匠人在每一道工序时一次又一次的来回推敲——拓印纹饰、掐丝成型、颜料调配、泥石灌注、打磨后细磨到最终的抛光，无不体现了工匠的专注与细致。制作过程中，掐铜丝线条粗细的把控及勾勒方式攸关青花花卉纹理的灵动巧致，蜿蜒曲折间仿佛具有韧性，勾勒衬托出花朵的灵秀形状。整块水磨石地面以观复馆藏的宣德青花折枝莲纹大盘的纹饰为样，其中仿青花苏勃泥青料颜色的渐变过渡设色也对施工时水泥基水和骨料粒径大小有着近乎严苛的要求。水磨石材质制品随着时间的推移，会与湿度、温度、摩擦力产生作用，形成不可磨灭的时间印记。细小青金石排列组合而成的花卉图样，无惧岁月历练，依旧灿烂绽放。这正是手工制品的魅力所在，使它成为上海观复博物馆一件独一无二的定制精品。

(2) 瓷器馆

宋代陶瓷生产从实用化向艺术化大大地迈进了一步，中国陶瓷美学高峰在此时形成，令后世无法企及。宋代陶瓷品种剧增，北方的磁州、耀州、定州、钧州；南方的饶州、吉州、处州、建阳，形成八大窑系。瓷器馆的113件展品，上承五代，下启金元，代表宋代陶瓷的主要面貌（图9-19）。

(3) 东西馆

18世纪中国处在康乾盛世，欧洲在文艺复兴后进入工业革命，亚欧大陆的文明在这一刻全面碰撞。当时海上的贸易交流，推动了东西方文化的融合。神秘的中国文化在18世纪对欧洲上流社会的影响超出一般人的认知。东西馆的109件展品，多为东风西渐，体现了当时欧洲社会流行中国元素，向往中国的工艺及纹样（图9-20）。

图9-19　上海观复博物馆之瓷器馆

图9-20　上海观复博物馆之东西馆

（4）金器馆

黄金是人类文明形成以来的共同文化标准。五千年以来，人们对黄金充满了期冀，黄金作为人类财富文明的最高标准从未改变，它给出了世界文明发展的轴线，让各类文明相互靠拢，相互支撑。金器馆的221件展品以中国古代黄金作品为主，中国周围民族与国度的黄金文化为辅，让观者深刻领略黄金文化（图9-21）。

（5）造像馆

佛教起源于古印度，汉代传入中国，佛教艺术对我国的文学、绘画、雕塑、建筑等均产生了重大深远影响。造像馆所展的47尊南北朝及唐宋时期汉传佛教造像，明清时期汉藏佛教造像，兼以周边国家佛教造像作品。大千世界，宝光灿烂，令观者心存敬畏（图9-22）。

（6）临展馆

临展馆是上海观复博物馆的短期特展空间，为多元化策展提供了可能（图9-23）。

4．宝库匠心馆——中国工艺美术与非遗艺术的聚合平台

宝库匠心馆位于上海中心38层，将成为中国当代工艺大师们的原创艺术作品的展示交

图9-21　上海观复博物馆之金器馆

图9-22　上海观复博物馆之造像馆

流平台，集工艺的展示、交流、交易于一体，是打造新时代匠人文化品牌、产业品牌的文化高地。在新时代的背景下，中国传统工艺的发展需要依靠创新与融合，而上海中心作为中华第一高楼，将以其地标品牌影响力与号召力为工艺大师发声，37层的宝库艺术中心则通过全年不间断艺术展览、讲座论坛等文化交流活动，为其输送文化艺术领域的精准受众。

图9-23　上海观复博物馆之临展馆

宝库匠心馆由三大主题展馆、二十八个大师空间与多功能厅组成，馆区共约2000m^2，涵盖的工艺门类包括陶瓷、雕刻、金属、漆器、织绣等，全面展示丰富厚重的中国工艺美术文化与非遗艺术文化。它将助力中国匠人向艺术家的转变，实现大师工艺向品牌化发展，支撑民族工艺走上国际舞台（图9-24）。

图9-24　宝库匠心馆

9.3　宝库文化以文化升华地标

9.3.1　文化的力量及文化传承创新的意义

1．文化的力量

（1）文化的力量是巨大的

文化是一只看不见的巨手，能够在人们认识世界、改造世界的过程中创造生产力、提高竞争力、增强吸引力、形成凝聚力，转化为强大的力量。

文化的力量，是一个民族的重量，一个国家的分量，一个社会的体量。社会历史的发展和进步，民族的独立和振兴，国家的繁荣和富强，人民的幸福和安康，都离不开文化的力量支撑。中华文化的力量是历史的又是当代的，是有形的又是无形的，是现实的又是潜在的。我们应不断增强中华文化的力量。

（2）文化的力量贵在自信

习近平总书记指出："文化自信是更基本、更深沉、更持久的力量。"只有坚定文化自信，才能获得坚持和坚守的信心，才能鼓起奋发进取的勇气，才能克服前进路上的艰难险阻，才能激发发展创新的活力。

一个抛弃了或者背叛了自己历史文化的民族，不仅不可能发展起来，而且很可能上演一幕幕历史悲剧。坚定文化自信，事关国运兴衰、事关文化安全、事关民族精神独立性。

（3）文化的力量助力民族复兴

文化既是沧桑的历史，也是繁荣的现在，更是璀璨的未来。没有高度的文化自信，没有文化的繁荣兴盛，就没有中华民族伟大复兴。随着中国特色社会主义进入新时代，随着人民的需要从物质文化需要发展到美好生活需要，随着中华民族迎来从站起来、富起来到强起来的伟大飞跃，文化建设也要提升至更高层面，肩负更多责任使命。

古以文载道，今以文聚力。我们应大力推动中华优秀传统文化创造性转化、创新性发展，不断铸就中华文化新辉煌，以文化的力量助力中华民族伟大复兴。

2．文化的传承创新

改革开放以来的现代中国，经济迅猛发展，政治地位大大提升，综合国力大大提高，这使我们愈来愈意识到，我们身处的时代过程是中华民族伟大复兴的时代过程，也同时是中华文化伟大复兴过程。

今天的中华民族是历史上的中华民族发展而来的，中华民族今天的成就是以几千年发展的中国文化为基础的，也是以中华民族在历史上养育起来的文化能力为基础的，而文化传承最核心的是价值观。中华文化在几千年的发展中，以儒家倡导的仁孝诚信、礼义廉耻、忠恕协和为中心，形成了一套相当完整的价值体系，这一套中华文化的价值体系，支配和影响了中国政治、法律、经济制度建设和政策施行，支撑了中国社会的伦理关系，主导了人们的行为和价值观念，促进了中华民族凝聚力的形成，支配和影响了中国历代与外部世界的关系。这一套体系是中华民族刚健不息、厚德载物精神的价值基础和根源，亦即中华民族民族精神的价值内涵。

现代社会的政治、经济、法律制度已与古代社会根本有别，尤其是在社会主义市场经济条件下，社会的核心价值体系要求，既与古代社会有相同的一面，也有不同的一面。这就需要我们在进行思想文化传承的时候注意创新，以适应时代的变化和要求。在现代社会生活中，传统的价值有些可以直接应用，有些则必须加以改造，并应时代问题和需要，重新加以整理、概括，使之成为新时代的核心价值。

9.3.2 地标上海中心之文化定位——以文化为驱动

上海陆家嘴金融城，过去25年，崛起了大约241幢高楼。高楼林立的陆家嘴已成为上海最具魅力的区域。在向着世界级金融中心迈进的道路上，陆家嘴金融城已跨越了塑造"商脉"的目标。

作为资深地产人，上海中心的策划者之一，也是宝库文化的创始人柳费国先生，他亲身经历了浦东的改革开放与陆家嘴翻天覆地的变化。如此多的高楼，使他意识到——建筑的高度总会被超越，但文化的灵魂却会作为上海这座城市在这个时代的记忆被永久地保存下来。这与上海"文化东进"战略——不断推进和创建浦东国家公共文化服务体系示范区，致力于"人脉"的汇集，最终形成具有独特文化体验"文脉"的金融城——不谋而合。

为了与陆家嘴金融城其他高楼形成差异，柳费国提出了上海中心应以"文化"作为驱动的定位思路，并且深入思考了三个相关问题：

（1）陆家嘴金融城的发展，如何从量到质，从都市到都会？

（2）上海中心的地标建设，如何把它从一栋建筑变成一个城市文化高地？

（3）文化究竟如何成为上海中心的驱动？

"外滩的核心区已经建成一百多年了，上海早已经完成了'城市化'，也经历了'再城市化'的过程，如今需要的是'都会化'的一个过程，如何让上海成为一个世界级的大都会？""一个世界级的都会，必须经历历史积淀，拥有自己的城市记忆，有属于她的文化觉醒，以凝聚城市精神来创造这个城市的梦想。"柳费国先生认为上海中心作为一座垂直的城市，在既有的经济、物质、技术基础上，应更关注人的精神感受。

最终，上海中心以"文化"为驱动，定位于：以中国文化影响力，打造一个具有上海精神（图9-25）、中国梦想的中华第一高楼。并由此在超高层地标建筑中引入了宝库文化这一创新性的文化业态。

图9-25 著名画家、艺术家陈逸飞先生创作的雕塑作品"上海少女"

9.3.3 宝库文化之于上海中心的意义——升华地标

上海中心大厦以其中国最高楼之高度,成为一座物理性地标。宝库文化为大厦注入灿烂的文化,成其为文化地标。所谓文化地标,是指以文化为魂的地标建筑。上海中心升华为文化地标的过程,也是宝库文化运营文化的过程:

(1)2015年8月27日,时任中共中央政治局委员、上海市委书记韩正和时任上海市市长杨雄一行,莅临视察建设中的宝库艺术中心及上海观复博物馆。

图9-26 领导视察建设中的宝库艺术中心及上海观复博物馆

领导感叹:宝库艺术中心与上海观复博物馆使得上海中心刚刚建成即有了"文化"的内容(图9-26)。

(2)2015年10月31日,时任上海市市长杨雄带领全球500强CEO宾客,一同参观了在建的宝库艺术中心和上海观复博物馆。汇丰主席范智廉先生在接受采访时说道:"我非常荣幸能够有特权观赏上海观复博物馆这么精美的策划和呈现出来的收藏,也感恩所有为之付出的人们。"宝库艺术中心和上海观复博物馆以其所富含的文化内涵、文化魅力和浓郁的文化艺术气息,还未正式开馆,就已吸引了众多的社会知名人士前去一探究竟,间接成就了上海中心大厦文化之名(图9-27)。

(3)2015年11月7日下午,宝库中国文化盛典"让建筑支撑起文化的高度,把文化转变成建筑的灵魂"隆重召开,受邀嘉宾来自社会各界金融、地产、IT、文化艺术、媒体等领域的杰出领袖,在上海中心齐聚一堂,宝库文化团队首次亮相(图9-28)。如此,上海

图9-27 上海市市长杨雄携全球500强CEO参观在建的宝库艺术中心和上海观复博物馆

图9-28 "让建筑支撑起文化的高度,把文化转变成建筑的灵魂"

中心向文化地标的冲锋，开始了总动员。

（4）2016年3月26日宝库1号全球限量首发，现场火爆。早在3月初亮相伊始，宝库1号就已受到了国内各大主流媒体的密切关注，报纸、网络、电视、电台等百余主流媒体不仅在展厅现场随时跟拍，更积极在自家的发声渠道上，通过从文化等不同新闻角度的解析，对宝库进行了大力和密集的报道。如此，上海中心的文化地标冲锋，首战告捷（图9-29）。

图9-29 宝库1号全球限量首发

（5）2016年10月28日上海观复博物馆落成，并恰逢观复博物馆成立20周年。上海观复博物馆凝聚了中华文明历史上最灿烂的手工艺，来自东西方的物件臻品都在此倾情呈现（图9-30）。

（6）2017年5月12日宝库1号二期正式发布，首推服务方案——传家宝库。发布当天，宝库中国发起传家之旅邀约，邀请全上海的长辈们免费参观宝库文化在上海中心大厦的匠心之作。在上海中心正式投入运营之即，宝库文化发起传家之旅，旨在促进家族文化传承复兴的同时，呼吁社会各界人士关注精神信仰的回归和传统艺术文化的传承。

（7）2018年4月6日至2018年4月8日，宝库艺术中心主办了"刘东瀛工笔画花鸟作品展"（图9-31）。在宝库艺术中心珐琅厅举办的开幕式气氛热烈，来自艺术界、

图9-30 上海观复博物馆

图9-31　刘东瀛工笔画花鸟作品展

图9-32　丝路匠心壁画展

文化界的专家学者以及宝库会员200余人到场出席。艺术家刘东瀛、藏家（宝库会员）冷冰与宝库文化创始人兼CEO柳费国分别致辞。"宝库文化一直秉承着'以珍藏致敬分享'的理念。"柳费国在致辞中讲道，"我们希望让宝库会员将更好的收藏分享给真正的艺术爱好者。"

（8）2018年4月22日晚，由丝路典藏倾情奉献的"丝路匠心壁画展"在宝库艺术中心正式开幕，50余幅丝路匠心壁画在珐琅厅揭开神秘面纱（图9-32）。此批壁画由丝路典藏团队历时多年绘制而成，再现古丝绸之路的经典艺术瑰宝。展览特邀浦东新区区委宣传部（文广局）和上海工艺美术行业协会作为指导单位。

（9）2018年08月03日中央政治局委员、上海市委书记李强于2018年8月2日下午调研了上海宝库文化发展股份有限公司。李强书记表示：这是一种创新的商业模式，并且凝聚了匠心的建设成果，他鼓励宝库再接再厉，立足地标，走进社区，面向全国（图9-33）。

（10）2018年8月8日，宝库文化分别与上海钻石交易所、上海宝玉石交易中心进行了合作签约仪式。宝库文化与上海钻石交易所还将在以钻石为核心的珠宝展示、文化活动、艺术展览等方面展开交流合作。双方将联手于宝库艺术中心举办珠宝主题双年展，孵化国际钻石品牌，促进钻石产业的发展，为双方会员创造展示沟通与交易平台。

同日，宝库文化与大可堂正式签约合作。宝库·大可堂将成为中国茶文化的交流体验中心，双方将整合各自优势资源，

图9-33　中央政治局委员、上海市委书记李强调研上海宝库文化发展股份有限公司

举办各类文化活动,推广东方茶文化。

(11) 2018年9月10日,宝库文化与时钟教室于宝库艺术中心珐琅厅签署合作协议,将共同打造宝库·时钟教室社区美育中心(图9-34)。此次合作,双方以普及"美的教育"为己任,将全新的美学教育模式带给大众,弘扬与传承中华美学精神。

图9-34 宝库中国创始人兼首席执行官柳费国与时钟教室首席执行官陈国胜签署合作协议

由以上可见,在上海中心升华为文化地标的过程中,通过宝库文化的文化运营,上海中心逐渐成为了上海的文化展示中心、文化体验中心,成为了上海的文化高地,具体表现如下:

(1) 上海中心传承优秀中外文化,引领上海文化时尚。

宝库文化以浓厚的人文情怀,开放姿态,多元互动,在上海中心为公众呈现了一系列精彩纷呈的文化盛宴。上海中心成为了文化的窗口,透过这个窗口,公众可以真切感受到古今中外优秀文化的魅力,启迪智慧、开拓视野、净化心灵、陶冶情操,以复古的方式引领着文化的新时尚。

(2) 上海中心推动了文化整合,获得了文化认同。

所谓文化整合就是不同的价值观念,不同的生活方式之间的协调和发展。不同地域文化、不同专业背景、不同思想方式和思维习惯的人们,都乐于进入上海中心去体验其所承载的古今中外、多姿多彩的宝库文化。上海中心获得了社会的文化认同。

(3) 上海中心成为培育和促进文化市场发展的平台。

今天的公共文化会变成明天的文化市场和文化消费,越来越多的优质文化入驻宝库文化,宝库文化通过在上海中心大厦内举办丰富多彩的文化活动,培养了人们健康向上的文化爱好,扩大和提升文化消费的需求,极大地促进了文化市场的发展。

(4) 上海中心展现文化自信,凸显新时代上海精神。

传承和弘扬中华传统文化,包容与借鉴世界先进文明。文化活动的根本是关乎人心的问题,是关于人的精神境界,关于人的精神面貌,关于人的精神追求。宝库文化通过一系列的文化活动展现出来的文化自信,不仅将"城"里数以十万计的人们连结起来,也赋予了这片黄金宝地更鲜活的人文气息。

综上所述,宝库文化以文化升华了地标,让文化成为地标建筑的灵魂,为上海中心创新发展提供了新的动力。

9.4 案例总结

通过宝库文化上海中心项目案例的分析，就房地产行业的可持续性健康发展而言，可以总结出以下两点有益的经验：

1. 可以通过引入具有强大力量的"外因"，例如"文化"等，来促进房地产行业的可持续性健康发展。

内外因辩证关系原理中，内因是事物发展的根据，是第一位的原因；外因是事物发展的外部条件，是第二位的原因，它能加速或延缓事物发展的进程。但是，外因在一定条件下，对事物的发展能否实现起决定性作用。我国改革开放取得巨大成功，很大原因就是源于我国在坚持独立自主、自力更生方针的同时，善于利用国外的有益且巨大的力量。本案例中，上海中心通过宝库文化，引入具有强大力量的"文化"，由地标建筑升华为文化地标，实现了价值的提升。因此，"+文化"可以作为房地产行业可持续性健康发展的一个重要方向。

推而广之，只要是一些有益的、强大的外部力量，例如：互联网、"一带一路"倡议、"万物互通"技术等，都可以用来促进房地产行业的可持续性健康发展。

2. 通过"外因力量的使用"，来促进房地产行业的可持续性健康发展。

事物的发展，外因必须通过内因而起作用。这一过程是动态的过程，是通过"外因力量的使用"促使"内因"改变的过程。"外因力量的使用"，主要涉及两个方面的内容，即"使用者的能力"和"使用方法"。

"使用者的能力"方面，要求使用者是综合性人才，是既熟悉"内因"力量，也熟悉"外因"力量的人才。宝库文化上海中心项目的成功，很大程度上依赖其创立者和领导者柳费国先生等的优秀的综合素质——既是地产专家，也是"文化人"。"地产+文化"的践行者们，需要不断地学习、实践，以提高自己的综合素质。

"使用方法"方面，要求能够充分地释放"外因"的力量，并作用于"内因"，促进事物的发展。本案例中，上海中心通过宝库文化大量的、多种形式的、与上海中心有密切关系的文化运营活动，例如：文化交流、文化展示、文化交易等，释放了"文化"的巨大力量，引起了社会的极大关注，深刻了人们对上海中心文化属性的认识，实现了上海中心价值的提升。"地产+文化"的践行者们，需要广开思路，采取各种各样的运营方式方法，释放文化的力量，提升地产价值，促进房地产行业的可持续性健康发展。

思考题

1. 什么是"地标建筑""文化地标",谈谈他们的区别?

2. 通过学习宝库上海中心项目案例,谈谈你对"让建筑撑起了文化的高度,让文化成为建筑的灵魂,文化成为上海中心创新发展的核心驱动力"的理解。

3. 除了地标建筑,"特色地产+文化"中的"特色地产"还有哪些?

10 千丁互联：
"互联网+"引领智慧社区新生态

技术创造可能性和潜力，但最终，我们的未来将取决于我们做出的选择。

——Erik Brynjolfsson

案例导读

北京千丁互联科技有限公司（简称"千丁"）成立于2014年3月，是一家面向社区布局的科技公司；同年12月，与龙湖物业达成战略合作，全面促成龙湖物业智慧升级，加速社区智慧化建设。作为中国领先智慧社区云平台，千丁通过科技创新与服务升级创领全新的智慧社区体验。目前，千丁已同龙湖、融汇、阳光100、太和兴、中房物业等近1500家物业达成合作，在54个城市为740万户家庭提供服务，服务面积超12亿m^2。2017年5月千丁在第二届互联网+创新峰会上获"中国互联网+物业最佳解决方案奖"，7月在第16届中国物业管理协会获得"最具行业影响力"奖项，10月获得人工智能研发合作伙伴科大讯飞颁发的"听见未来奖"，其自主研发的物业管理系统——"物业云"获得国家7项专利认证，独有的千丁离线加密算法也获得国家专利认证。

10.1 服务升级视角下社区物业管理的变革

10.1.1 我国物业管理发展历程及问题

1. 物业管理发展历程

住宅小区物业管理的主要内容包括小区内的治安、绿化、卫生及建筑附属设施的养护、维修等工作。我国物业管理发展的历程主要经历了三个阶段：第一，物业管理的起步阶段（1981—1994年）。我国第一个物业管理公司于1981年在深圳成立，标志着我国传统房产管理迈出了改革的第一步。第二，物业管理的初步发展时期（1994—1999年）。我国住宅小区物业管理的首个法律法规《城市新建住宅小区管理办法》诞生，该办法明确指出我国未来的小区管理要走统一化和专业化的发展道路。第三，物业管理的快速发展阶段（1999至今）。经过30多年的发展，我国物业管理服务业已颇具规模，物业管理覆盖不动产管理的所有领域。据中国物业管理协会《2018年全国物业管理行业发展报告》显示，2017年，我国现有物业服务企业11.8万家，全国物业管理行业在管项目面积约为246.65亿m^2，服务5亿用户，全行业年主营业务收入6007.2亿元，从业人员达904.7万人，外加专业分包人员共1200万人。

伴随着我国经济水平的快速提升以及城镇化水平的大幅提高，我国的物业管理也得到了快速的发展。物业管理服务对我国经济社会发展的推动作用日益显现，在改善人居环境、推动国民经济增长、维护社区和谐稳定、解决城乡就业问题、推动社会建设等方面发挥着重要的作用。

2. 物业管理问题及痛点

近年来，很多传统住宅开发商都相继进入商用地产领域，由于缺乏商用物业运营管理经验，部分开发商难以在新的市场中脱颖而出；同时，很多物业都缺乏统一管理，致使用户的体验水平不佳，加之整个物业管理行业长期处于微利的困境，为了能够契合当今业主与用户的新诉求，业主与物业管理企业都开始寻求全新的物业管理服务。目前，我国物业领域主要存在如下问题及痛点：

（1）人力成本高，物业费调价困难

传统物业属于劳动密集型产业，对劳动力需求大，人力成本不断上涨，占比偏高。与此相矛盾的是，我国物业费的征收受到政策管制，一直处于较低水平。高成本与低收入之间的矛盾，限制了传统物业的服务水平。

（2）专家培养周期长，现场品质管控难度大

在物业管理公司对外扩展的过程中，相关人才的需求增加，但高素质高水平的人才具

有较长的培养周期，人才的增长速度难以跟上企业的外扩速度，导致物业的品质管控难度增大，物业管理水平受到了消极影响。

（3）设施设备管理难，物联网门槛高

要实现良好的物业管理水平，需要对社区内设施设备加强管理。随着社区设施设备的换代升级，种类愈加丰富，管理难度加大，急需引入物联网。但物联网的涵盖内容太过宽泛，物联网的难度与复杂性增加了布局物联网企业的门槛。

（4）消费升级，定制化服务需求剧增

消费升级的背景下，消费者的需求愈加多样化，然而传统物业对于服务需求变化的感知并不灵敏，难以满足日益增加的物业定制化服务需求。

（5）缺少业主互动，服务满意度低

传统物业管理集中于线下业务，物管人员与业主交集不多，从而难以提升业主对物业的服务满意度。

10.1.2　服务升级内在要求

1. 各行各业服务升级

随着居民收入的持续增长，消费已成为中国经济增长的第一驱动力。中产阶级消费群体的不断壮大让消费升级成为时下热门话题。固有的流量模式——唯增量至上的激进式发展思维，开始受到越来越多的诟病。挖掘存量用户的消费能力，提升其消费体验成为当下以及未来一段时间服务业的发展重点。

大消费时代的升级，意味着个性充分释放的消费生态。越来越多的人不再局限于物质的满足和享受，服务性消费的比重不断提升，生存型消费不断转向享受型和发展型消费。只有适应消费升级的需要，提高产品品质、改善服务，才能在市场竞争中赢得先机。在经济快速发展下，客户的消费敏感度和品质要求在提高，未来的消费者将更愿意为体验、环境、情感和服务买单。在这种重视服务体验的消费模式下，要满足各行各业消费者的需求，产品生产者和服务提供者应秉持创新理念，在不断的颠覆和创造中，提供更加高品质、更多个性化的服务。

2. 物业管理服务升级

目前，中国的物业费规模约为1.2万亿，由于人工成本的上涨，物业企业很难在这1.2万亿中获取更多的利润。随着社区经济的勃发，预计社区增值服务将带来1万亿的经济价值，为了能在这1万亿中获得优势利润，物业管理服务亟需升级。好的物业管理系统可以提升小区的管理服务水平，使小区的日常管理更加便捷。重视现代化的管理，重视细致周到的服务,提高物业管理的经济效益、管理水平,取得最大经济效益是小区物业工作的宗旨。在传统的社区生活中,物业管理缺乏人性化,新时代下业主对美好社区生活的向往,二者矛盾亟待解决。比如在"互联网+"时代,相比于传统耗时耗力的线下服务,人们更加青睐快捷、简单的线上服务。扫一个二维码就可以实现支付功能,刷一下脸就可以快速进入,点几个按键就可以实现送餐到家,这些创新性的服务模式也应该渗透到业主的日常生活。

10.1.3 互联网+、大数据、云计算等信息技术推动智慧升级

1. 互联网+、大数据、云计算关系解析

作为一种新的经济形态,互联网+依托互联网信息技术实现互联网与传统产业的联合,通过优化生产要素等途径来完成经济转型和升级。各行各业信息数据庞大,如何实现有效的整合为传统行业升级方向提供精准数据分析成为至关重要的问题。云计算应用的引入为集约整合大数据提供技术支撑,在互联网技术日新月异的今天,如果将大数据、云计算、人工智能等新技术应用于公共领域,将能够显著提升服务、交易以及监管的质量和效率(图10-1)。

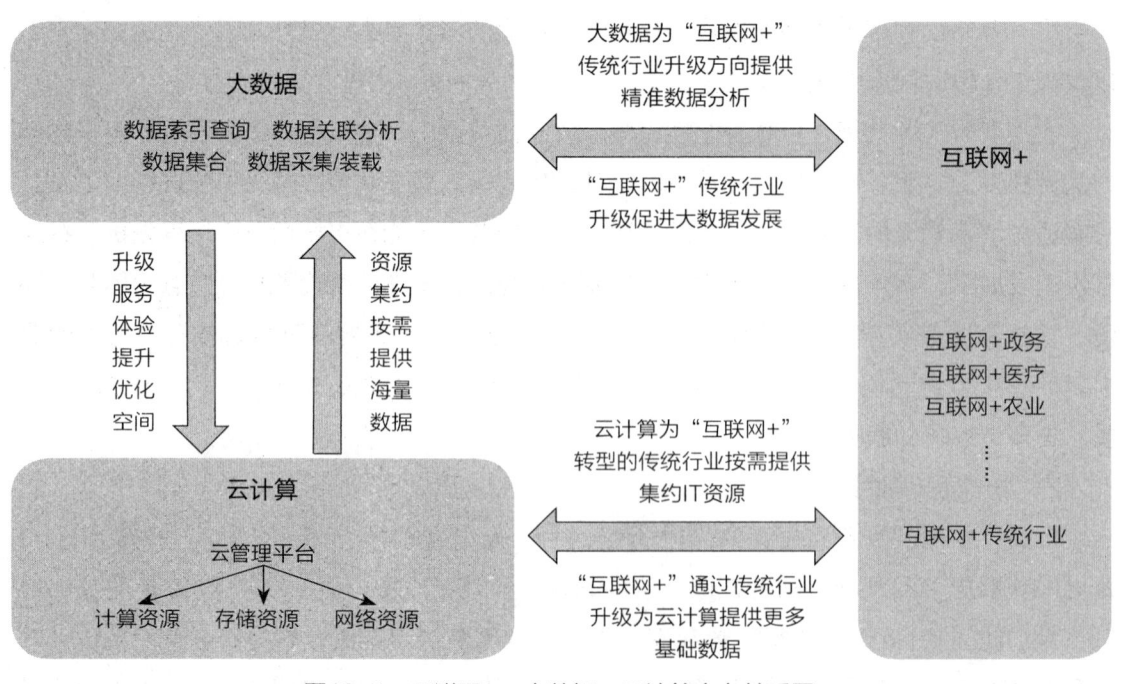

图10-1 互联网+、大数据、云计算内在关系图

2. 互联网+、大数据、云计算助力物业管理转型升级

传统的工作方式效率低、强度大，人们需耗费大量的时间和精力去处理繁杂、重复的工作。随着互联网的普及，目前中国的网购规模高达8510亿美元，是美国的2.2倍，是国际水平的18.7倍；网购用户高达4.6亿人，是美国的2.6倍，是国际水平的9.4倍。如此大规模的互联网使用量已经实现了用户的数字化，也使越来越多的传统行业转型、升级。过去人们通过购买纸质书籍或者电子书籍进行阅读。在现在的信息时代，新的媒体工具、支付手段、知识传授去平台化等层出不穷，喜马拉雅等线上品牌的出现使阅读学习成为新的趋势。过去，物流业一直被视为劳动密集型行业，运营中需要大批工作人员分拣、配送等。如今，无人仓、无人机、无人车等"黑科技"不断解放劳动力，提升物流业末端配送服务的质量与效率，整个行业逐步实现"智慧转型"。

互联网+、大数据、云计算技术的普及，对传统的物业管理运作及盈利模式也产生了巨大影响。随着人口红利的消亡、人工成本的增加，未来物业管理将不再需要大量人员，新技术会逐步取代大部分工作岗位。智慧社区将新科技与新管理思想结合，能有效增强实体经济的创新生产能力，在加快组织变革的同时也促进了效率提升，以互联网基础设施和创新要素为核心构建覆盖面更广的智能小区发展形态。在这样的大背景下，物业管理由劳动密集型向技术密集型、服务创新型的现代服务业转型和升级。

10.1.4 后房地产时代物业管理的转型升级之路

我国物业管理服务面临的问题及痛点亟待解决，在物业管理服务升级内在要求和信息技术外在推动作用下，物业管理服务升级势在必行。

随着房地产行业的快速发展，物业管理作为房地产行业的组成部分，也越来越受到重视。消费者购买或租赁房屋时越来越注重物业管理水平，良好的物业保障有利于打响品牌效应，对房地产开发项目的成功与否起着重要作用。当前，我国房地产行业已经进入了后房地产时代——存量房时代，行业的发展已经不能再继续过去那种"建房子—卖房子—建房子"的粗放快消模式，随着税收社保缴交一体化等措施的施行，物业企业面临着运营成本上涨的压力，目前中国的城市建设也由过去的大建设时期转向大管理时期，而"如何转型"已经是现在行业面临的普遍问题。时代在变，人们的物质精神需要也发生了巨大的变化，向"美好生活的服务商"转型是如今行业大势所趋。

对流量背后数据的深度挖掘是新时代实现传统物业行业转型升级的重点。相比线上而言，线下场景的数据在维度和深度方面都要丰富得多。但是目前大部分线下场景仅仅做到了交易数据的数字化和进销存的数据化管理，还无法把人与社区有温度地关联在一起，无

法对用户以及各级转化率等一系列数据进行分析和优化。解决这些问题，必须采用OMO模式，该模式是社区服务行业未来发展的新方向，以"互联网＋"思维和新兴科技为手段，打破传统的物业管理服务模式，将线上线下进行全面整合，打破边界，激活社区内部多方面资源，升级原有的传统社区生活服务。大型房企如万科、龙湖、中海、保利等由于具有存量社区的优势将重点发展OMO模式。万科提出"美好生活的服务商"，打造生态化平台，开展大量附加在房地产板块的服务，最终实现社区智慧转型；保利物业通过自主研发的芯智慧2.0社区云平台实现管理效率、服务效率、增值服务盈利能力的提升，保证未来具有持续的成长空间。中小型房企通过与互联网企业合作提高产品溢价能力，而专业服务商如彩生活、实惠等也通过模式创新实现盈利，传统物业管理企业最具经验和成本优势，如果抓住扩张时机，加速推进OMO模式的相关业务，有机会在盈利水平和服务质量中达到新的平衡。

在物业企业数字化转型的过程中仍存在三座大山亟待攻克：第一，场景复杂：物业服务连接C端业主多样需求，其业务面广量大，加之其又涉及移动互联网、物联网、企业IT多方面内容，造就了现代物业服务业的复杂性。第二，投入高昂：物业企业的数字化转型需要上亿级的持续高投入，量级远超传统物业企业IT预算，另外，物业企业IT基础薄弱，专业开发人才引进困难，转型落地需要高量级人员深度帮扶物业企业。第三，数据割裂：企业原有系统大部分为陆续建设，缺少统一规划，信息流没有打通，很难在一个割裂的系统中实现协同的效用。龙湖在服务创新和客户体验方面颇费心思，物业管理水平一直有不错的口碑，走在房企前列。2014年12月，龙湖物业与千丁互联达成战略合作，促使龙湖物业智慧升级，加速社区智慧化建设。龙湖丰富的线下管理经验结合智慧的线上管理平台，跨越数字化转型过程中的三座大山，顺利实现了传统物业企业由电算化阶段向数字化阶段的跨越。

10.2 千丁模式：业主＋物业＋品牌商+公共服务（BPCG）共赢的社区管理新生态

千丁作为致力于智慧社区生态、开启社区服务新模式的平台，打造了独特的"BPCG模式"。所谓"BPCG模式"，B（Business）、P（Property）、C（Customer）、G（Government）分别表示平台面向的对象是商家、物业企业、用户及政府。BPCG模式让千丁化身为"B端"一站式居家生活服务平台+"P端"物业转型升级综合解决方案提供商+"C端"推动服务升级的倡导者+"G端"帮助公共服务更快触达用户。该模式通过协同四方价值及利益，建立互利的良性循环来完成整个生态系统的闭环，为传统物业服务转型升级开辟一条路径。

10.2.1 千丁模式理念

1．社区即服务

"社区即服务"理念，即CaaS理念——Community as a Service。千丁作为一家专注于社区服务的科技公司，结合现在行业发展弊端，首次提出"CaaS社区即服务"的企业理念。通过物联网及云数据统计技术，将智能硬件、智慧物业管理、智慧社区全媒体广告、智慧社区生活服务和智慧管家等多个开放平台连接起来，打破物业、商家、业主连接的隔阂，积极解决"居民服务跑断腿，物业管理效能低，商业推广成本高"三大问题，实现社区数字化、线上化、据化、智慧化，接驳更多商业服务及公共服务，持续赋能物业公司和服务业，为社区家庭提供更快捷更满意的服务。

2．便捷服务

千丁手机客户端是一款基于社区生活服务的综合性应用软件，是千丁所有核心功能的承载体。小区业主通过千丁APP，可以享受基础的物业服务，如社区通行、物业缴费、社区公告、社区报事；可以获知社区周边的信息服务，如商家优惠信息、政务信息、交通信息、民生信息；基于邻居互动的邻聚版块，可进行同城活动、二手交易、吃喝玩乐、论坛广场；此外，千丁APP还可提供优选商城、精致服务、甄选旅游等品质生活服务。千丁APP为社区业主提供了一站式生活服务平台，提升了各个小区的便捷度。

还值得一提的是千丁的物业云，串联物业多平台，通过云端技术让物业服务更智慧。物业云将线下服务线上化，将服务做到家，令服务状态随时可查，使社区安全通行更便捷。

3．精准服务

得益于BPCG模式，千丁通过自身平台，可以高效地协调各方渠道资源，为用户提供精准商品及服务推送。千丁贴近业主用户，了解用户在生活上的各种服务需求，并通过科技创新、服务优化、模式拓展等多种形式来满足用户需求，多方面完善业主用户生活体验。

千丁的业主画像功能令千丁的服务模式更加精准，该功能有助于物业公司建立业主数字化档案，形成接触业主、完善画像、使用画像、更好服务的正反馈。根据不同业主的画像，千丁调整自己的服务使其更加个性化，实现精细化服务。例如，为了实现特色旅游服务，基于大数据根据社区不同家庭的情况（包括收入、家庭人员等）制定个性化旅游计划，并提供上门服务。

4. 高效服务

千丁响应国家提倡的"一刻钟生活圈"理念，致力于未来社区商圈规划。千丁有着高效的物联网、物业云等服务体系，通过技术化、信息化协助物业企业对整个社区实行标准化、制度化、流程化管理，解放简单劳动岗位上的劳动力，实现高效服务。比如，千丁门禁系统通过蓝牙门设备，拿起手机进行蓝牙摇一摇，毫秒级打开即可进入。当好友拜访时，只需给访客发送邀请码，即可通行，方便了业主，更省心更高效。

在顾问服务方面也体现了高效率。千丁组建了超过20人的优秀顾问团队，时刻为企业问诊把脉；建立上百人规模的呼叫服务中心，对企业客户提供24小时专属一对一服务，实现5分钟在线反馈；辅以视频培训及远程桌面支持，保证工作中遇到的难题能迅速解决。另外，千丁的呼叫中心采用集成模式，统一处理来自全国的客服电话，不仅为千丁用户提供了更专业的售后服务，也更有效地提高了资源利用率。同时也将竞争机制引入顾问服务，采用服务抢单模式，使服务更加高效、问题解决更加迅速。

5. 好风凭借力

智慧社区是"技术+服务+资源"的综合体，除了技术创新外，千丁还力邀互联网和物业行业的龙头企业加入，建立服务生态，提供技术支持和赋能，共同打造智慧社区。互联网+社区将连接社区的一切，开放能力助力合作伙伴。

千丁与腾讯海纳、京东、绿城等企业开展战略合作，打造一个连接多方、高效、精准的集合平台，建立中国更大的智慧社区经济生态。千丁、绿城两家企业在服务和商品供应链方面展开紧密合作——绿城将"幸福粮仓"接入到千丁平台，将商品推广到千家万户。千丁也与京东达成合作，通过建立千丁驿站，前置仓等服务，打造智慧社区新零售，真正开启方便快捷的智慧生活；千丁的计费云、CRM云将接入腾讯海纳平台，利用该平台，物业可以享受千丁的服务。另外，智能家居的需求扎根于智慧生活，智慧生活更是一个庞大的生态体系，需从用户需求和应用场景出发，整合家居、社区、商业等上下游产业链资源，而合作品牌沉淀了大量的用户资源、产品资源，随着这些资源的整合升级，将为千丁在行业发展中增添一臂之力。在国家大力推动"互联网+"的浪潮下，千丁将站在巨人的肩膀上，凭借互联网的东风，飞得更高。

10.2.2 千丁物业服务新标尺

如何定义物业管理的成功？千丁有自己独特的见解，提出了"社区服务总规模"和"五个在线"两个新标尺。

1. 社区服务总规模

千丁提出GSV（社区服务总规模），突破GMV（成交总额）的传统概念和应用场景，作为衡量物业成功的新标尺，使其有望成为物业行业的规范化标准。GSV的核心是指随着社会的不断发展，未来衡量一家物业公司成功与否的新标准，是看他最大程度能够接驳和满足多少家庭增值服务的需要，包括保洁、养老、健康医疗、教育等在内的服务都将成为定义物业行业成功的标尺。

2. 五个在线

传统的物业管理要实现转型升级，需要实现"五个在线"——服务在线、设备在线、管理在线、员工在线、业主在线，而其核心是业主在线。只有通过五个在线的实现，才能满足业主对物业管理服务日益增长的需要，防止其被时代的潮流所遗弃（图10-2）。

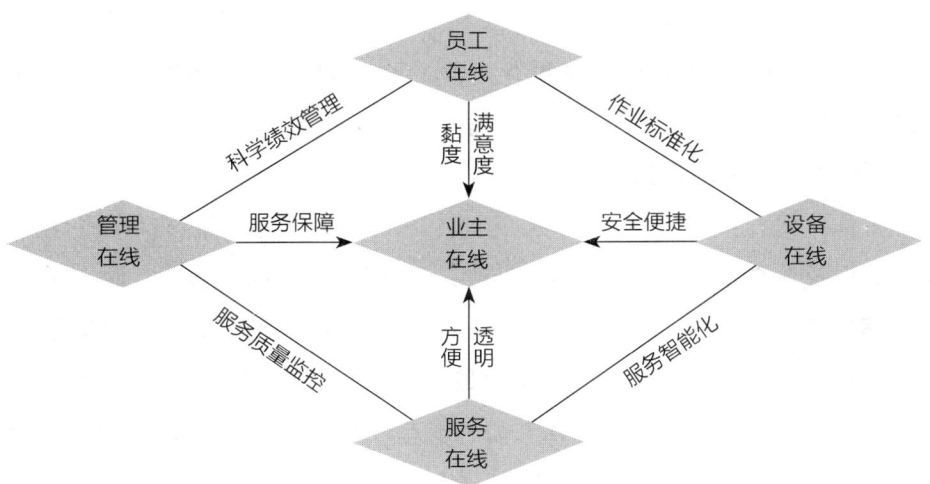

图10-2 五个在线内部关系图

10.2.3 千丁健康循环生态

社区服务的关键在于线上线下资源之间的相互转化，使之形成一个不断循环的健康生态。在物联网发展的背景下，千丁利用大数据、人工智能、区块链技术不断优化服务接驳和交付的整体效能，调动起"业主+行业+品牌商"上下游资源的积极性，通过云计算大数据、BPCG模式在前端搜集分析用户的行为习惯，再反之作用于后端优化解决方案，构建"前端服务—后端优化—服务前端"的循环模式。在该模式条件下，千丁打通了业主、商家、物业、政府之间的沟通壁垒，并对物业企业、服务商体系进行互联网化管理；通过智能硬件对社区基础设施进行优化升级，帮助物业企业更高效的管理；通过协同社区商家，并帮助物业企业拓展新的服务项目，多维度实现全面增收，实现业主便捷生活、服务公司高效管理、品牌商健康盈利的目的，逐步形成去中心化的生态圈。

10.2.4 千丁效率提升

当今物业管理的两大难点：一是物业管理作为劳动密集型行业，有非常高的人工成本；二是在整个服务过程中，信息流的整体流转有很高的成本。以业主报事为例，从业主拿起电话拨叫物业开始，之后到前台做记录，转给工程，然后再转给具体的维修工人，整个信息流的流转不仅有时间上的滞后，而且会存在信息上的偏差。在市场竞争日益激烈的环境下，提升千丁的管理水平和效率，实现由劳动密集型向知识密集型的转换，是千丁攻占物业领域市场份额的关键。千丁转型升级包括三个效率提升：劳动效率、管控效率和运营效率。

第一个阶段：提升劳动效率——智能化代替人工，用低耗代替高耗。传统的物业行业人工成本高昂，在增值税口径下，龙湖过去的人工成本大概占75%，引入智能化后，降低人工成本，是物业转型的必经之路。

第二个阶段：提升管控效率——万物互联、移动互联，主要借助互联网+，连接人与人、物与物以及人与物。首先，连接人与人，其核心关键词是移动互联，千丁APP提供24h365d的集成服务中心，构建黏性并创造价值；其次，连接人与物，智能门禁、智能车管把所有业主的生活和设备有机地联合起来，成为一个非常良好的触点；最后，连接物与物，实现万物互联，千丁共有九大类、十八种系统，每个设备都有监控，能实现秒级监控。

第三个阶段：提升运营效率——流程再造、组织扁平、共享服务、集中管控。随着物联网和互联网的发展，原有物业行业的流程已经过时，所有的服务必须基于今天的服务场景，做一个全新的流程再造，才能应对未来的业主诉求；扁平化组织可以减少管理层次，让千丁前端为业主服务的具体工作人员赋能，更好地支持他们，提高其责任感及积极性；共享服务即把所有电话集中在后台监控和接听，同时提升效率和服务水平；集中管控即尝试品质管理集团化的统一管控，解决跨城市的大品牌物业公司面临的品质管理问题。

10.3 千丁创领智慧社区新体验

在BPCG管理模式下，本节总结了千丁智慧服务功能，分析智慧社区综合解决方案，感受智慧社区新体验。千丁运用服务设计的理念将业主生活的场景与物业工作的场景接驳，在物理、人际和数字三个方面触动业主，从使用、关怀、响应三个方面全面提升业主的体验感；面向智慧社区建设提供"IoT+SaaS+CS"（物联网+软件即服务+客户成功服务体系）三位一体综合服务体系：通过千丁物联网（社区服务数字化入口），将孤立的空间场景与服务打通，同时与千丁云（云端计算、服务平台）系统集成，形成端到端的服务闭环，并辅以千丁独具特色的客户成功标准服务体系，持续为物业、商家等赋能、陪伴，更好地服务终端用户，多角色协同、共同打造智慧社区新生态（图10-3）。

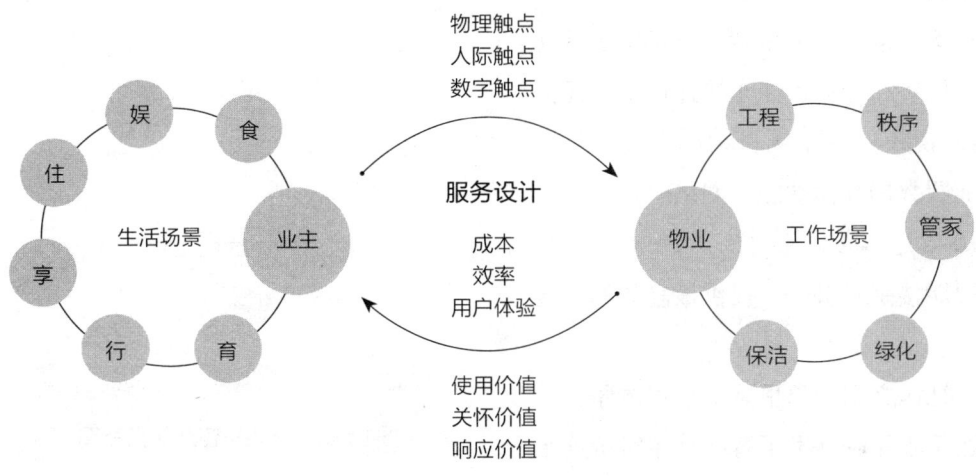

图10-3 千丁服务设计理念

10.3.1 千丁的服务功能

在"IoT+SaaS+CS"的服务体系下，千丁开发了丰富的服务功能：数字入口物联网、便捷物业管理的物业云、方便用户日常的千丁APP、有利商家运营的商户云、完善顾问服务的呼叫中心、保障物业人才供给的千丁学院、CS服务体系等。

1．物联网

千丁物联网将所有的管理数据汇聚云端，主要有五大产品：智能门禁、智能车管、智能楼宇对讲、智能云对讲、智能快递柜。

（1）智能门禁——提供便捷的居民通行方式

智能门禁是基于传统ID/IC门禁读卡器的特点结合物业、居民实际的生活场景定制开发的一款兼顾于物业、居民、访客需求的门禁设备。设备具备自检、防拆报警功能，发生异常时能主动上报至云端，且其采用自己的专利——不可复制门禁卡来保证业主的安全，实现轻松管理。在智能门禁中业主只要手机摇一摇就可以开门，当访客进入时只需要出示业主给予的动态邀请码就可进入（图10-4）。

（2）智能车管——提供最便捷的车辆通行方式

智能车管系统是基于车牌自动识别算法，结合社区物业、居民、访客的实际生活需求而设计的一套综合管理系统。智能车管系统有效地实现了物业减员增效、车主便捷通行的目的。智能车管的应用包含车辆无障碍出入、车位预订、车辆邀请、自助缴费、车辆锁定等功能，其特色优势在于：不停车快速通行，无需刷卡/取票，视频识别车辆自动出入场；可脱机运行，前置数据存储功能，网络中断后仍可运行（图10-5）。

（3）智能楼宇对讲——提供最高效的本地沟通方式

如今，社区之间的邻里感不是很浓厚，针对这个问题千丁互联开发了智能楼宇对讲这个服务功能。智能楼宇对讲系统采用全数字IP网络架构，使用标准的IP终端设备，使得门口机可直接与室内机进行视频对讲。智能对讲使物业核实迅速、用户便捷通行，无论其所处位置，只要一个按键就可以实现通话、开门，并且在平板电脑上都可以安装，适应性好。其优势有：完全基于网络数字化，大幅降低施工成本，可呼叫住家分机或管理机进行可视对讲和开锁操作，支持门口视频监视及广告播放功能（图10-6）。

（4）智能云对讲——提供手机端远程视频对讲

针对不需要或无法安装室内分机的小区或场所，提供视频云对讲服务系统，利用智能手机或PAD可远程与用户进行视频对讲，能够实

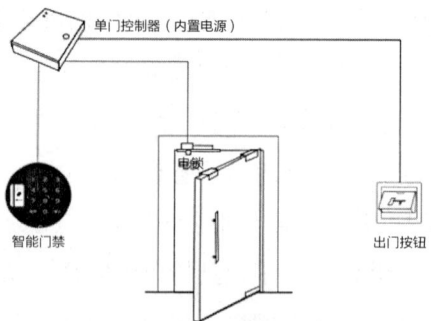

图10-4　智能门禁产品拓扑图

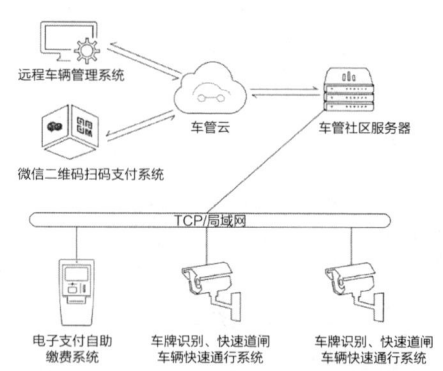

图10-5　智能车管产品拓扑图

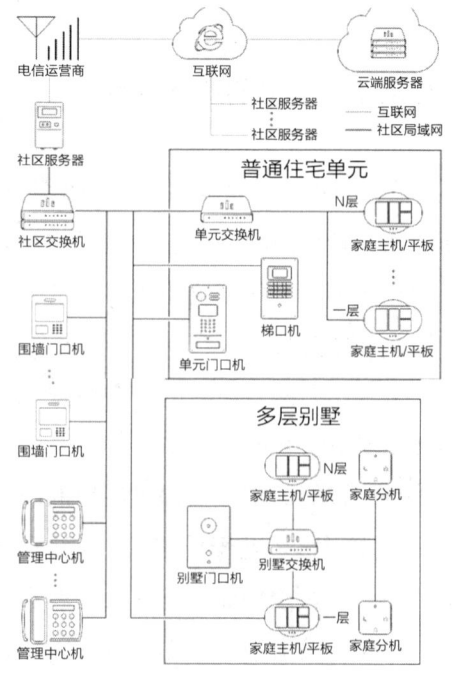

图10-6　智能楼宇对讲产品拓扑图

现物业低成本升级改造、业主APP远程对讲开门。千丁物联网中云报警功能可以实现远程报警，实时保护业主安全，同时连接6路报警装置，在业主信息方面采用云端双重加密，确保业主的信息不会流失。其优势有：朋友来访临时不在家，可通过APP远程对讲开门（该功能适应于云对讲主机）；支持门口视频监控及广告播放功能；免楼道内施工布线工程成本（图10-7）。

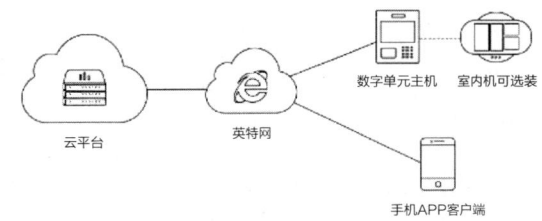

图10-7　智能楼宇对讲产品拓扑图

（5）智能快递柜——提供快递代收代寄服务

智能快递柜是基于用户收取件的基础场景，以解决快递"最后一百米"交付问题为切入点的多功能智能终端产品，能够提供便捷、准时、24h收发件无需等待的自助服务，实现包裹集中化服务、降低包裹丢失风险。其优势有：用户可7×24h随时在线收取包裹，支持广告屏进行广告投放，后期可拓展冷藏功能。

2．物业云

千丁物业云是千丁互联基于移动互联网平台打造智慧物业的"云层管理"，其定位是通过技术手段将"端、云、管环节相贯穿"的智慧物业综合服务软件。借助物业云，千丁可以帮助传统物业企业实现服务流程线上化、作业无纸化、快速的信息传递以及工作协同、制作各类管理统计报表辅助企业日常管理，提升标准化管理能力。千丁互联依靠物业云这个强大的技术支撑可以同时拥有智慧运营、智慧财务、智慧工程、智慧办公、社区经营、数据分析云这六大功能，为社区提供更多的优质服务。

（1）智慧运营

智慧运营主要分CRM云、品质管理云、业主画像3个板块。

1）CRM云

CRM云可对业主物业服务请求全过程管理，是物业对人服务的基础赋能平台。CRM云与千丁APP、小丁管家APP配合，服务路径短、服务反馈强、单单可追溯、单单可评价，形成业务闭环，帮助物业提高员工工作效率，提升业主满意度（图10-8）。

2）品质管理云

品质管理云帮助物业对例行品质任务以及专项检查进行数字化管理。形成品质

图10-8　千丁CRM云核心功能

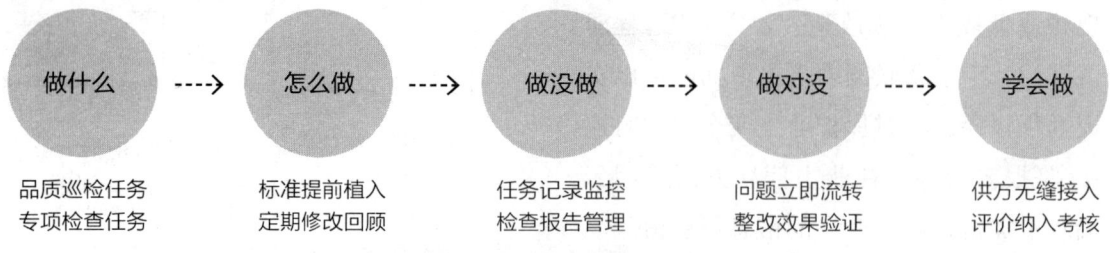

图10-9　千丁品质管理云流程图

 品质高标准
物业品质作业线上化，时刻可见

 报事管理保障
例行任务自动生成，依照品质指导书高标准执行

 报表分析保障
按照执行标准精确打分，形成专项检查

 业主报事保障
定向指派责任人，与CRM打通工单自然流转

图10-10　千丁品质管理云产品优势

标准可视化、员工执行数字化、问题发现及时化、品质结果可量化的业务升级（图10-9、图10-10）。

3）业主画像

千丁基于大数据，以线下掌握的房屋信息、家庭构成等实际信息为基底，以业主在线上的浏览偏好、生活习惯、消费偏好等为补充，建立业主电子档案，进行客户画像，建立物业与业主之间的黏性，为下一代更加智能化、个性化的业主服务提供数据基础（图10-11）。

（2）智慧财务

智慧财务主要是指计费云，计费云记录管理物业公司经营活动中各种费用的产生、收取和支付，并形成面向业主与客户和其他合作伙伴之间的往来账务体系，通过提供不同经营费项应收款的生成、收款、开票、欠费率分析的全过程管理，保证企业债权债务关系清晰完整，各项收款工作准确及时（图10-12、图10-13）。

图10-11　业主画像流程图

 建立面向业务的、多维度的应收、预收、应付、预付核算体系，建立物业公司通用化往来管理平台

 支持代付、减免、地产垫付、暂收、垫付转代付、暂收转收款、欠款转移等复杂的往来冲抵方式

 支持票据类别的自定义，提供票据的全生命周期管理，支持应收款开票、收款收据开票等多种开票方式

 支持手机APP等线上缴费模式，支持现金、银行代扣、POS、第三方支付等传统结算方式，支持部分缴费、多缴费、预存款等多种缴费方式

 支持水电煤气等计量表类业务，支持停车、会所等发生的充值卡类业务，支持临时停车费的收取业务，支持社商经营类业务

 支持集团模式管控，提供欠费率统计、账龄分析等多种分析手段，帮助物业公司达成收款目标

图10-12 计费云核心功能

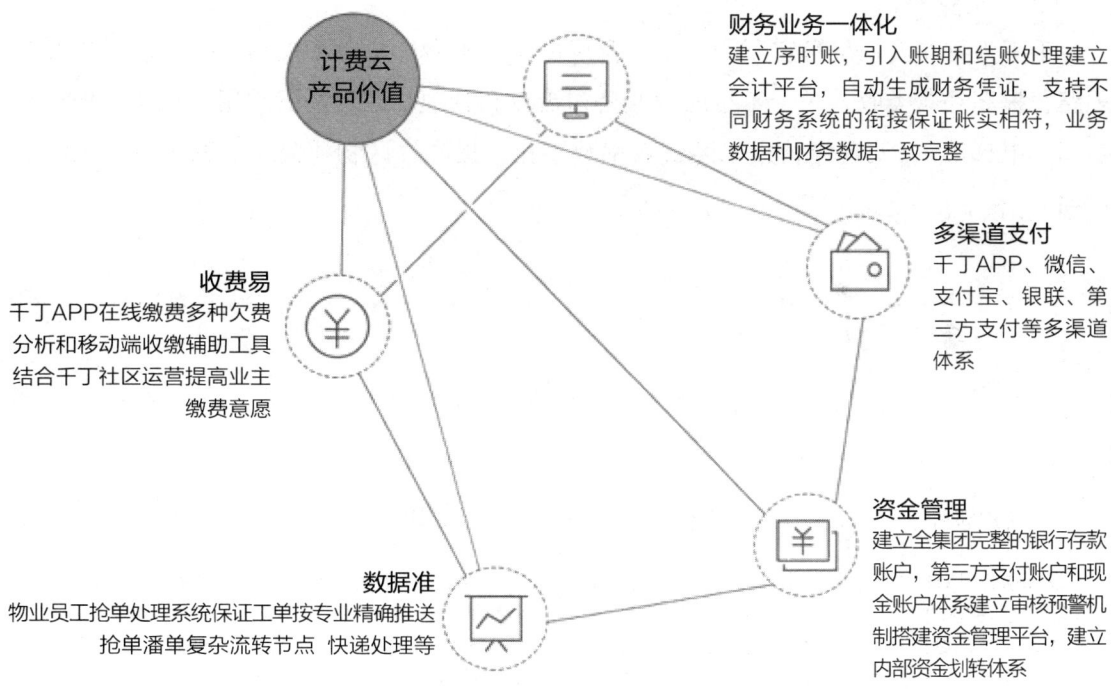

图10-13 计费云产品价值

（3）智慧工程

智慧工程主要包括设施设备管理云和电梯管理云。

1）设施设备管理云

设施设备管理云可对设施设备进行标准分类，建立设施设备数字户口本，通过周期性巡检、保养工单和维修工单的执行，降低设施设备故障率，延长设施设备寿命。此外，设施设备管理云可与物联网技术结合，运用技术手段管好、维护好业主共有资产，最大化地

保证设备质量,降低设备故障率和事故率,节能降耗,并对物业公司设备管理提供决策支持,从而提高物业经济效益和社会效益。

2)电梯管理云

电梯管理云,电梯管理系统可以记录电梯的全生命周期,对电梯生成保养计划,记录维修保养全过程。电梯作为一种特种设备,其正常运行关乎物业服务品质和居民生命安全。因此,对电梯的精细化管理越来越重要,结合RBA系统可远程监控,保障电梯安全稳定运行,延长使用寿命。

(4)智慧办公

考勤打卡、社区公告、新闻通知等功能天然集成到小丁管家,一个入口实现员工移动端智慧办公。

(5)社区经营

千丁为物业公司量身定制的二手房及房屋租赁平台,可以拓展物业公司多元化经营思路,提高经营类收入。千丁帮助物业公司盘点和管理社区可经营利用资源(场地、灰空间、电梯等),实现经营成果经营效率数字化,提高社区物业公司非物管费收入(图10-14)。

客户服务	效率	成本	多渠道支付
1. 发挥物业"了解社区、服务社区"的优势 2. 提供传统房地产经纪人无法实现"入住后服务"以及"多元生活化服务" 3. 从"住这儿"到"不舍得离开"、从"听说过、喜欢它"到"住进来"的全方位照顾	1. 在缺少大流量入口支持的条件下,实现提高转化;多业态客源导入,精准服务,提升转化效率;管家模式联动,提升转化效率 2. 强平台管控,匹配行业的严谨&高效的流程设计 3. 基于社区的最快速的服务响应 4. 对标行业的最专业经纪人能力,强化培训能力	1. 贴身的社区服务,设计最低的获客成本 2. 结合社区管家兼职作业,实现最低的人工成本 3. 利用物业现有空间,实现最低的门店成本 4. 打通企业内外部的财务核算体系 5. 利用信息技术,实现精准的成本与预算管控	1. 完整的成长培训体系建设 2. 业务作业最佳实践融入业务系统 3. 经纪人学院与储备干部池 4. 数字化的员工能力画像与绩效评价体系 5. 利用员工之间的互助打赏 积分 勋章 排名,非物质化激活员工

图10-14 资源管理系统的产品优势

（6）数据分析云

数据分析云帮助物业公司全面整合企业运营数据、财务数据、工程设备数据、社区资源数据、供应商数据，并将整合后的数据转变为生产力，指导一线运营动作，提高物业数字化运营能力，同时管控运营风险，提升决策依据。数据分析云对关键KPI管控指标实时管控和分析，改变传统人为主观判断的决策方式；帮助物业管理人员发现问题，预防风险与问题的发生；进行业务趋势预警，快速响应业务决策；指导日常和战略运营，是物业公司提高工作效率、提升物业品质、了解战略发展不可或缺的管理工具（图10-15）。

图10-15 数据分析云信息展示

（7）丁管家

丁管家是一站式物业服务管理平台，可以帮助物业企业实现物业服务"新四化"：沟通服务扁平化、员工收入多样化、任务处理实时化、数据分析可量化。让物业企业管理更高效、员工更轻松、业主更满意。

3. 千丁APP

千丁APP的定位是"本地化社区生活服务平台",旨在为社区业主提供一站式生活服务,着力成为社区居民满足生活需求的首选好伙伴。其主要功能包括物业服务、千丁驿站、到家服务、旅游出行、邻里社交、乐购商城六个板块(图10-16)。

图10-16 千丁APP六大功能

(1)物业服务

千丁APP提供的基础物业服务包括:门禁通行、房屋急修、生活缴费、物业报事、社区公告、社区活动等,覆盖五大类服务对象(老、小、宠、房、车),赋能物业的同时,也为居民的生活带来便利。

(2)千丁驿站

千丁驿站通过与物业共同搭建面向社区的物流服务平台,帮助物业增收快递、提升效能。为业主提供包裹代收代寄服务、15min免费配送服务及热门商品的线下体验服务等服务,完善多元化的最后一公里解决方案,增加业主满意度。

(3)到家服务

到家服务板块具有保洁、保姆、家居养护、房屋维修、家电清洗、空气治理、搬家服务等功能,为业主打理好生活的方方面面。

(4)旅游出行

旅游出行板块具有亲子游、周边游、研学旅行、度假生活、签证服务等功能,实现从家门口出发,给业主带来不一样的出行体验。

(5)邻里社交

邻里社交板块具有周边新闻、活动报名、在线互动、兴趣群组、生活百科等功能,为丰富业主的社区生活添砖加瓦。

(6)乐购商城

精选品质好货,汇聚全国美食。水果生鲜、休闲零食、粮油米面、家居日常,千丁乐购专业运营团队让您快速体验各地好货,足不出户,解决日常生活所需。

4. 商户云

商户云为社区入驻商家提供商业运营管理平台系统,帮助商家针对社区场景做生意。同时,该套系统也可以提供给物业公司使用,持续赋能物业,让物业公司自主经营所服务社区的场景变成现实。商业云主要有以下功能：

（1）集中运营：提供运营、商品、订单、发货、结算等完整业态服务周期所需功能，让商家简单操作，更好地服务以社区为单位的用户；

（2）运营在线：在线运营营销工具，满足商家促销、活动运营需求；

（3）维护在线：在线维护微信公众号和千丁生活号，随时随地与消费者互动，客源更稳定，减少客户流失率；

（4）周边商圈：展示社区周边商家信息及商家近期优惠活动，为居民提供全面的本地化生活资讯；

（5）业主直供：提供给社区业主自创业的平台，整合本社区有特色的个人商家，为他们的产品提供宣传渠道。

5．呼叫中心

呼叫中心采用集成模式，统一处理来自全国的客服电话，实现数据运营及管理驱动，具有成本优化、管理高效、体验升级等优势。其对企业客户提供24h专属一对一服务，实现5min在线反馈，并辅以视频培训及远程桌面支持，最高承载瞬时300个来访电话，一次性接听率高达93%，保证工作中遇到的难题能迅速解决（图10-17）。

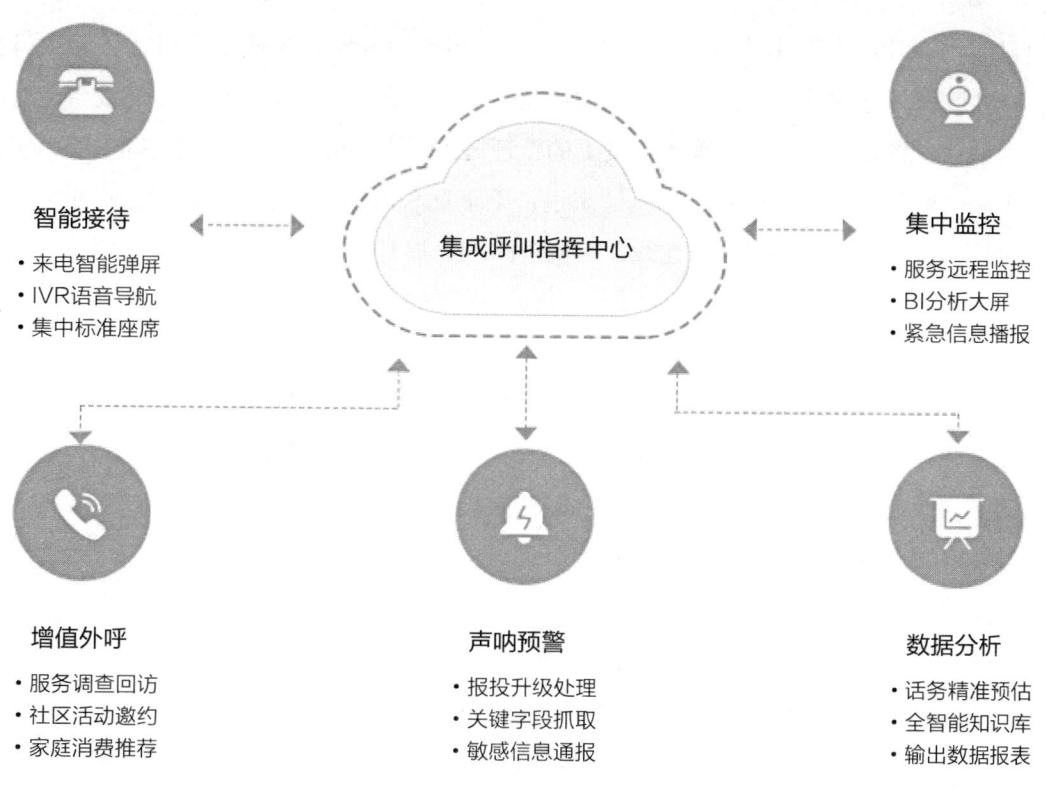

图10-17　集成呼叫中心5大功能

6. 千丁学院

通过成立千丁学院，千丁与一流院校及行业专家深度合作，以物业行业议题交流与企业经营运营知识传导为核心，针对物业人搭建具有前瞻性的课程体系，在建立自己的交流平台的同时也为物业企业培育优秀精英人才。千丁学院还为物业人提供最权威的专业师资团队，全方位赋能物业公司，助力物业公司优化战略、升级管理。

7. 客户成功服务体系（CS）

针对合作企业，千丁从"系统赋能、运营赋能、GSV赋能"三个层面为企业提供全生命周期历程的引导和服务，通过19项标准动作，进行90d客户成功赋能陪伴服务，深度切入客户业务，全面采集用户全生命周期的数据，用深入业务场景的数据帮助企业真正将解决方案落地，并使合作企业具备持续为终端客户提供优质服务的能力。

10.3.2 千丁的智慧社区综合解决方案

如何构建智慧社区？智慧社区的主要参与主体有商家、物业、用户和公共服务，千丁提出了物业综合解决方案、商家解决方案、业主解决方案、智慧城市解决方案。

1. 物业综合解决方案

目前物业管理中存在着各种各样与业主需求相悖的现象，令业主的居住体验大打折扣。在社区智慧化的趋势下，千丁智慧物业综合解决方案，本质上是通过智能设备、互联网和云平台，将设备、信息、服务、员工的管理搬到线上，运用物业集成指挥中心，实现对整个社区服务过程的全程管控。具体来说，千丁互联以物业云、千丁APP、呼叫中心、智能硬件为技术支撑，以"五个在线"为实现路径，提升管理效果，释放人力资源，最大化地创造服务满意度（图10-18）。

（1）服务在线

为了解决"人力成本高，物业费调价困难"的问题，千丁提出服务在线这一理念。基于物业云和呼叫中心，物业提供实时的在线服务，高效处理业主报事报修、发布公告等业务。服务在线使得传统物业管理由线下逐渐转向线上，有效减轻了物业管理所需要的人力成本，在有限的利润空间里提供最优化的服务。

（2）管理在线

为了解决"专家培养周期长、现场品质管控难度大"的问题，千丁提出管理在线这一理念。通过物业云的智慧运营、智慧财务、社区经营、数据分析云等产品，物业公司提高管理和运营能力。通过在线数据实时掌控现场运营状况，自动上传至云端进行数据分析，减少了对相关专家的依赖度，实现了物业管理的数字化、线上化、智慧化，有利

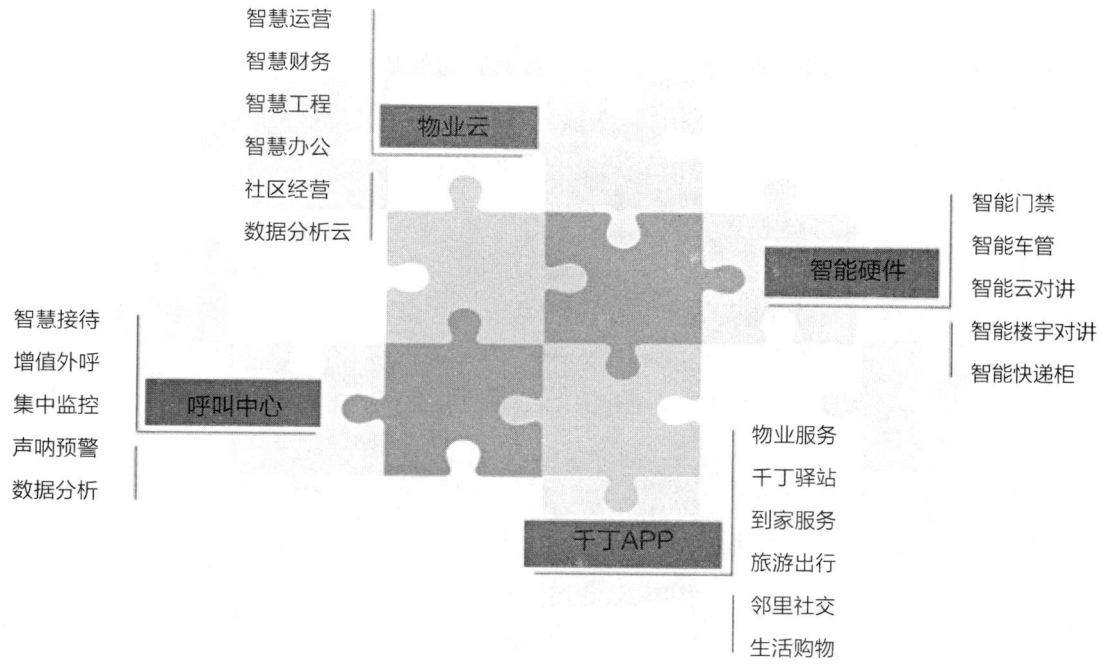

图10-18 千丁智慧物业综合解决方案

于实现品质管控。

（3）设备在线

为了解决"设施设备管理困难、物联网门槛高"的问题，千丁提出设备在线这一理念。综合性运用智能门禁、车管系统、智能云对讲、楼宇对讲、智能快递柜、物联网这些现代化智能设备帮助物业企业减员增效，压缩建设成本。千丁互联为物业企业提供专业、全面、系统的物联网服务。

（4）员工在线

为了解决"消费升级、定制化服务剧增"的问题，千丁提出员工在线这一理念。通过员工端APP"小丁管家"，改变社区以往单一的服务模式，将服务更精准的匹配给社区居民，为居民提供专属的管家服务。

（5）业主在线

为了解决"缺少业主互动、服务满意度低"的问题，千丁提出业主在线这一理念。业主可通过千丁APP或者呼叫中心，享受物业的基础服务，如社区通行、物业缴费、社区公告、报修报事等。当业主在生活中由于一些突发性状况而不能及时处理的通行、缴费、公告、保修时，物业成为业主可以寻求帮助的对象，提高业主服务满意度。

2. 商家解决方案

传统的社区通常是闭塞的、独立的个体，商家面向的消费群体很大程度上受到了地理位置的禁锢。千丁通过线上、线下相结合的运营方式向各类商家服务，使商家更精准的触达用户，带来高转化、高收益（图10-19）。

图10-19　千丁服务的商家类型

千丁自身拥有超强的技术创新能力，一方面通过新零售、轻运营化商业平台以及各种赋能服务实现了紧跟"互联网+"这样的时代潮流，提供仓配服务、降低成本；另一方面基于CaaS模式下社区开放平台，与各个商家相互加持，达到互利共赢。与千丁合作，能为商家带来以下优势：①千万级用户覆盖，线上线下多渠道维护，轻松获取社区客流；②优质用户，覆盖龙湖社区、阳光100、华贸等中高端楼盘；③多点触达，APP、微信、社区广告、线下活动、社区智能硬件等；④精准营销，提供定制化营销方案，精准推荐商品给不同社区的用户；⑤管家服务，专属管家提供推广、售后服务，触达用户更直接、快速。

3. 业主解决方案

千丁以业主需求为核心，多角度完善自己的服务范围，提供全面的物业基础服务、更快捷的包裹收寄服务、更具便利性和保障性的购物、旅游、家政上门等服务。具体来讲，千丁物联网的智能门禁、智能车管、智能楼宇对讲、智能云对讲、智能快递柜等功能为业主带来便捷的物业基础服务；千丁驿站与物业共同搭建面向社区的物流服务平台，为业主提供包裹代收代寄、上门配送、上门取件等服务，完善多元化的最后一公里解决方案；千丁APP开启新零售业务，整合优质平台资源和品牌资源，提供丰富货品、优惠折扣、极速配送及会员权益，从购物到配送给予业主更优惠、更便捷、更安全的消费升级体验，打造社区全新服务形态，自社区运用千丁提供的服务以来，客户满意度也大幅度提升，2017年达到93.16%，位于行业领先水平（图10-20）。

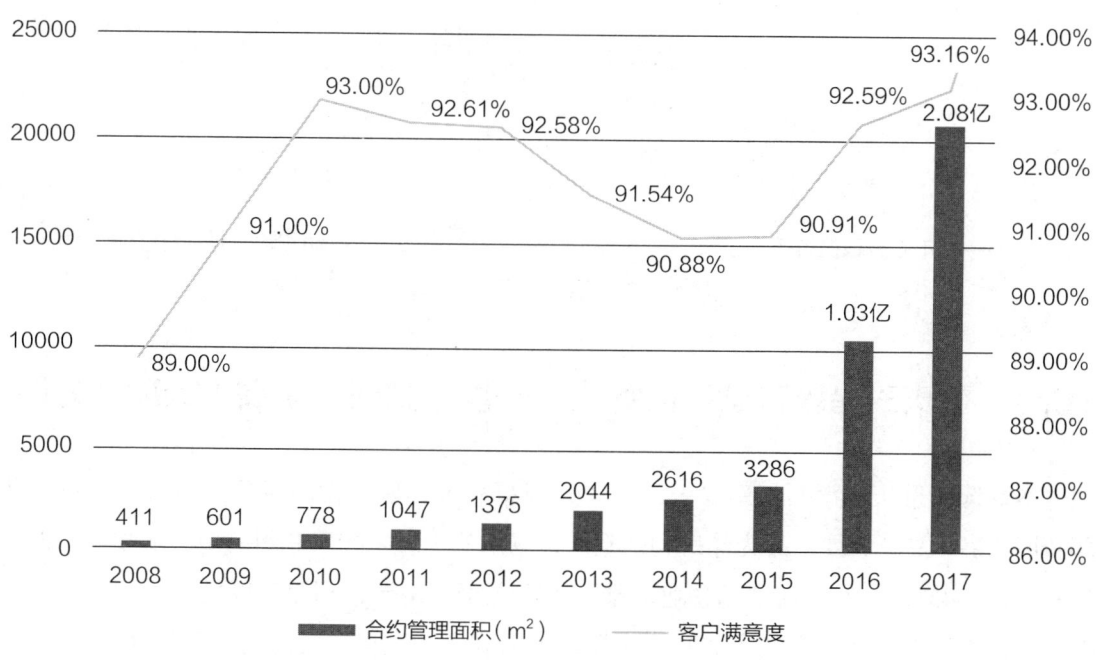

图10-20　千丁客户满意度水平

4．智慧城市解决方案

智慧城市即通过运用信息和通信技术的手段收集、整合、分析、应用城市运行核心系统的各项关键信息，对包括楼宇管理、便民服务、公共交通、公共安全、公共教育、公共医疗等在内的各种需求做出智能响应。千丁智慧城市服务，是运用I（IOT物联网）、C（Cloud云技术）、B（Big date大数据）、A（AI人工智能）等科技手段，助力城市管理实现数字化、线上化、数据化以及智慧化。通过千丁云，实现社区与公共服务的无缝链接，使公共服务更好的触达社区居民家庭的智慧家居以及手机应用端，同时将社区居民的反馈同步给相关职能部门，进而形成智慧化的城市服务闭环。千丁云有助于公共交通、市政设施、道路安全、智慧楼宇、公共教育、公共医疗等方面实现数字化，提升城市智慧程度（图10-21）。

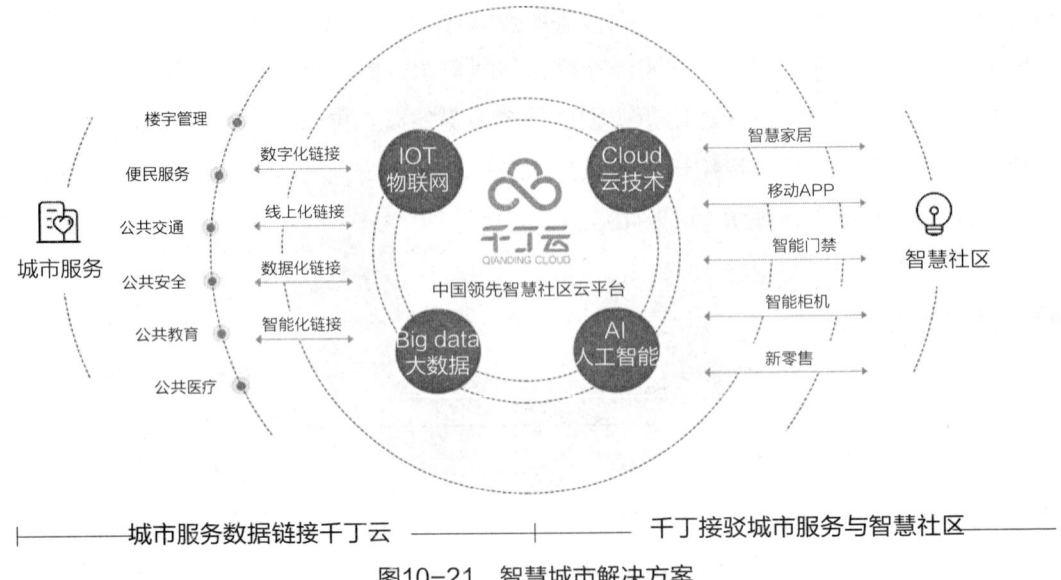

图10-21　智慧城市解决方案

10.4　重庆三星级智慧社区解读——以龙湖两江新宸（云顶）为例

本章选择重庆龙湖两江新宸·云顶作为智慧社区具体解读的对象。项目位于重庆北部新区礼嘉半岛，主要产品为洋房和别墅，市场定位为31~40岁之间的中高端收入人群，住房总数为451户。云顶在龙湖物业的基础上引入千丁平台，利用互联网、物联网、大数据、云计算等新一代信息技术的集成应用，打造安全、宜居、便捷的智慧社区。2018年6月13日，云顶成为重庆市城乡建委、重庆城市建设综合开发办授予的首个三星级"智慧小区"。结合具体调研实践，从业主体验和物业体验两方面对社区智慧服务进行解读。

10.4.1　业主体验

业主在云顶小区内的智慧化体验可以从外到内，分为安全、家居和生活三个方面。

1．智慧安全

（1）智能门禁

云顶的门禁解锁方式分为三种：人脸识别、蓝牙识别、邀请码识别，可以充分应对不同的出入场景，同时保证出行的安全性和便捷性。

1）人脸识别

人脸识别门禁系统以人脸识别技术为核心，业主进入社区内，不需要通过手指或门卡的触发，只要人站在系统前，系统就会自动将业主面部画像录入系统，并自动与后台信息进行比对，快速准确作出是否放行的判断。该系统的核心优势在于拥有万人人脸库，运行速度方面比对时间不足1s，相比于同时期产品容量更大、更快速、更加便捷。由于该系统只允许注册认证后的业主通行，提高了业主的生活品质和小区内部的安全（图10-22）。

2）用户、访客通行

除了人脸识别外，门禁系统还可以通过手机、门卡等通行。系统包括传统ID/IC门禁读卡器，对于小区用户而言，不需要打开手机网络，只需要打开蓝牙设备，手机进行蓝牙摇一摇，即可打开进入；对于业主的访客而言，不管业主是否在家，只需要通过业主发送的一个六位邀请码，就可限时、限次、限小区的在大门和单元门中通行。结合物业、居民实际生活场景，定制开发的兼顾物业、居民、访客需求的门禁设备，优化了业主的出行体验，方便了访客通行，最大程度地降低了物业门岗人员对访客的登记工作（图10-23）。

（2）智能车管

云顶社区的智能车管系统基于车牌自动识别算法，可实现车辆无障碍出入、车牌识别、车位预订、车辆邀请、自助缴费、手机锁车、代客缴费等功能。

1）当车辆出入小区时，不需要领取缴费卡，只需要通过摄像头的车牌识别即可完成通行，减少了等候时间和排队现象；

2）车辆缴费可以直接通过手机支付完成，支持APP、扫码、微信多种支付方式，提高了车流出入速度；

3）对于访客车辆的出入，业主可以通过发放邀请码的方式，在保障了社区安全的同时也方便了访客车辆的出入，当访客需要缴费时，既可以自行通过千丁公众号缴费，也可以让业主进行代缴；

4）社区业主可以通过千丁APP实时查询社区车位状态，并提前预订车位，优先保证有车位可停；

5）当业主停车后，可以通过手机锁车，锁住的车辆如果没有通过摄像头验证不会放

图10-22　千丁人脸识别小区门禁系统

图10-23　云顶社区智能单元门禁

行,保证了社区车辆的安全。

(3) 智能安防

社区配置周界安防、智能监控、电子巡更等安防系统,可以将人脸识别、热成像、报警灯技术集于一身,实现24h高清晰度监控,红热外线感应还能及时发现火灾的发生,社区配备的独特的视频智能分析技术让安防工作更加智能,能有效鉴别社区里的可疑行为和陌生面孔,让生活安心无忧。

2. 智慧家居

(1) 智慧入户

社区为业主提供了智慧的居家硬件和软件设施。在进入房屋前,业主可以选择蓝牙摇一摇、指纹验证、密码锁、钥匙在内的四种不同类型的开门装置开启房门,业主即使在忘记带钥匙和手机的情况下也能轻松、便捷地回家。

(2) 家电集成

每家每户都配备有一套可视电话,可视电话不仅可以用来与门外访客进行沟通,还能用来控制室内其他设备,智慧化居家生活更进一步(图10-24)。同时配备主要居家活动控制平板,业主可根据自己生活需要接入包括电视机、空调、灯具、电动窗帘等在内的各种家用电器及设施终端,通过一个平板实现屋内所有家电设备的集成以及控制。比如,早上醒来后无需起床,就可开启窗帘,享受满室的阳光。

图10-24 智慧家可视电话

3. 智慧生活

业主其他智慧生活体验主要来自两个方面,一是千丁APP,二是社区内物业设施。这些体验可以分为三个方面:物业服务、生活服务和邻里社交。

(1) 物业服务

物业通过千丁APP向业主提供基础物业服务,业主通过该功能即可便捷享受社区的物业服务,业主日常的物业问题,无需电话费力沟通,或者业主本人亲自线下缴费,只需APP界面的相应服务功能板块,即可一键搞定缴费、报修、反馈等基本需求。以维修服务为例,业主只需填写APP维修信息,信息马上传递给云顶的维修工作人员,在15min内便会上门服务,免去了填写报修单等一系列繁琐的线下流程。另外,业主收递包裹,只需在APP内的代收包裹板块填写好个人信息,社区物业通过反馈做好登记,帮助业主代收包裹。

（2）生活服务

千丁APP整合各大平台资源，提供的生活服务主要分为乐购商城和千丁驿站。乐购商城内入驻商家都是经过千丁高质量把关后筛选出来的，能满足社区业主的高品质生活需求，且商城为业主提供会员优惠，满足智慧生活与消费升级的双重体验。千丁驿站指的是商家将商品放置在千丁主导研发的前置仓内，让业主在15min之内就拿到在商城购买的商品。

云顶小区的物业设施也能助力社区智慧化。第一，社区里的人行道路一侧每隔0.5m都有一个圆孔状的灯孔，夜间自动开启，方便业主夜间在社区的安全行走和运动；第二，社区内随处可见配备有超清蓝牙音箱的休憩亭，业主通过手机蓝牙连接后即可播放音乐，满足社区业主的休闲生活；第三，社区内配备有露天自助健身房，业主通过扫码即可实现在舒适环境中的日常运动；第四，社区还配备了业主专属的"书吧"，内置适宜不同年龄段人群的读物，并配以投影仪，方便业主的社区文化生活。

（3）邻里社交

千丁APP里面的邻里互动板块主要是为了便利社区里业主间的沟通交流而设立的，旨在解决传统社区邻里关系陌生的普遍问题，业主可以在千丁APP里创建社区群聊，实现社区业主的线上沟通，群聊板块还根据业主兴趣分为养车族、辣妈帮、铲屎官等板块，业主可随意加入感兴趣的板块同邻里进行畅聊，使邻里间互动更加温馨。此外，社区内部还会定期举办社区文化活动，为社区邻里互动助力（图10-25）。

图10-25 千丁APP部分功能板块

10.4.2 物业管控

1. RBA远程楼宇设备自控平台

云顶社区所使用的RBA远程楼宇设备自控系统能实现对不同设备进行监控，并对设备的运行情况进行分析，区分出需要重点监控的设施设备，比如一些故障率高的设备。RBA系统在小区内实时检测的设备范围覆盖9大类、18种设备系统，实行全天监控，能有效地替代人工进行定时巡检，对任何一处故障都可以实现秒级回馈，大大提升了管控效率。

2. 水电设施监控

在实行监控过程中读取如电压、水压、设备温度等关键数据，对系统管理面积内的供配电、给水排水、消防等设备进行实时监控，让设备自动生成运行记录。对于整个系统运行过程中出现的设备故障，会自动跳出故障页面，并自动生成工单向云顶社区内的8名工程师发送短信，工程师则通过抢单的方式对发送的问题进行快速维修。

3．电梯监控

RBA系统也可以实时检测电梯的使用情况，通过对电梯启动速度、运行速度、停止速度、倾斜、抖动、困人在内的安全维度和照明、温度、噪声等体验，对电梯的状态进行有效评估，当出现故障时，及时通知人员伤亡情况以及设备故障原因，提高了工作效率，在该系统的运行下，龙湖物业的设备管理能力得到了有效的完善。

4．车库CO监控

地下车库属于密闭环境，车辆进出频繁，燃烧不完全的汽车尾气容易产生大量的CO，损害人体健康。云顶社区的地下车库设置了多个CO检测装置，实时监测车库内的CO浓度，当CO浓度超标时，检测系统能马上反馈给工作人员进行实时的维护，保障车库内的CO浓度始终保持在正常标准以下。另外，地下车库可以根据CO检测装置的反馈控制车库内的排风装置，避免排风频率过高导致能源浪费，有效实现了节能增效。

5．智能喷灌

云顶社区内的草坪保持一年四季健康生长，为业主的社区生活提供了优美舒适的生活环境。每个绿化区的自动喷灌系统主要由控制器、传感器、电磁阀、喷头等部分组成，通过土壤、气象、作物等传感器及监测设备，将土壤、作物、温度、湿度等监测数据通过墒情信息采集站，传到计算机中央控制系统，再由控制系统各类软件对汇集的数据进行分析，比如将含水量和灌溉饱和点与补偿点比较后，确定是

图10-26　云顶社区自动喷灌系统

否应该灌溉或停止灌水。再将开启或关闭阀门的信号通过中央控制系统传输到阀门控制系统，最后由阀门控制系统实施某轮灌区的阀门开启或关闭，以此来实现喷水装置的自动化控制。通过自动喷灌装置有效地节约了社区内大量的人力、物力成本（图10-26）。

10.4.3　智慧溢出效应

良好的社区体验源自良好的社区设施及其智慧服务，龙湖物业管理结合千丁平台，云

顶洋房物业费为3.5元/m²,在重庆市物业费标准并不高的城市,3.5元/m²属于较高的标准,但得到了大多数业主的接受和认可,显然为社区居民带来的更加智慧、便捷的物业服务不无关系,提高了业主的居住体验和满意度。

对于物业管理公司——龙湖物业而言,千丁也提升了物业的利润空间。在云顶社区,虽然千丁系统的引入使成本增加大约50元/m²,但其新增的成本预计能够在两年左右收回,未来增值潜力大。同时,未来人工成本预期不断上涨,千丁的智慧服务有利于进一步减少人工数量,如果将来机器人可以替代工人工作,那么物业的利润空间将进一步提升。

10.5 未来智慧社区发展——路在何方

随着经济水平不断提高,物联网、大数据、移动互联网和云计算等新兴信息技术的不断升级,人们对于智慧服务需求不断增长,智慧社区发展成为大势所趋,下面从三个方面分析智慧社区未来发展方向。

10.5.1 技术配套,贯穿生命周期

科技在不断更新进步,只有不断思索新技术与社区的可结合性,才能更好地实现智慧社区的更新迭代。比如人脸识别技术,在社区管理中运用后,可以及时对陌生人进行识别,进一步与公安系统、社区安防系统连接,有效提高社区、城市乃至地区的安全服务管理水平。另外,具有加密算法的区块链等技术,在更好地保证数据传输和存储安全性的前提下,可以对社区的重要行动数据和智慧政务的内容进行有效保存。

对于未来的新建社区,智慧化理念将贯穿其建设运营的全生命周期。在建设前期引入BIM技术,将社区建筑的信息精确到构建级别,并在三维模型中将社区环境展示出来,直观地表达出社区建设状况。而在后期修检设备时,可以通过三维可视化定位、快速查询设备信息,实现社区深度智慧化。

10.5.2 业主导向,升级物业服务

在社区智慧化的初级阶段,企业往往将现有科技直接引入智慧社区中,忽略了业主的真正需求。真正的智慧社区除了需要在硬件设施方面引入智能技术以外,还需要提升自身

的服务理念和服务水平，满足业主对高效、便捷服务的需求。智慧化不等于智能化，"硬技术"+"软服务"并行，才能真正意义上实现社区的"智慧化"。升级物业服务水平，主要可以从三个方面着手：

第一，从内部角度出发，提升物业服务人员的自身素养，如服务意识、服务能力。智慧社区将人工智能引入社区管理，但在未来的很长一段时间，人工智能只能取代部分人工作业，智慧社区的日常运营离不开物业服务人员。目前物业从业人员素质良莠不齐，"物管"被普遍认知为技术含量低、素质要求少的岗位。在未来强调服务质量的趋势下，物业服务人员的素质提升步伐要紧跟社区硬件的智能化节奏。

第二，丰富对外服务内容，尽力将业主不断增加的诉求纳入服务范围，如医疗、教育、养老等板块。如今，物业公司已经慢慢脱离过去狭隘的保安保洁、收停车费、物业费的阶段，开始引入B2F社区服务生态圈，逐渐满足业主购物、旅游、社交等新需求。比如引入医疗板块，配置"家庭医生"，实现在家看病；引入教育板块，实现线上学习辅导；引入养老板块，实现家庭养老与社区养老的融合。

第三，优化服务模式，体现社区差异性。不同社区的居住人群以及同一社区的不同居民具有较大差异。在实现小区智慧化的过程中，应有针对性的设计推进节奏。比如在一些硬件设施比较落后的社区，应当先重点完善服务设施，实现硬件智能化；而在一些居住人群年龄偏高的社区，可以重点推进智慧医疗、养老等服务。此外，在物业服务板块应更加强调个性化设计，比如业主画像模式。

10.5.3 多元协同，注重社会参与

智慧社区的发展，离不开多方力量的协同参与，比如政府、社区、物业、商家、住户等。

智慧社区的发展会受到当地经济的影响，经济越是发达的地区，智慧社区的发展速度就越快，同时，地区之间发展也不平衡。未来全面推进社区智慧化，需要引入政府力量。比如统筹政府资金投入，引导社会投资建设；针对社区服务供应商、社区信息化技术开发商和智能硬件生产商分别制定优惠政策，通过降低市场准入、提供信息化发展资金等方面的政策制定，有效扶持相关企业的发展，鼓励社会积极投入社区服务建设。

加强物业和商家的合作，引入更多的商家进入智慧社区线上平台，提供更全面的服务；同时，建立畅通的反馈机制，完善物业与商家的合作模式。目前的智慧社区忽视商家的合作体验，随着入驻商家不断增多，对物业与商家的合作提出了更高要求，通过构建商家反馈通道，实现与商家可持续合作伙伴关系。

10.6 案例总结

物业管理作为房地产开发的后期保障，具有重要的意义。良好的物业管理能为房地产商带来良好的品牌效应。在社区智慧化的今天，千丁的物业管理具有较大的借鉴意义。智慧社区是"技术+服务+资源"的综合体，千丁之所以能够成为智慧社区领跑者，在技术、服务、资源、人才等方面多点突破。

第一，在技术层面要善于将物业管理与互联网工具结合。互联网公司起家的千丁紧密集合物联网与大数据、云计算，发力人工智能，力求将社区服务行业推至时代巅峰。打造千丁APP平台，实现报事报修、缴费、快递、家政、美居、购物等服务在线操作；推出物联网，将物业管理从传统的劳动密集型产业中解放出来。

第二，提高自身服务水平，实现精细化管理。根据不同业主的画像，调整自己的服务使其更加个性化；集成呼叫中心实现5min在线反馈，辅以视频培训及远程桌面支持，为千丁用户提供了更专业的顾问服务。

第三，善于结合其他资源，进一步满足业主需求。千丁力邀互联网和物业行业的领先企业加入，打造一个连接多方、高效、精准的集合平台。比如千丁将绿城"幸福粮仓"接入社区服务平台，绿城优质商品由千丁推广到千家万户；千丁与京东合作建立千丁驿站、前置仓等服务，打造智慧社区新零售。

第四，社区智慧化是未来社区的发展方向，随着智慧化水平提高，智慧社区将不断升级，需要不断进行自我更新。智慧社区升级包括设备升级和人员升级。除了引进智慧设备外，社区还要注重从业人员的职业素养升级。千丁学院为物业人提供权威的专业师资团队，全方位赋能物业公司，助力物业公司优化战略、升级管理，在人员升级方面作出了很好的示范。

综上，为了智慧社区更好发展，千丁互联从技术、服务、人才、资源等方面做好了准备，能否登上风口，一路领跑智慧社区，让我们拭目以待。

思考题

智慧社区需要业主、物业、商家、政府等多主体参与，试分别从几个主体的需求出发，谈谈智慧社区未来的发展方向。

参考文献

[1] 滕菲. 武汉民国时期建筑风格与楚河汉街空间形态特点分析[J]. 华中建筑, 2014, 32(8): 192-195.

[2] 侯月明. 基于地域文化的商业步行街景观空间的营造——以武汉楚河汉街为例[J]. 绿色科技, 2015(11): 91-92.

[3] 胡志强, 段德忠, 曾菊新. 基于空间生产理论的商业文化街区建设研究——以武汉市楚河汉街为例[J]. 城市发展研究, 2013, 20(12): 116-121.

[4] 郭恺, 王伟. 城市商业步行街景观的地域性营造——以武汉楚河汉街为例[J]. 科技风, 2012(12): 232-232.

[5] 陈江龙. 土地储备与城市土地市场运行[J]. 现代经济探讨, 2002(4): 28-31.

[6] 贺传皎, 王旭, 邹兵. 由"产城互促"到"产城融合"——深圳市产业布局规划的思路与方法[J]. 城市规划学刊, 2012(5): 30-36.

[7] 舒小林, 高应蓓, 张元霞, 等. 旅游产业与生态文明城市耦合关系及协调发展研究[J]. 中国人口·资源与环境, 2015, 25(3): 82-90.

[8] 王磊. 城市产业结构调整与城市空间结构演化——以武汉市为例[J]. 城市规划学刊, 2001(3): 55-58.

[9] 彭杏芳. 对我国住宅小区物业管理现状的剖析[J]. 法制与社会, 2007(2): 557-558.

[10] 张金慧, 张立影. 智慧社区的现状及发展方向[J]. 发展, 2017(12): 71.

[11] 张嫚. 经济发展与环境保护的共生策略[J]. 财经问题研究, 2001(5): 74-80.

[12] 毕晓嘉, 赵四东, 孙祥龙, 等. 从"二元分离"到"有机集中"——产业园区转型升级过程中的服务业发展对策研究[J]. 现代城市研究, 2016(12): 92-97.

[13] 向乔玉, 吕斌. 产城融合背景下产业园区模块空间建设体系规划引导[J]. 规划师, 2014(6): 17-24.

[14] 张统华. 我国住宅小区物业管理中存在问题及发展趋势[J]. 改革与开放, 2011(20): 109-110.

[15] 张莉, 刘婷, 王守清. 产业新城的功能组合和开发时序研究——以四川某市国际商贸城为例[J]. 建筑经济, 2015, 36(5): 64-68.

[16] 徐菊凤. 旅游文化与文化旅游: 理论与实践的若干问题 [J]. 旅游学刊, 2005, 20 (4): 67-72.

[17] 贾祥春. 旅游文化的特点及其在旅游业中的地位和作用 [J]. 复旦学报: 社会科学版, 1997 (3): 83-87.

[18] 马勇, 陈慧英. 旅游文化产业竞争力综合评价指标体系构建研究 [J]. 中南林业科技大学学报 (社会科学版), 2012, 6 (1): 4-7.

[19] 张仁枫. 资源环境约束下房地产转型战略研究 [J]. 金融理论探索, 2013 (1): 45-48.

[20] 申悦, 柴彦威, 马修军. 人本导向的智慧社区的概念、模式与架构 [J]. 现代城市研究, 2014 (10): 13-17.

[21] 罗福周, 韩言虎. 我国养老地产发展研究 [J]. 商业研究, 2012 (10): 138-142.

[22] 王振坡, 程浩岩. 我国养老地产发展时序及策略探讨 [J]. 现代城市研究, 2013 (10): 103-109.

[23] 吕红军, 李孟刚, 万立军. 城镇居民的养老地产开发模式研究 [J]. 学习与探索, 2013 (4): 86-88.

[24] 翟柏棱, 彭为民. 促进南充城市土地市场健康发展的策略 [J]. 科技视界, 2018 (7).

[25] 杜宁. 从产城分离到产城融合——上海青浦工业园区转型发展研究 [C]. //2013中国城市规划年会. 2013.

[26] 姜秋全, 刘昆轶, 陈浩. 空间规划与产业发展的互动研究与实践——以株洲产业新城为例 [J]. 城市规划学刊. 2012 (S1).

[27] 李红艳. 住宅物业管理存在的问题及发展趋势 [J]. 住宅与房地产, 2016 (21).